내가 엄마들 모임에
안 나가는 이유

내 아이와 나를 지키는 인간관계 시크릿 노트

내가 엄마들 모임에 ———
———— 안 나가는 이유

강빈맘 지음

클레이하우스
CLAYHOUSE

일러두기_____

1. 이 책에 등장하는 인물들은 신상 보호를 위해 이름을 모두 가명으로 표기하고 일부 정보를 바꾸었으며, 사례도 모두 실제 사건을 바탕으로 각색 및 재구성했다.

2. 단행본은 『』, 단편소설, 시는 「」, 보고서는 《》, 영화, 드라마 등 영상물은 〈〉로 표기했다.

표지에 등장하는 네 동물은
각각 이런 엄마를 상징합니다.

토끼: 무리에 소속되길 원하는 순한 엄마
하이에나: 타인을 지배하려 하는 나르시시스트 엄마
여우: 정치술이 좋아 자기편을 잘 만드는 엄마
호랑이: 당당하게 홀로서기를 잘하는 엄마

독자 여러분은 스스로 어떤 동물 유형에
가장 가깝다고 생각하나요?

난이도 최상의 인간관계가 시작된다

일반적으로 여성은 남성보다 관계를 더 중요하게 여긴다. 그래서 무리 짓기 본능도 강하다. 어린이집에만 가도 친한 여자아이들끼리 무리 지어 노는 모습을 볼 수 있다. 나 역시 학창 시절을 돌이켜보면, 어딜 가나 서너 명의 여자 친구와 무리를 지어 다녔고, 단짝 친구와는 비밀 일기장을 교환하며 사춘기 시절의 깊은 고민을 공유하곤 했다. 쉬는 시간마다 모여서 수다를 떨며 뭐가 그리 즐거운지 깔깔거리고, 종일 학교에서 얼굴을 봐놓고도 집에 오면 메신저나 휴대폰 문자 메시지로 이야기를 나누었던 기억이 난다.

물론 험담이나 편 나누기 등 여성 특유의 미묘하고 은밀한 감정싸움이 일어날 때도 있다. 그럼에도 화장실에 같이 갈 친구, 비밀 이야기를 나눌 든든한 친구는 학창 시절을 더욱 즐겁게 만들어준다. 이렇게 무리 지어 다니며 그 안에서 친밀감을 형성하기 위한 노력은 엄마가 되어서도 계속된다. 하지만 엄마들의 관계는 인간관계 난이도 최상에 속하는 관계라는 말이 있듯, 노력만으로 유지되기가 힘들다. 여자로만 구성되었다는 점에서도 이미 만만치 않은 관계라는 느낌이 오는데, 이 관계가 심지어 아이를 매개로 이어져 있다.

나와 상대방이 일대일로만 맺어진 관계가 아닌, 나와 아이, 상대방과 상대방의 아이, 이렇게 2인 1조로 만나는 관계이기 때문에 그만큼 말도 많고 탈도 많다. 아이를 매개로 어떤 관계보다 쉽고 빠르게 유대감을 형성하지만, 반대로 아이 때문에 어떤 관계보다도 쉽게 등을 돌릴 수 있는 관계다. 아이들이 치고받고 싸우거나, 서로에게 상처라도 입히면 아이들보다 엄마들이 더 흥분한다. 결국 아이들이 나중에 다시 친해지고 싶어도, 엄마들 눈치를 보느라 같이 못 노는 일도 일어난다. 결국 어제의 절친이 오늘의 원수가 되어버린다.

그뿐인가. 어른이 되어서 여전히 여중생 티를 벗지 못하고 편 나누기와 험담을 하는 엄마들도 있다. 어떡하지? 일대일의 관계라면 두 팔 걷고 링 위에 올라 파이터 기질을 유감없이 드러내겠지만, 아이의 해맑은 얼굴을 보면 이런 유치한 생각은 접게 된다. 이러지도 저러지도 못하는 엄마들의 모임이 점점 어렵게만 느껴진다.

나 역시 그 어려운 관계에서 벗어나 잠시 쉬어가던 시기가 있었다. 단언컨대 출산 후 내가 경험한 최고의 시간이었다. 내 아이의 시선이 향하는 곳, 내 아이의 발걸음이 향하는 곳에 오롯이 집중할 수 있는 시간이 참으로 소중했다. 그리고 아이가 등원하면 운동을 하고, 좋아하는 책에 파묻혀 오롯이 나를 위해 보내는 시간이 좋았다. 그리고 혼자만의 시간이 내게 준 가장 큰 선물은 역설적이게도 타인과의 관계를 더욱 돈독하게 해주었다는 것이다. 내가 나를 존중하는 만큼 타인에 대해서도 너그러운 마음을 갖게 되었고, 나 스스로가 나를 아끼고 인정해주니 타인의 인정과 관심에 매달리지 않게 되었다. 애쓰지 않고, 무리하지 않고 내가 편안함을 느낄 만큼의 관계를 맺을 수 있으니 엄마들과의 관계도 그만큼 편해졌다.

그렇게 홀로서기를 하는 내 모습과 엄마들과의 관계에 대한 나의 생각들을 글로 써서 SNS 계정에 기록했는데 놀라운 일이 벌어졌다. 내 이야기에 믿을 수 없을 만큼 많은 엄마들이 공감하며 환호해준 것이다.

팔로워들은 아이에게 친구를 만들어주고 정보를 얻기 위해 엄마들 모임에 나가야 한다는 불안과 강박이 있었는데, 이젠 아이에게 오롯이 관심을 기울이니 아이와 사이도 돈독해지고, 아이를 믿어주니 스스로 친구를 잘 사귀더라, 엄마들과의 교류에 투자하는 시간을 줄이는 대신 운동, 취미 활동 등 자기 계발을 하며 더 행복해졌다는 긍정적인 사연을 내게 들려주었다. 뿐만 아니라 혼자 있는 시간을 경험하고 나니 주변의 육아 동지들에게 더 큰 감사함을 느끼게 되었다는 가슴 따뜻해지는 사연도 있었다.

반대로 여전히 엄마들과의 관계에서 고민하고 힘들어하는 사람도 많았다. 엄마들 사이에서 뒷담화와 따돌림을 당해 힘든 엄마, 따돌림이 트라우마를 남겨 몇 년째 악몽을 꾼다는 엄마, 삼삼오오 무리 지어 있는 엄마들만 봐도 자기 험담을 하는 것 같아 놀이터에 가는 것조차 힘든 엄마 등 마음 아픈 사연을 많이 접했다. 이 모든 감정 저변에는 아주 오래전에 시작되어 지금도 영향을 미치고 있는 깊은 상처가 있었다. 부모와의 불안정한 관계, 어린 시절 친한 친구의 배신 등 상처는 다양했다. 거절에 대한 두려움도 컸다. 유년기 시절에 안정적인 관계 맺기에 실패하면 사람에 대한 신뢰를 갖기 어렵고, 성인이 되어서도 거절에 대한 두려움이 커서 안정적인 관계 맺기를 힘들어한다. 더 슬픈 건 이 두려움이 아이에게도 대물림될 수 있다는 것이다. 이들에겐 '엄마들 모임' 자체보다 '다른 사람과 관계 맺기'가 두려운 것이 문제다.

이 책을 읽는 독자들이 유년기 혹은 어떤 관계에서 받은 상처를 극복하고, 스스로를 존중하고 자신을 지킬 수 있는 단단함을 갖길 바란다. 그리하여 나 자신과의 관계는 물론 육아 동지들과도 편안하고 행복한 관계를 맺길 바란다. 궁극적으로 삶의 기쁨과 감사함이 가득한 인생을 살아가며, 아이들에게도 그러한 건강하고 긍정적인 삶의 롤모델이 되길 진심으로 바란다.

이 책은 엄마들의 세계에서 직간접적으로 일어난 일을 재구성하여 쓴 글이다. 책에 등장하는 인물들은 특정인이 아닌, 한 명 안에 여러 명의 인물이 섞인 입체적인 인물이다. '여자의 적은 여자(여적여)'의 관점에서 쓴 글도, 엄마들을 '맘충' 또는 '유모차 부대'로 묘사하는 것도 절대 아니다. 세상에는 다양한 인간 군상이 존재하듯 다양한 엄마들이 있고, 그중 어두운 면을 좀 더 많이 지닌 엄마들이 있을 뿐이다. 모든 엄마가 어떤 어둠에 처해 있는지 일일이 알 수 없지만, 각자가 그 어둠 속에서 한 줄기 빛을 찾을 수 있기를, 그래서 자기 세상을 좀 더 환하고 따뜻하게 만들어가며 살길 바라는 마음이다.

 **나가면 불편하고,
안 나가면 불안한 엄마들의 모임**

**2장　엄마의 인싸력과
아이의 인싸력은 별개**

3장
엄마들 모임에서 지켜야 할
품격 있는 태도 여덟 가지

4장
무례한 상대에게
상처받지 않는 법

 5장
인간관계에도
미니멀리즘이 필요하다

1장

나가면 불편하고,
안 나가면 불안한
엄마들의 모임

웰컴 투 더
엄마들의 세계

"조리원 가면 조리원 동기 모임 꼭 만들어!"

출산을 며칠 앞두고 초등학생 아이를 키우고 있는 친구를 만났다. 친구가 핏대를 세우며 강조한 건 다름 아닌 조리원 동기, 일명 조동 모임을 만들라는 것이었다.

"군대도 아니고 동기는 무슨!"

나의 대답에 친구는 눈을 살짝 흘기며 대답했다.

"애 좀 봐. 조리원 동기의 우정이 피보다 진하다는 얘기 못 들어봤어?"

"그건 좀 오버 같은데? 아! 엄마들끼리 피 튀기게 기 싸움 한다는 얘기는 들어본 것 같다.”

가끔 맘카페나 네이트 판에 올라오는 '엄마들 사이에서 벌어지는 암투'는 엄마가 아닌 사람이 봐도 그렇게 흥미진진할 수가 없었다. 여자들의 기 싸움은 여자가 봐도 재밌다. 내 말을 들은 친구는 가늘게 실눈을 뜨고 잠시 생각에 잠기는 듯했다.

“음……, 그런 부분도 없다고 할 수만은 없지. 근데 원래 인터넷에는 자극적이고 부정적인 이야기만 올라오는 거야. 잘 지내는 엄마도 얼마나 많은데. 다 자기 하기 나름이야.”

어딜 가나 인싸력을 발휘하는 내 친구는 조동 모임뿐만 아니라 다양한 엄마들 모임에 속해 있었다. 특히 9년째 돈독한 관계를 유지 중인 조동 엄마들과는 날씨 좋은 계절에는 가족끼리 캠핑도 간다며, 아이들끼리는 안 친해도 엄마들끼리는 여전히 진한 우정을 나누고 있다면서 '동기부심'을 드러냈다. 친구의 말을 듣고 나니 엄마들 모임에 대한 편견도 쉬이 사그라졌고, 내게도 우정을 나눌 수 있는 조리원 동기가 생기면 좋겠다는 로망도 살짝 품게 되었다.

'그래, 엄마들과의 관계도 인간관계의 연장선일 뿐 아니겠는가! 같이 아이 키우는 재미를 나눌 육아 동지가 있으면 좋지 뭐.'

이게 얼마나 어려운 일인지 그때는 몰랐다.

안타깝게도 나의 조동 로망은 그리 쉽게 실현되지 않았다. 나는 코로나로 인한 불안이 가장 심한 시기에 출산해서, 남편의 조리원 입실도 허용되지 않을 만큼 모두가 몸을 사렸다. 모임은커녕 매일 마주치는 옆 방 산모와 말 한번 못 섞은 채로 조리원 퇴소를 며칠 앞두고 있었다. 사실 이런 상황이 편하기도 했다. 산후조리 중에 낯선 사람들과 친해지려는 노력까지 해야 한다면? 그건 산후조리가 아니라 산후노동일 테지. 그렇게 군대 동기보다 진한 우정을 나눌 수 있다는 조리원 동기에 대한 로망을 접었을 때쯤 두둥, 내게도 기회가 왔다.

엘리베이터 앞에 삼삼오오 모여서 이야기를 나누고 있는 산모들이 보였다. 무슨 얘기를 하나 싶어 그 틈에 슬쩍 꼈다. 같은 날 출산해서 내일이면 다 같이 퇴소하는 산모들이었다. 내일 퇴소하니 단톡방을 만들어서 함께 소통하자는 대화를 나누는 중이었다.

'아무도 모임 안 만드는 분위기인 줄 알았는데……. 이렇게 인연이 닿는 사람들도 있군.'

신기함과 부러움을 동시에 느끼고 있던 찰나 한 산모가 내게 말을 걸어왔다.

"괜찮으세요?"

"네?"

"계속 다리를 긁으셔서요. 혹시 소양증 아니세요?"

"아, 맞아요. 어떻게 아셨……."

"잠시만요! 방에 좀 다녀올게요."

그녀가 들고 온 것은 알로에 겔이었다.

"이거 한번 발라보세요. 저는 이거 바르고 많이 좋아졌거든요."

출산 후 소양증으로 고생하고 있던 터라 다리를 긁고 있었는데 그 모습을 유심히 보고 있었나 보다. 나는 그녀의 스윗한 배려에 감동받았다. 이런 게 바로 조리원 동기의 우정인가? 감동 에너지는 용기가 되었다.

"저도 다음 주에 퇴소하는데, 혹시 저도 함께해도 괜찮을까요?"

너무 절박하거나 들이대는 느낌을 주면 안 된다. 하지만 안 끼워 줘도 상관없다는 식의 오만함도 풍기지 않아야 한다. 짐짓 초연하면서도 겸손하게 물어봤다.

"그럼요! 좋아요. 전화번호 알려주세요."

나름의 계산이 가미된 나의 용기가 초라해지지 않도록 다른 산모들도 반갑게 환영해줬다. 야호! 내게도 조리원 동기가 생긴 것이다. 친구에게도 연락해서 마구 자랑을 해댔다.

"나도 조동 생겼다!"

친구는 나지막하게 웃으며 말했다.

"웰컴 투 더 엄마들의 세계."

엄마들과 처음 맺는 특별한 관계

"출산을 하면 어제의 똑순이도 오늘의 멍청이가 된다."

누가 이런 촌철살인의 말을 했을까? 특히 처음 아이를 낳은 엄마라면 이 말에 격하게 공감할 것이다.

　무엇이든 시작 전에 철저히 준비하는 열정과 기질이 있는 나는 출산 전부터 육아서 여러 권을 섭렵하고 육아 관련 유튜브도 챙겨 보며 나름 예습을 했다. 그런데 육아가 그렇게 쉬울 리가 없지! 태어난 지 겨우 18일 된 갓난아이를 집으로 데려온 나는 지구 최고의 어리버리였다. 예습한 내용을 적용해보기엔 아기는 너무 작고 여렸다. 갑자기 수유를 거부할 때도, 토를 했을 때도 머리로는 어떻게 해야 하는지 아는데 실전에서는 적용이 잘 되지 않았다. 엄마 경험이 전무한 나에게 이론과 현실 육아의 차이는 너무나 컸다.

　그때 나를 살린 구세주가 바로 조리원에서 만난 세 명의 동기들이었다. 며칠 전 비슷한 상황을 경험한 엄마들이 알려주는 정보는 인터넷에 떠도는 정보에 비할 수 없는 그야말로 꿀팁이다. 하지만 생생한 정보보다 내 마음을 더 든든하게 해준 것은 따로 있었으니, 바로 이 시기를 함께 겪어 나가고 있다는 동질감이었다. 모두가 초보 엄마라 서툴긴 마찬가지였지만 우리는 육아의 고단함과 두려움을 함께 나누며 서로를 위로했다.

　나와 아기를 제외한 온 세상이 잠든 새벽 시간, 수유를 끝내고 나면 피곤함과 배고픔이 몰려왔다. 남편을 깨워서 뭐라도 먹을까 싶다가도 아침 일찍 출근해야 하는 남편을 차마 깨울 수는 없었다. 그럴 때 조동 단톡방에 들어가보면 나처럼 새벽 수유를 하느라 잠 못 자고 대화를 주고받는 동기들이 있었다.

"수유하고 나니 배고파요."

"고생했어요. 저도 꼬르륵⋯⋯."

"토닥토닥. 우유라도 데워 드세요!"

나의 배고프다는 외침에 응답해주는 이들은 오직 조리원 동기들뿐이었다. 나의 고된 마음을 편히 나눌 수 있는, 비슷한 처지의 이들이 있다는 것만으로 정말 든든했다.

그뿐만이 아니다. 아직 눈도 제대로 못 마주치는 갓난아이지만 엄마 눈에는 세상에 더없는 천사다. 배냇짓조차 백만 불짜리 미소로 보이니 말이다. 아이 사진을 여기저기 보여주고 싶은 '비상식적인 욕구'가 있던 시절이었다(물론 지금은 전혀 그렇지 않다). 자식 자랑은 돈 내고 해야 하는 시대를 살고 있기에 친구들 단톡방에 아기 사진을 도배하는 행동은 자제했지만, 조리원 동기들에게만큼은 눈치 볼 것 없었다.

"오구구 이뽀라."

"꺄! 한도 초과 귀여움. 너무 사랑스러워요."

"크아, 눈웃음 어뜨케요? 이모 심장 저격당함."

누가 아이 사진을 올리면 너 나 할 것 없이 천상의 하모니로 만족스러운 리액션을 보냈다. 그러니 내 아이 사진도 부담 없이 투척할 수 있었다. 이것이야말로 상부상조의 미덕 아니겠는가!

리더와 구성원의
합이 중요해

아무리 평등한 관계라도 알게 모르게 그 모임을 이끌어가고 유지시키는 무리의 장과 같은 존재가 있기 마련이다. 즉, 어떤 모임이건 리더가 있다. 만약 적극적으로 사람들을 모으고 이끌어가는 이가 없으면 그 모임은 흐지부지되고 만다. 한편 모임 구성원들이 소극적이거나 비협조적이어도 그 모임은 오래가지 못한다. 고로 모임이란 리더와 구성원과의 합이 좋아야 유지되는 것이다.

엄마들 모임에서도 이런 리더의 역할을 하는 사람이 있다. 이들은 먼저 나서서 모임을 주도하고 사람을 잘 챙기며 정보도 많이 알고 있다. 그래서 주변 엄마들이 많이 따른다. 본인이 되고 싶다고 리더가 되는 것이 아니고, 주변 엄마들에게 인정받아야 리더가 될 수 있는 것이다.

그런데 그 리더의 인격에 따라 모임의 질적 수준이 결정된다는 사실을 아는가. 성품이 온화하고 선한 리더 주변에는 비슷한 사람이 모인다. 물론, 건강한 모임에도 별종은 있고 무리의 성격과 걸맞지 않은 사람은 자연도태되기도 한다. 하지만 좋은 리더는 결이 다른 사람이라고 해서 무작정 배척하지 않고 적당한 선을 지킨다. 좋은 리더를 중심으로 한 엄마들 모임은 여러 명이 모여 있어도 다른 사람의 뒷담화를 한다거나 무리 내 파벌을 조성하는 일이 드물다. 반대로 도덕성이 낮은 사람이 모임의 리더가 되면 편 나누기를 하고, 자기 마음에 들지 않는 사람은 배척하기도 한다. 구성원들도 그 리더와 성향이 비슷하면 급기야 따돌림 문제가 발생한다.

그런 면에서 우리 조동의 리더 언니는 빛나는 존재감을 뿜어냈다. 누구에게나 공평했고 누구에게나 친절했다. 그녀도 엄마가 처음이기는 마찬가지였는데, 시작부터 잘하는 사람도 있다는 걸 나는 그녀를 통해 알게 되었다. 리더 언니는 인터넷과 육아서를 봐도 애매한 육아 고민에 대해 찰떡같은 해결책을 주었다. 그녀는 마음도 공평했고 정보도 공평했다.

뿐만 아니다. 그녀는 이유식계의 백종원이었다. 한우 이유식, 유기농 과일 간식을 손수 만들어 멤버들에게 보내주면, 멤버들도 다른 것을 선물하며 그에 화답했다. 택배로 아이들 선물과 간식을 주고받는, 어찌 보면 유난스러운 모임이기도 했다. 물질뿐이랴. 누가 힘든 일을 토로하면 졸린 눈을 비벼가며 공감해주고 해결책도 함께 찾으며 깊은 유대감을 쌓아갔다. 좋은 조동 만나는 게 복 중에 복이라던데, 감사하게도 나에게 그 복이 있었다. 누구 하나 소외시키지 않고 고루 챙기는 리더 언니를 중심으로 모난 데 없이 선하고 배려심 있는 사람들이 모였기에 가능했던 평화였다.

하지만 조동 모임이 끝까지 지속되진 못했다. 모두 다른 지역에 살아서 아이를 데리고 만나는 일이 거의 불가능했고, 아이가 크면서 공동육아를 할 수 있는 동네 엄마들과 더 많은 시간을 보내게 되었기 때문이다.

끝까지 인연을 이어 나가야만 좋은 관계는 아니다. 비록 시절 인연일지라도 그 순간 행복했고, 지나고 나서도 따뜻한 마음으로 추억할 수 있다면 좋은 관계였던 것이다. 아이를 낳고 가장 불안했던 시기에 서로에게 보내준 심리적인 지지와 배려, 따뜻한 위로의 말, 그녀들과 함께 돈독한 우정을 나누었던 시간들을 떠올리면 지금도 마음 한 편에 온기가 느껴진다. 언젠가 만나서 깔깔깔 웃으며 그 시절의 불안을 추억 삼아 이야기하는 날이 오길 그려본다.

엄마에겐 어른과의
대화가 필요하다

"아가야, 언제 커서 엄마랑 같이 대화도 주고받고 놀아줄래? 응? 1년? 아니 2년이나 더 기다리라고?"

어린아이를 키우는 것은 정신없이 바쁜 일인 동시에 고독한 일이다. 사회적 동물인 인간은 아무리 바빠도 인간과의 교류와 소통이 필요하다.

'아……, 나에겐 어른과의 대화가 필요하도다.'

테니스 치듯 주고받을 수 있는 쌍방소통이 절실해지는 것이다. 아이가 제법 말을 하려면 두 돌에서 세 돌은 지나야 하는데, 그때까지는 아이를 향해 일방향 의사소통을 해야 한다. 아이 키워본 엄마들이라면 알 것이다. 그 시간이 얼마나 우울한지. 자칫 산후 우울증에 걸릴 수도 있다. 엄마에게도 쌍방으로 에너지를 주고받을 수 있는 대화다운 대화가 필요한 것이다.

이때 최고의 대화 파트너가 바로 출산 시기가 비슷한 동네 엄마들이다. 엄마들의 최대 관심사인 '아이'를 중심으로 강력한 공감대가 형성되기 때문에 처음 보는 엄마와도 쉽게 친해질 수 있다. 맘카페에는 독박육아 하는 엄마들끼리 공동육아 하자는 글, 키즈카페나 문화센터에 같이 다니자는 글, 혹은 같은 동네 사는 유모차 메이트를 찾는다는 글이 종종 올라온다. 굳이 그런 모임을 의도적으로 찾지 않더라도 비슷한 또래 아이를 키우는 엄마들은 자석처럼 끌린다. 문화센터에서도 쉽게 연락처를 주고받고, 집 앞 놀이터에서 처음 만난 엄마와도 차를 마시며 육아 이야기를 하고, 다음 약속을 기약하며 헤어지기도 한다. 다들 결혼 전에 즉석 만남을 제법 해보기라도 한 듯 이 모든 과정이 너무나 자연스럽다.

엄마들의 친구 사귀기 대열에 합류하지 못한 엄마는 뒤늦게 소외감을 느끼기도 한다. 특히 아이와 함께 문화센터에 가면 유난히 외톨이가 된 기분이다. 원래 알고 지낸 사이인지 문화센터에 와서 친해진 사이인지 모르겠지만, 수업 내내 고개를 살짝 돌리고 손으로 입을 가린 채 소곤소곤 담소를 주고받는 엄마들이 있다. 혼자 온 엄마라면 그녀들의 친밀한 광경에 부러움과 외로움이 뒤섞인 감정을 느끼기도 한다. 나도 그랬다. 부럽지 않은 척 내 아이와 더 크게 상호작용하거나 괜히 옆에 앉은 엄마에게 자연스레 말을 걸어보기도 했다. 옆에 있는 엄마의 반응이 소극적일 땐 살짝 민망했지만 그 기회를 통해 인연을 맺기도 했다.

역시! 용기 있는 자가 육아 동지를 얻는다.

확실히 키즈카페나 문화센터는 아이와 둘이서만 갈 때보다 아는 엄마와 함께 갈 때 더 재밌다. 비록 각자 자기 아이를 쫓아다니느라 바쁘지만, 일정이 끝나면 함께 밥도 먹고 커피도 한잔할 수 있으니 엄마들과의 교류는 독박육아에 더없이 큰 활력이 된다. 그뿐인가. 바쁜 일이 있을 때 서로 아이를 돌봐주고 이유식도 나눠먹으며 따뜻한 정을 주고받다 보면, 친밀감이 인간에게 미치는 긍정적인 영향을 절대 과소평가할 수 없게 된다.

"집에 잘 들어갔어요? 아까 키카에서 찍은 사진 보내드려요. 손잡고 마주보고 있는 거 봐요, 우리 아가들 너무 귀엽죠?"

"꺄! 너무 귀여워요. 키싱부스 주인공들처럼 서로 지켜주면서 크면 좋겠어요."

아이들끼리 서로 손을 잡거나 포옹하는 장면을 연출해서 사진으로 남기는 것도 큰 행복이다. 남편 및 친지에게 사진을 보내고 인스타에도 올려본다. 귀엽다는 댓글이 달리면 그렇게 뿌듯할 수가 없다. 실제로 아이들끼리 손을 잡고 있는 모습은 너무나 사랑스럽다. 아기를 키워본 엄마라면 그 감동을 알 것이다. 영화 〈키싱부스〉 주인공들처럼 서로 지켜주면서 크면 좋겠다는 말은 적어도 그 순간에만큼은 진심이다. 실제로 아이의 평생 단짝을 만들어주기 위해 영유아기 때부터 다른 엄마들과 적극적인 교류를 하는 사람도 있다. 그러나 뭐니 뭐니 해도 만남의 진짜 목적은 엄마들과의 소통이다.

이 시기의 아이들은 낮잠도 길게 자서 유모차에 태우고 엄마들끼리 여유롭게 산책하기에 더없이 좋다. 아이들끼리 상호작용이 있기 전이라 애들 싸움으로 엄마들 사이가 곤란해질 일도 없다. 엄마들끼리만 맞으면 평화로운 만남을 할 수 있는 유일한 시기라, 마음 맞는 엄마들과 만나는 게 이 시기의 큰 즐거움이 되곤 한다.

하지만 거저 얻어지는 게 어디 있을까. 엄마들 사이에서의 친밀감도 예외는 아니다. 서로의 헌신과 노력이 투입되는 만큼 관계가 발전하기 마련이라 간혹 지나칠 정도로 다른 엄마들과의 관계에 몰입하곤 한다. 그 과정에서 더 중요한 존재를 잊게 될 때가 있다. 바로 아이다.

엄마들과 이야기하느라 정작 내 아이와의 소통은 뒤로 밀린다. 아이가 칭얼거리며 엄마에게 신호를 보내도, 그 순간 엄마의 1순위는 아이가 아니다. 아기띠에 안긴 아기가 칭얼대면 몸을 흔들며 급하게 달래면서도 앞에 앉은 엄마와의 대화를 멈출 수 없다. 엄마들과의 대화에 집중하느라 아기띠에 안겨 있는 내 아이를, 유모차에 눕혀둔 내 아이를 방치해본 적이 있지 않은가? 아마 아이가 말을 할 수 있었다면 이렇게 외쳤을 것이다.

"엄마, 이모하고만 대화하지 말고 나 좀 바라봐줘요. 기저귀 젖었거든요!"

엄마들만 만나고 오면
비교하게 된다고요?

비슷한 또래의 아이를 키우는 엄마들 몇 명이 모였다. 며칠 사이 귀요미들은 부쩍 자란 것 같았다. 돌 이전의 아이들은 확실히 하루하루가 다르게 자란다.

"그새 많이 컸네요."

나의 말이 끝나기 무섭게 한 엄마가 자기 아이에게 주문했다.

"이모한테 도리도리 잼잼 보여줄까?"

'벌써 도리도리 잼잼을 한다고?' 의아해하며 아이를 바라보는데, 정말 하는 것이 아닌가.

'세상에, 벌써 도리도리 잼잼을 하잖아? 저 아이는 천잰가?'

옆에 있는 다른 엄마도 자기 아이에게 속삭였다.

"이모한테 하트 보여줄까? 사랑해 하트 만들어주세요."

아이는 엄마를 한번 쳐다보더니 손을 머리 위로 번쩍 올리며 하트 만들기에 성공했다.

"아이 귀여워라. 너무 신기하네요. 언제 이렇게 컸을까요?"

나는 애써 이모 미소를 지어 보였지만 이내 알 수 없는 감정이 밀려왔다.

'내 아이가 느린 걸까? 다른 아이들이 빠른 걸까?'

집에 가서 아이에게 고개를 좌우로 흔들고 손을 쥐었다 폈다 보여주며 따라 해보라고 했지만 아이는 별 관심이 없는 듯했다.

'왜 안 따라 하지? 이해를 못 한 걸까? 혹시 우리 아이 인지가 느리나? 아님 근육 발달이 느린 건가?'

불안이 스멀스멀 올라오려는 그 순간, 나는 깨달았다.

'나…… 지금……, 비교하고 있는 거지?'

내 아이를 다른 아이와 비교하는 찌질한 엄마만큼은 되고 싶지 않았는데 말이다. 육아서에 나온 '아이를 있는 그대로 사랑하라. 비교하지 마라'라는 대목에 밑줄 쫙 긋고 별표까지 크게 해뒀는데, 겨우 도리도리 잼잼 앞에 무너지다니. 나 자신이 정말 우스웠다. 앞으로 어쩌려고 그러냐!

나와 타인을 비교하며 살다가, 아이를 낳는 그 순간부터는 나의 아이와 타인의 아이가 가장 큰 비교 대상이 된다.

-우리 아이는 왜 몸무게가 안 늘까? 키는 왜 이렇게 안 클까?
-우리 아이는 왜 말이 느릴까? 왜 책을 좋아하지 않을까?
-우리 아이는 왜 이리 예민하고 까다로울까?
-내가 육아에 신경을 더 써야 하나? 남보다 부족한 엄마인가?

또래 아이를 보면 자신도 모르게 내 아이와 비교하게 되고, 내 아이가 뒤처지는 것 같으면 초조해진다.

하지만 초조함은 육아 스트레스를 가중시킬 뿐 아무 도움이 되지 않는다. 비교한다고 해서 아이가 내 마음처럼 되는 것도 아니고 쓸데없이 마음만 힘들어질 뿐이라는 걸 머리로는 아는데, 이 빌어먹을 비교를 하게 된다. 조금 느릴 뿐 별 문제 없이 잘 자라는 내 아이에게 '느린 아이'라는 꼬리표를 붙이는 사람은 결국 나 혼자일 뿐이다. 비교하며 느끼는 불안과 초조는 아이에게도 전가되어 부정적인 영향을 미친다. 누구나 비교에서 그리 자유롭진 못하겠지만, 희망적인 건 훈련을 통해 얼마든 비교하려는 본능을 다스릴 수 있다는 것이다.

그렇다면 엄마들은 언제 자기 아이와 남의 아이를 많이 비교하게 될까?

1. 비교가 본격적으로 시작되는 첫 관문, 언어 발달

엄마들이 비교하는 주제는 발달 시기마다 다르다. 두 돌 전에는 신체 발육 상태를 많이 비교하고, 두 돌이 넘어서면 언어 발달을 고민하기 시작한다. 특히 아이의 언어 발달은 영유아기 아이를 둔 엄마들이 가장 많이 걱정하는 부분이다.

'우리 아이는 이제 '엄마, 아빠'를 하기 시작했는데 저 집 아이는 벌써 문장으로 말을 하네. 우리 아이가 너무 느린가? 혹시 무슨 문

제가 있는 걸까? 내가 말수가 부족해서 그런 건 아닐까?'

엄마들이 이렇게 걱정하는 데는 이유가 있다.

'언어 발달은 곧 지능의 발달로 이어진다. 엄마가 수다쟁이처럼 아이에게 말을 많이 걸고 상호작용도 자주 해야 아이의 언어 발달에 긍정적인 영향을 미친다'라는 수다쟁이 엄마에 관한 신화 때문이다. 평소에 말수가 적거나, 육아에 지쳐 말할 힘이 없는 엄마들에게 이 신화는 죄책감을 준다. 하지만 이 신화는 아이가 언어 발달이 느린 원인을 엄마에게서만 찾는 편협한 입장이다. 아이의 언어 발달은 엄마와의 상호작용이라는 단일 요인이 아닌 구강계와 그 주변 근육의 운동성, 아이의 기질, 유전 등 복합적인 요인과 관련되어 있다. 또 말을 하는 것보다 말을 이해하는 능력이 더 중요하다. 육아 전문가들에 의하면, 발화가 조금 늦더라도 말의 의미를 잘 이해하면 크게 걱정하지 않아도 된다고 한다.

언어 발달은 타고나는 부분도 있지만 환경에도 적잖은 영향을 받는 것은 부정할 수 없다. 그러니 아이의 언어 발달이 더뎌 고민이라면, 비교하며 낙담하는 대신 주양육자의 노력으로 달라질 수 있다는 점을 염두에 두고 할 수 있는 것을 하자. 우선 엄마가 수다쟁이처럼 쉴 새 없이 말하는 것은 별로 도움이 되지 않는다. 알아듣지 못하는 말을 많이 듣는 것은 아이 입장에서 소음과 같다. 그보다 상황에 맞는 말을 짧고 단순한 문장으로, 적절한 목소리와 표정, 제스처를 더해 하는 것이 훨씬 효과적이다. 나는 동일한 상황에서 같은 어휘와 문장을 반복하고 아이가 이해할 때쯤 새로운 어휘로 확장해갔는데, 이 방식이 아이 언어 발달에 제법 도움이 된 것 같다.

2. 기질과 사회성도 비교 대상

-왜 우리 아이는 다른 아이처럼 친구들과 어울리지 못하고 겉돌기만 할까?

-저 집 아이는 똑 부러지게 자기표현을 잘하는데 우리 아이는 왜 이리 내성적일까?

-우리 아이는 왜 이리 집중을 못 하고 왈가닥일까?

-우리 아이는 유독 공격적인데, 문제가 뭘까?

아이가 자랄수록 신체 발육과 언어 발달뿐만 아니라 아이의 성향, 개개인의 재능, 사회성과 친구 관계까지도 비교 대상이 된다. 행여나 아이가 친구들 사이에서 인정받지 못하거나 치일까 봐 엄마의 마음은 불안하다. 하지만 엄마의 걱정은 득보다 실이 많다는 것을 재차 마음에 새기자. 아이는 부모의 눈빛을 먹고 살아간다. 걱정스러운 눈빛을 먹고 산 아이는 자기 스스로를 믿지 못하고, 신뢰의 눈빛을 먹고 자란 아이는 스스로를 신뢰한다. 부모가 그 아이의 기질을 어떻게 바라보느냐에 따라 아이의 기질은 긍정적인 방향으로 발현될 수도 있고, 반대로 부정적인 방향으로 발현될 수도 있다.

훈육을 할 때도 사랑스러운 눈빛에서 출발하면 훨씬 수월하다. 당시 나의 가장 큰 고충은 아이가 아침에 눈뜨자마자 "엄마, 창고에 있는 장난감 다 꺼내주세요"로 시작한다는 것이었다. 널린 장난감이 이렇게나 많은데 왜 항상 일어나자마자 창고에 있는 장난감을 꺼내 달라고 하는지 알 수 없었다. 꿈에 나왔나? 비몽사몽한 눈으로 창고를 뒤지며 아침을 시작하는 일은 매번 끔찍했다. "아침에는 바빠서 안 된다"로 시작해서 고집 센 아이와 옥신각신하다 결국 "장난감 다 갖다 버릴 거야"라는 말로 아이를 울리곤 했다.

답은 하나! 나부터 달라지기로 했다. 다정한 눈빛으로 아이를 바라보며 말했다. "어떤 장난감이 갖고 싶어?" 먼저 아이 마음에 관심을 기울였다. 그러고는 "그래, 꺼내줄게. 대신 아침에는 엄마도 바쁘니까 다음 날 갖고 놀 장난감은 저녁에 미리 꺼내놓자"라고 말했다. 아이는 잠시 생각하고는 그러겠다고 했다. 그날 밤 아이는 미리 장난감을 꺼내놓고 잤고, 나의 아침은 편해졌다.

엄마의 사랑스러운 눈빛에서 나오는 따뜻함이 아이의 불안을 녹여준다. 자기 마음을 존중받은 아이는 엄마의 말에도 협조적이다. 카사노바가 수많은 여인의 마음을 훔친 비결도 사랑이 흘러넘치는 눈빛과 따뜻한 말투에 있었던 게 아닐까. 사랑이 그득한 엄마의 눈빛은 카사노바만큼이나 아이에게 매혹적이다. 부모의 눈빛과 말투는 아이를 비추는 거울이다. 아이는 그 거울 속에서 자신을 인식한다. 그러니 아이가 자긍심을 느낄 수 있는 거울을 보여주자.

아이가 숫기가 없어서 걱정되더라도 "너도 씩씩하게 네 의견을 이야기해봐", "넌 왜 그렇게 용기가 없어? 친구한테 놀자고 해봐" 라며 한심해하는 눈빛으로 추궁하지 말자. 대신 "너는 다른 사람의 말을 잘 들어주는구나", "친구와 사귀는 데 아직 시간이 더 필요한가 보다. 신중한 건 좋은 거야"처럼 애정 어린 눈빛으로 긍정적인 메시지를 전달해주자. 아이의 기질을 있는 그대로 인정해주되, "다른 사람의 말을 들어주는 것과 신중한 것도 좋지만 네 의견을 표현하는 것도 중요한 거야. 네 의견을 말하지 않으면 친구들은 너에 대해 잘 모를 수 있어. 그러니 너를 드러낼 필요도 있단다" 정도로 행동 지침을 주면 충분하다.

아이 기질을 바꾸려고 노력하지 말고, 그 기질로 인해 불편해지지 않도록 아이가 조절하고 긍정적으로 발현시킬 수 있는 법을 알려주는 것이 부모가 할 일이다. 넘치는 에너지는 잘 조절하면 건강한 호기심이 되고, 내성적인 기질은 섬세함이라는 강점이 될 수 있다. 공격성을 잘 조절하면 리더십이 된다. 아이의 기질을 있는 그대로 받아들이고 정체성을 존중해줘야 아이도 스스로에 대한 긍정적인 자아상을 갖게 된다. 다른 아이가 아닌 내 아이를 기준으로 삼고, 장점을 찾는 데 집중하자.

3. 자녀가 다 클 때까지 계속되는 학습 능력 비교

아이를 가장 불편하게 하는 비교를 꼽으라면, 아마 학습 능력 비교일 것이다. 실제로 아이들에게 물어보면 형제자매나 동년배 친구와 학습 성취를 비교하는 것이 가장 자존심 상한다고 한다. 부모들도 그걸 모르지 않지만, 은연중에 아이들의 학습 능력을 비교하곤 한다.

사실 뇌의 비교 스위치가 자동으로 켜지기 때문에, 아이를 키우며 다른 아이와 전혀 비교하지 않는 건 불가능에 가까운 일이다. SNS에 나오는 따라갈 수 없을 정도로 뛰어난 아이와 비교하지는 않더라도, 주변에 있는 비슷한 수준의 아이들과는 자연스레 비교하게 된다. 아이 스스로도 친구나 형제자매 등 여러 타인과 자신을 비교하며 성장해갈 것인데 엄마까지 거들 필요가 있을까? 엄마도 아이도 비교하는 본능을 잘 다스려서 생산적인 동력으로 바꾸려면 어떻게 해야 할까?

세계적인 창의영재교육 전문가 김경희 교수는 『틀 밖에서 놀게 하라』에서 "부모는 아이가 자신의 삶에 만족하고 즐기는 사람으로 키울 책임이 있다"라고 말했다. 아이가 스스로를 긍정적으로 보고 뭐든 할 수 있다는 생각을 가질 수 있게 키워야 한다는 것이다.

"아이가 남보다 무언가를 더 잘 알거나 더 잘한다고 하더라도 다른 사람과 비교하는 것은 좋지 않다. 이러한 부모의 비교는 아이가 무의식적으로 자신이 다른 사람보다 뛰어날 때만 괜찮은 사람이라고 생각하게 만든다. 그러면 아이는 자신이 좋아하는 일을 하는 것만으로는 행복감을 느끼기 힘들어지고, 당연히 잠재력이나 창의력은 계발되기 어렵다."

김 교수는 아이에게 진짜 필요한 것은 다른 사람과의 비교가 아니라 자기 자신과의 비교라고 강조한다. 아이가 타인과 자신을 비교할 것이 아니라, 어제의 자신과 오늘의 자신을 비교할 수 있도록 지도해야 한다는 것이다.

아이는 저마다 원하는 것도 다르고, 그것을 하고 싶어 하는 시기도 다르다는 것을 기억하자. 내 아이의 속도는 고려하지 않은 채 다른 아이와 비교하며 불안해하고 초조해하는 엄마를 보며 아이는 어떤 생각을 할까?

'엄마는 나를 부족하다고 생각하는구나. 엄마는 나를 못 믿는 것 같아.' 스스로를 못나고 부족한 사람, 잘할 수 있는 게 없는 사람이란 생각을 은연중에 하며 자란 아이는 낮은 자존감을 지니게 될 수밖에 없다.

엄마들 모임에 다녀온 후 유난히 불안하고 초조해진다면, 그날 따라 유난히 아이를 더 잡게 된다면 다른 엄마들과 잠시 거리를 둬야 할 때다. 비교하는 마음을 애써 감추려 해도 아이는 엄마의 심리를 귀신같이 알아차린다. 식물마다 꽃이 피는 시기도 다르고, 필요한 물의 양도 다르다. 그 차이를 인정하지 않고 잘 자라게 한다고 물을 필요 이상으로 많이 주면 결국 뿌리가 썩어 죽고 만다. 아이의 성장도 마찬가지다. 내 아이만의 고유성을 고려하지 않은 채 남들에게 좋다는 것을 시키면 아이의 성장과 발달에 오히려 방해가 될 수도 있다.

엄마의 사랑과 지지 속에 자신만의 속도로 성장하는 아이는 마침내 깊이 뿌리를 내려 자기만의 꽃을 피우고 열매를 맺을 것이다. 부디 남과 비교하며 조급해하고 불안해하는 것으로 내 아이가 꽃도 피우기 전에 썩게 하는 일은 만들지 말자.

오지랖과 조언은 한끗 차이

엄마들은 알게 모르게 신경전을 벌인다. 화기애애하던 분위기가 순식간에 싸해지는 게 느껴지면 알 수 있다.

'아, 지금 기 싸움 중이구나.'

총만 안 들었지 전쟁이나 마찬가지다. 무슨 신경전을 벌이냐고? 육아와 살림, 아이 자랑 등 자신이 알고 있는 것이 정답인 양 상대 엄마에게 조언의 탈을 쓰고 참견한다.

"중고 책을 사줬다고요? 아직 아기인데 그냥 새 책 사주지."

"책만 많으면 뭐해요? 많이 읽는 게 중요하지."

뭐지? 이 께름칙한 의문의 1패는? 중고 책 사주는 게 그렇게 걱정되면 새 책 한 권이라도 사서 선물해주든가요!

육아관의 차이를 인정하지 않고 참견하는 태도는 관계를 위태롭게 만든다. 누가 더 나을 것도 잘날 것도 없는 엄마들끼리 선을 넘는 간섭을 하는 것은 도토리 키 재기와 비슷하다. 항상 느끼지만 상대방 기분을 나쁘게 하려는 악의를 갖고 말하는 엄마는 극히 드물다. 친해지면 걱정과 참견 사이를 넘나들며 속마음을 드러내다 보니 상대를 불편하게 하는 일이 생기는 것이다. 상대에게 악의가 없다는 걸 알고 있으니 쿨하게 흘려버릴 때도 있지만, 그렇다 해도 가끔은 조심성 없이 내뱉은 말에 마음이 상하기도 한다.

도움을 주기 위한 말도 있지만, 그보다 은근슬쩍 자신이 우위에 서고 싶은 마음에 상대 엄마의 방식을 깔아뭉개듯 말하는 경우도 있다. 그 차이는 말투에서 느껴진다. '육아는 내가 한 수 위지'라는 마음에서 비롯된 조언은 상대방에게 오지랖으로 비칠 뿐이다.

특히 엄마 경력 20년 이하의 엄마들이 가장 많이 저지르는 실수가 남의 집 교육관에 말 보태기다. 자신이 접한 일부 정보만을 토대로 판단하기 때문에 복합적이고 다양한 면은 못 보는 경우가 많다. 그런데 그런 자기 한계를 알지도, 인정하지도 않은 채 조언을 하니, 되레 도움도 못 주고 관계만 망치게 되는 것이다.

한글을 일찍 배워 깨우친 아이에게 "글자를 빨리 알면 상상력이 자라나지 못하는데 뭐하러 가르쳐요?"라고 하거나, 반대로 "일곱 살인데 아직도 한글을 몰라요? 얼른 가르쳐야죠. 선행학습도 해야 하고 갈 길이 바빠요"라며 다른 사람의 교육관을 존중하지 않는 태도는 불편함을 넘어 불쾌함마저 남긴다.

"애 잡겠다! 아이들은 많이 놀아야 행복하다고 생각해서 전 사교육 안 시켜요."

이런 말도 마찬가지다. 사교육을 받는 아이들이 행복하지 않은 것도 아니고, 놀기만 한다고 행복한 것도 아니다. 아이들마다 다르다. '애바애'라는 말이 괜히 있는 것이 아니다. 확실한 건 육아에 답은 없다는 것이다. 누구도 무엇이 정답인지 알지 못하며, 모두 각자의 소신에 따라 상황에 맞게 최선을 다해 자기 아이를 키우고 있다는 것만 기억해도 선을 넘지 않을 수 있다. 각자의 육아 소신을 다른 엄마들과 자유롭게 얘기할 수는 있지만, 상대방의 방식이 틀렸다고 말하는 것은 바람직하지 않다. 누구에게도 육아의 영역을 함부로 침해할 권리는 없다.

파울로 코엘료의 에세이 『흐르는 강물처럼』에 이런 구절이 있다. "남의 정원에 대해 말하기 좋아하는 그 바보는, 제 뜰의 꽃과 나무는 안중에도 없다." 내 뜰의 꽃과 나무만 잘 가꾸어도 충분하다. 그러니 남의 집 정원에 대한 지나친 관심은 그만!

타인의 불행에서
행복을 찾는 엄마들

"그거 알아요? 시우맘 ○○아파트에 산대요."

시우 엄마가 기저귀를 갈러 파우더룸에 간 사이에 효빈 엄마가 내 귀에 속삭였다. 일급 기밀이라도 알려주는 듯한 그녀의 은밀한 목소리에 어떻게 답해야 할지 몰라 당황스러웠다. "어머어머 진짜요?"라며 하이톤으로 맞장구라도 쳐줘야 하나? 사실 타인의 거처를 은밀하게 알려주는 행위에 순수한 동기가 있다고 추측하긴 어렵다. 그럼에도 지레짐작하지 않고 최대한 중립적인 태도로 상대의 의도를 다시 한 번 확인하는 과정은 필요하다.

나는 상대방에게 무안함을 주지 않으면서 좀 더 정확한 의도를 파악하고 싶을 때면, 못 알아들은 척하고 다시 한 번 묻는다. 상대가 불순한 의도에서 말했다면 "아니에요" 하고 넘어갈 테니 나도 불편한 대화에 휘말리지 않을 수 있고, 그러면 상대도 더는 같은 주제로 얘기를 꺼내지 않을 것이다.

나는 평소보다 눈을 더 크게 뜨고 '그게 왜요?'라는 표정으로 되물었다. 어라, 이를 어쩌지? 이 엄마에겐 내 기술이 통하지 않았다. 그녀는 '어머, 다 알면서 왜 모르는 척해요?'라는 은밀한 표정으로 나지막하게 다시 말했다.

"왜 거기 있잖아요. ○○공원 가는 길에 있는 그 아파트요. 뭐, 어디 사는지가 중요한 건 아닌데…… 그래도 좀 그렇지 않아요?"

입을 삐죽거리는 모습에서 오만과 불만이 동시에 느껴졌다.

오, 맙소사! 내가 마주하고 있는 이 엄마가 바로 뉴스에서만 보던 '아파트 시세로 계급을 나누는 엄마'였다니. 아이를 낳기 전 이런 엄마들에 관한 기사를 보고 고개를 절레절레 흔들었던 적이 있었다. 그런데 엄마들의 세계에 들어와 보니, 많지는 않지만 그렇다고 아주 없는 일도 아니었다.

평소에도 효빈 엄마는 다른 엄마들의 겉모습을 주시하는 편이었다. 영화 〈악마는 프라다를 입는다〉에서 편집장으로 나오는 메릴 스트립처럼 다른 엄마들의 가방과 신발, 심지어 차종까지 평가하듯 아래위로 쭉 훑어보고는 오만함이 풍겨 나오는 특유의 표정을 지었다. 그리고 보니 그녀가 다른 엄마가 사는 아파트 이름을 거론하며 묘하게 배척하는 분위기를 조성하는 것이 그리 놀랄 일도 아니었다. 그렇다고 효빈 엄마가 특별히 더 잘사는 것 같지도 않은데, 도대체 왜 그럴까? 조금 더 잘산다고 밥 한 번 더 사는 것도 아니고 조금 더 못산다고 자기 밥값을 안 내는 것도 아닌데. 서로에게 피해 주는 것도 없는데, 같은 엄마들끼리 왜 이러시냐고요!

그러던 어느 날이었다. 시우 엄마가 남편의 퇴근이 늦고 주말에도 출근을 하는 경우가 잦아서 독박육아를 해야 한다며 하소연을 했다. 여기에 효빈 엄마가 나름의 위로를 건넸다.

"힘드시겠어요. 시우맘 남편 이야기 듣다 보니 우리 남편은 정말 착한 것 같아요. 우리 남편은 효빈이 태어나고부터는 일찍 퇴근하거든요. 남편한테 갑자기 너무 고맙네. 시우맘! 기운 내요."

순간 정적이 흘렀다.

이게 위로인지, 망언인지……. 이보쇼, 남편 자부심 갖는 건 좋은데 제발 분위기 파악 좀 하라고! 다른 사람이 힘들다고 얘기할 때 자신의 삶은 행복하다고 말하는 것은 솔직함이 아닌 공감의 결여일 뿐이다.

효빈 엄마처럼 타인의 불행에서 자신의 행복을 찾는 사람이 있다. 주변 사람과의 비교를 통해 자신을 격상시키는 사람과 있으면 물 먹고 체한 듯 묘하게 신경이 거슬린다.

하지만 그 모임을 사라지게 한 폭탄급 헤프닝은 따로 있었다. 그날의 대화 주제는 '영어 유치원에 보낼 것인가 말 것인가'였다. 아이를 키우는 엄마라면 한 번쯤 고민해보는 주제다. 영어 유치원에 보내면 등골이 휜다는 주변 지인의 경험담에도 고민을 안 해볼 수 없다. 아이의 성향과 관심도 고려해야 하니 여유가 된다고 무작정 보낼 수 있는 것도 아니지만, 내 아이에게 좋다면 경제적으로 무리가 되더라도 보내고 싶은 게 부모 마음이다. 이런 고민, 영유의 장단점, 지역 내 유명한 영유 등에 대한 이야기를 주고받고 있던 차였다. 효빈 엄마가 시우 엄마에게 물었다.

"근데 시우맘 아파트에 사는 엄마들도 영유 보내요?"

아……? 왠지 불안했다. 이번엔 확실히 선을 넘은 것 같았다. 다행히 시우 엄마는 질문 의도를 파악하지 못한 듯 해맑은 얼굴로 대답했다.

"그럼요. 요즘 엄마들 아이 영어 교육에 관심 많잖아요."

거기서 끝냈으면 좋으련만……. 효빈 엄마는 기어이 한마디를 더 했다.

"아……, 그래요? 무리해서라도 보내나 보다."

그녀는 못 믿겠다는 듯 고개를 갸우뚱하며 떨떠름한 표정을 지었다.

몇 분 후 시우 엄마는 아쉬운 표정을 지으며 급하게 일이 생겨 집에 가봐야 한다고 일어섰다. 그 자리가 가시방석이었던 나도 함께 일어서고, 그렇게 우리는 만난 지 한 시간도 채 안 되어 헤어졌다. 그런데 반전이 있었다. 집으로 가는 길에 시우 엄마에게 메시지가 온 것이다.

"저 이제 그 모임에 안 나가려고요. 그동안 효빈맘 때문에 상처받고 불편했는데 이제 더 이상 못 참겠어요. 잘 지내보려고 했는데 여기까지인 것 같아요."

시우 엄마도 다 알고 있었던 것이다. 겉으로 티를 내진 않았지만 분노 마일리지를 차곡차곡 쌓아가고 있었다. 그렇게 그날 이후 그 모임은 없어졌다.

내가 효빈 엄마에게 느꼈던 아쉬움은 그녀의 속물적인 태도가 아니라, 그런 속물적인 가치관을 드러내서 누군가를 불쾌하게 하는 데 있었다. 사실 인간은 누구나 속물적인 면이 있고, 우월감을 느끼고 싶어 한다. 그래서 상대방이 나보다 잘사는지 못사는지 흘 긋거리며 상대적인 만족감 혹은 열등감을 느끼고, 자기 수준에 못 미친다고 여겨지는 사람이 있으면 배제하기도 한다. 그것을 옳다고 볼 수는 없지만 인간의 본성이 그러하다. 효빈 엄마처럼 대놓고 아파트 이름을 거론하며 우월감을 드러내진 않더라도, 사회경제적 수준으로 상대를 평가하고 미묘한 벽을 세우는 이들이 분명 있다. 세속적인 현실에서 일어나는 일이 엄마들 세계에도 그대로 나타나는 것일 뿐이다.

인간은 경제적 기준으로 우열을 가리는 것에 굉장히 민감하다. 자신이 이룬 부에 대해 자긍심을 가질 순 있지만, 타인을 비교하고 폄하하는 것은 전혀 품격 있는 모습이 아니다. 어떤 가치관을 갖고 있든, 속으로 무슨 생각을 하든 자유다. 하지만 그것을 표현하는 것은 다른 문제다. 모든 인간관계에서 그러하듯, 엄마들과의 만남에서도 할 말과 하지 말아야 할 말쯤은 분별할 줄 알아야 한다.

재력으로 사람을 평가하는 엄마들

예전에 어떤 블로그에서 엄마들 모임 수칙에 관한 글을 읽은 적이 있다. 글의 요지는 '씀씀이가 비슷한 엄마들과 교류해야 하며, 그렇지 않으면 서로 마찰이 잦을 수밖에 없다'였다. 그 아래에는 공감하는 댓글이 많았다. 돈을 기준으로 사람을 사귀라고 하는 듯한 뉘앙스는 거북했지만 묘하게 공감이 가기도 했다. 이를테면 경제적 여유가 있는 엄마는 방학 때마다 해외 영어 캠프에도 보내고 천만 원에 육박하는 전집도 아무렇지 않게 사주는데, 중고 거래 사이트에서 아이 전집을 사줘야 하는 엄마의 심정은 말로 표현해서 무엇하리! 여유가 있는 엄마는 자신의 일상을 말하는 것조차 상대 엄마의 눈치를 봐야 하니 불편할 것이고, 상대적으로 여유가 없는 엄마는 비교하지 않으려고 해도 비교하게 되어 속상할 것이다. 사줄 형편이 되어도 안 사주는 것과 사주고 싶어도 못 사주는 것은 천지 차이다. 그래서 처지가 비슷한 엄마들끼리 만나는 게 편하다는 의미일 것이다.

어떤 엄마는 유치원에서 만난 엄마들과 공유한 투자 정보 덕에 주식과 부동산에서 투자 이익을 제법 봤다며, 역시 아이 친구 엄마도 인맥이라며 자부심을 드러내기도 했다. 또 다른 엄마는 특정 목적을 떠나서 '내가 만나는 엄마들 수준이 내 수준'이기 때문에 사람을 가려 사귄다고 특권의식을 드러내기도 했다. 그 수준의 기준이 오직 재력에만 있다는 게 아쉽지만 말이다. 그런데 마음으로 우정을 나누는 친구 사이라면 그까짓 재력쯤이야 아무것도 아니겠지만, 그저 또래 아이 키우는 것 외에는 별다른 공통 관심사가 없는 엄마들에게는 사람을 보는 기준이 '그까짓 재력'이 아닌 '오직 재력'이 될 수도 있겠다 싶었다.

하지만 모든 엄마가 다 그런 것은 아니다. 돈을 중시하는 엄마도 있지만, 마음의 결이 얼마나 닮았는지를 보는 엄마도 많다. 나 역시 사람과 사귈 때 마음의 결을 가장 중요하게 여기고, 직업과 연봉, 시댁의 재력 등을 기준으로 사람을 가려 사귀는 사람들과는 거리를 두고 지내는 편이다. 물질은 인생을 풍요롭고 편리하게 살아가기 위해 반드시 필요한 것이지만, 인간관계를 맺을 때조차 물질적 가치관에 지배당할 필요는 없다고 생각한다. 그럼 인생이 너무 삭막하지 않을까?

사람은 저마다 향기가 있다. 그 사람만이 지닌 결에서 나는 향기 말이다. 돈만 쫓는 사람에겐 돈 냄새가 난다. 하지만 사람을 보는 사람에겐 고귀한 인간의 향기가 난다. 생애 단 한 번이라도 모든 조건을 초월하여 누군가와 마음과 마음으로 이어진 경험을 해본 사람이라면 이 말의 의미를 알 것이다. 사람 그 자체가 목적인 진실된 관계에서는 신뢰와 존중이라는 숭고한 이익을 얻을 수 있다. 내가 인간관계에서 얻고자 하는 가치도 서로에 대한 존중과 신뢰와 온기다. 아, 거기에 유머 한 스푼 추가하면, 그걸로 충분하다.

한 엄마가 속상해하며 이런 말을 한 적이 있다. 모임에서 만난 엄마들이 초면부터 직업, 연봉, 자가 여부를 조사하더니 그다음부터는 경제적 상황이 비슷한 엄마들끼리만 체험학습을 가는 등 묘한 따돌림 분위기가 조성되었다는 것이다. 그녀는 그 엄마들이 자기 가치를 마음대로 판단하고 불합격 통지서를 준 것 같아 너무 화가 난다고 했다.

살다 보면 이런 일을 당하는 순간이 있다. 하지만 너무 상심하지는 말자. 뻔한 소리처럼 들리겠지만, 한 인간에 대한 가치는 가진 것으로만 매길 수 없다. 가치는 상대적이고 주관적인 것이다. 그것이 몸값이 몇백억인 운동선수보다 내 남편이 더 가치 있는 이유고, 유튜브에 나오는 인형같이 귀여운 아이보다 내 아이가 더 사랑스러운 이유이며, 남편에게 미녀 배우보다 내가 더 매력 있는 여자, 아이에겐 온 우주를 통틀어 내가 가장 좋은 엄마인 이유다. 그들이 그들만의 기준으로 당신의 가치를 마음대로 평가하고 불합격시켰어도, 당신의 가치에 털끝만큼의 영향도 미칠 수 없는 이유다.

그래도 마음이 아프다면, 잘 알지도 못하는 사람에 대해 함부로 평가하고 서열을 나누는 그 사람의 서열은 어디쯤일지 생각해보길 바란다. 어차피 당신 입장에서도 그들은 불합격이다.

엄마들끼리도 진정한 친구가 될 수 있을까?

나의 인간관계는 출산과 동시에 '아이를 키운다'는 공통분모가 있는 사람들로 재구성되었다. 바꾸어 말하면 엄마라는 공통점 말고는 서로에 대해 잘 알지 못한 채로 친구 아닌 친구가 된 셈이다.

그런데 이 엄마들과의 관계가 육아만큼이나 어렵다. 아이라는 공감대로 초고속으로 친밀감을 형성하지만 막상 서로에 대해선 잘 모른다. 그러니 본의 아니게 상대방의 기분을 상하게 하고 오해를 빚을 때도 있다. 하지만 엄마들과의 관계가 쉽지 않은 이유는 따로 있다. 바로 자신의 삶에서 가장 여유가 없는, 다시 말해 어린아이를 키울 때 맺는 인연이라는 점이다.

아이를 키운다는 것은 육체적으로도 정신적으로도 많은 에너지를 요한다. 내 몸 하나 간신히 건사하고 살다가 엄마가 된 후부터는 아이의 식사, 빨래, 같이 놀기, 재우기 등 생존과 발달에 필요한 모든 것을 책임져야 한다. 아이가 온몸으로 표현하는 떼와 투정에도 감정적으로 대응하지 않기 위해 초인적인 인내심을 발휘해야한다. 아이 울음이 잦아지면 깊은 호흡과 함께 나의 감정은 밀어두고 차분한 목소리로 훈육도 해야 한다. 아이를 키우는 데는 이토록 많은 에너지가 들어간다.

수다 테라피로 에너지를 충전하려고 다른 엄마들과 브런치 타임도 가져보지만, 사람 일이 어디 내 마음같이 흘러가던가. 육아에 지쳐 한껏 예민해진 영혼은 다른 엄마의 사소한 말에도 쉽게 휘둘리고 상처받는다. 사람은 본디 자기 상황이 힘들면 상대방이 하는 말을 더 예민하게 받아들이고 까칠하게 굴게 된다. 인간의 의지력에는 한계가 있어 어느 한쪽에 의지력을 많이 발휘하면 다른 상황에서 사용할 의지력은 바닥난다. 육아가 유난히 힘든 시기가 있는데, 그때는 인간관계에 쓸 에너지가 부족하다. 그래서 육아로 많이 힘든 시기에 서로 위로하려 만난 엄마들끼리 도리어 상처를 주고받는 일이 생기고 만다.

사람 사이에 가장 중요한 것은 신뢰다. 신뢰는 나와 상대의 다름을 존중하고, 그 차이를 받아들이며 갈등을 줄여 나가는 과정을 거치며 커간다. 어쩔 수 없이 상처를 주고받더라도 용기를 내어 다가가서 공감하고 소통하려 애쓸 때 신뢰가 생긴다. 이 모든 과정에는 충분한 시간과 노력, 갈등을 해결하려는 의지가 소요된다.

하지만 엄마들의 관계에선 이렇게 되기가 쉽지 않다. 불편한 감정을 섣불리 표현하느니 그냥 침묵하기를 택한다. 결국 갈등이 표면화되지 않으니 해결의 여지도 없고, 속으로 곪아가다가 손절이란 방법으로 인연에 마침표를 찍게 된다. 육아로 지친 시기에는 함께 살 맞대고 사는 남편과도 유난히 갈등이 잦은데, 하물며 서로 잘 알지 못하는 엄마들과의 관계에선 오죽할까.

그렇다면 엄마들이 이 기나긴 육아의 터널을 외롭지 않게 함께 걸어갈 방법은 정녕 없는 걸까?

배우 윤여정 씨가 어느 방송에서 이런 말을 했다. "덜 친할 때는 조심하잖아, 사람들이. 그러다 너무 친해지면 함부로 하게 되잖아. 그래서 헤어져. 친해지기 전에는 원수 안 돼. 지나가는 사람하고 우리가 원수 될 일 있니? 친한 사람하고 원수가 되는 거지."

그녀의 말을 듣고 생각했다. 엄마들과 함께 오래갈 수 있는 방법! 바로 거리 두기에서 답을 찾을 수 있지 않을까?

나는 힘들 때는 오히려 사람과의 만남을 피한다. 마음이 힘들 때는 뭐든 안 좋게 보이기 때문에 외부 자극을 최소화하려고 한다. 내가 지쳐 있을 땐 상대의 별 뜻 없는 사소한 말에도 상처받기 쉽고, 마음은 그게 아닌데 상대에게 삐딱하게 굴어 상처를 주기도 하기 때문이다. 화가 났을 때도 마찬가지다. 상대방에게 여과되지 않은 나의 감정을 토해내어 그의 마음을 어지럽히고 싶지도 않고, 아직 나의 감정이 채 가라앉지도 않은 상태에서 상대의 기분까지 배려하는 건 내게 너무 가혹하다. 그래서 그냥 혼자 있길 택한다.

힘들 때 혼자 있는 선택은 언제나 옳다. 심각한 경우라면 주변의 도움을 구해야겠지만, 그게 아니라면 혼자 나의 마음을 들여다보고 스스로를 이해하는 시간을 갖는 게 좋다.

다른 엄마에게 상처받은 마음을 치유할 때도 거리 두기에는 마법과 같은 효과가 있다. 거리를 두고 한동안 만나지 않으면 상처받은 마음은 어느새 사라지고, 왜 그랬는지 기억이 안 날 때도 많다. 심지어 상대가 그리워지기도 한다. 상처받은 마음이 옅어지고 그리울 때쯤 다시 만나면 더 반갑다. 지나고 보면 별일도 아닌 걸로 "제가 기분이 좀 나쁘거든요"라고 말하며 상대의 마음을 불쾌하게 하는 것보다는 잠시 자취를 감추고 거리를 두는 것이 관계에 훨씬 더 이롭다. 상대 엄마도 육아로 힘들긴 마찬가지일 텐데, 너무 예민하게 따지고 들면서 내 감정의 책임을 떠넘기는 것보다 내 감정은 내가 책임지는 게 궁극적으로 나 자신에게도 이롭다.

반면 내가 실수했을 경우에는 사과를 통해 바로잡아야 한다. 왜 그럴 때가 있지 않은가? 나도 모르게 무례함을 저지를 때.

'내가 지금 무슨 말을 하는 거지? 제발 그 입 좀 다물라고!'

어색한 분위기를 깨려고 한마디 했는데 분위기가 싸해지기도 하고, 기분 상하게 하려는 의도는 전혀 없었는데 나도 모르게 오해를 불러일으킬 때도 종종 있다. 말을 하는 그 순간 아차 싶을 때도 있고, 당시엔 몰랐다가 집에 와서 곱씹어보니 '아까 내가 뭐하러 그런 말을 했을까?' 싶었던 경험도 한번쯤 있을 것이다. 그럴 땐 거리 두기보다 용기를 내 사과를 전하는 게 관계를 지키는 법이다. 상대도 의외로 대수롭지 않게 생각할 때가 많다.

상대의 반응에 일일이 신경 쓰지 않는 '미움받을 용기'도 중요하지만, 자신의 언행에 책임을 지고 관계를 유지하기 위해 '사과할 용기'도 필요하다. 먼저 용기 내서 사과한다는 게 쉬운 일은 아니다. 자존심이 허락하지 않을 수도 있다. 하지만 타인과의 거리가 아니라 나의 자존심과 거리를 둬야 할 때도 있다. 자신을 내려놓고 겸허할 줄 알아야 관계를 지킬 수 있기 때문이다.

칼릴 지브란의 시로 거리 두기 예찬론의 남은 이야기를 전한다.

함께 있되 거리를 두라.
하늘의 바람이 그대들 사이에서 춤추게 하라.
서로 사랑하라.
그러나 사랑으로 구속하지는 말라.
그보다 너희 영혼의 두 언덕 사이에 출렁이는 바다를 놓아두라.
서로의 잔을 채워주되 각자의 잔으로 마셔라.

서로의 빵을 나눠주되 한 사람의 빵만을 먹지 말라.

함께 노래하고 춤추며 즐거워하되 각자는 홀로 있게 하라.

마치 현악기의 줄들이 하나의 음악을 울릴지라도

각각의 줄은 서로 혼자이듯이.

서로 가슴을 내어주라.

그러나 서로의 가슴속에 묶어두지는 말라.

오직 생명의 손길만이 너희의 가슴을 간직할 수 있다.

함께 서 있으라. 그러나 너무 가까이 서 있지는 말라.

사원의 기둥들도 떨어져 있고

참나무와 삼나무는 서로의 그늘 속에선 자랄 수 없으니.

너무 가까운 사이, 모든 것을 말하는 사이에는 그늘이 생겨 곰팡이가 생긴다. 나무와 나무 사이에 적당한 거리가 필요하듯, 사람과 사람 사이, 나와 나 자신 사이에도 적당한 거리가 필요하다. 시원한 바람이 통과할 만큼의 거리가 있는 관계에는 곰팡이가 생기지 않는다.

그 엄마가
빌런이 되는 이유

살다 보면 정신이 아찔해질 정도로 삶을 흔드는 악연을 만날 때도 있다. 엄마들 관계에서도 마찬가지다. 엄마들의 세계에 존새하는 악연 메이커는 다름 아닌 공격성과 질투심이 강하고 자존감은 낮은 사람이다. 모순적이게도, 천사 같은 아이를 키우는 시기에 이들의 일그러진 공격성과 질투심은 더 잔혹한 민낯을 드러낸다.

육아하는 시기는 여자로서의 자존감이 가장 낮아지는 시기이기도 하다. 출산 전의 기억은 전생마냥 멀어져가고, 여자로서의 삶도 예전만큼 누리지 못한다. 그렇다고 유능한 엄마로 인생 2막을 시작하는 것도 마음처럼 되지 않는다. 아이를 키우는 것은 그야말로 불안의 연속이다. 육아에 정답이 없다 보니 불안한 엄마는 자꾸만 다른 엄마들 이야기에 귀를 기울이게 되고, 자연히 비교하며 휘둘리게 된다. 그렇게 엄마로서 유능감도 추락하고 자존감도 떨어진다. 비교하면서 자존감이 낮아지기도 하지만, 자존감이 낮아지니 끊임없이 다른 엄마와 자신을 비교하게 된다. 악순환이다.

인간은 열등감을 느끼면 괴롭기 때문에 어떻게든 괴로운 감정에서 벗어나기 위해 노력한다. 누군가는 운동이나 명상 등 긍정적인 방식으로 괴로운 감정을 떨쳐내지만, 누군가는 타인을 깎아내리는 행위를 통해 괴로운 감정에서 벗어나려 한다. 엄마들 중에도 자신의 불편한 심기를 자극한 엄마를 표적으로 삼고, 다른 엄마들에게 뒷담화를 하거나 직접적으로 따돌리는 식으로 괴로운 감정을 해소하는 이들이 있다.

이런 엄마들에게서 시작되는 심각한 문제가 바로 뒷담화와 따돌림이다. 엄마들 간 뒷담화와 따돌림이 생기는 과정을 보면 다음 과 같다.

육아 스트레스 → 자존감 하락 → 비교 → 열등감 자극 → 질투 → 뒷담화와 따돌림 → 집단 내 소속감 형성 → 불안 해소 및 우월감 형성 → 질투심 해소 → 일시적인 행복

이들은 누군가를 험담하고 맞장구치며 유대감을 쌓고 그 무리 에서 강한 소속감과 친밀감을 느낀다. 타인을 깎아내리며 얻는 우월감, 험담에 맞장구쳐주는 사람이 있다는 데서 느끼는 친밀감과 소속감은 마약성 진통제처럼 강력하게 열등감과 불안을 잠재워준 다. 경험상 열에 한 명은 이런 사람이고, 누구나 언제든 엮일 수 있 으니 조심해야 한다.

이들은 어느 정도 친해졌을 때쯤 무리 내 다른 엄마나 아이에 대한 험담을 흘리기 시작한다. 이때 상대방이 동조하는지 안 하는 지 반응을 확인해가며 험담의 수위를 조절하는 굉장히 영특한 모 습을 보인다. 절대 막무가내로 험담을 늘어놓지 않는다. 엄마들이 관심을 보이고 동조할 수밖에 없는 주제, 특히 아이 문제에 대한 이야기, 동정심을 불러일으키는 이야기를 많이 한다.

예를 들면 이런 식이다.

채은 엄마: 길동 엄마. 채은이가 나은이 때문에 유치원 가기 싫다
고 해서 걱정이에요. 나은이가 계속 장난감도 뺏고 밀
고…… 나쁜 말도 많이 한다고 하더라고요.

길동 엄마: 어머 그래요? 근데 애들이 어리니까 그럴 수도 있죠.

채은 엄마: 아…… 하긴 아이들이 다 그렇죠 뭐. 하하하.

상대방이 험담에 동조하지 않으면 빠르게 태세 전환을 하거나,
동조할 수밖에 없게끔 상대방의 마음에 불안의 씨앗을 심는다.

길동 엄마: 어머 그래요? 근데 애들이 어리니까 그럴 수도 있죠.

채은 엄마: 그럴까요? 들어보니 나은이가 길동이도 괴롭힌다고
하던데요.

길동 엄마: 뭐라고요? 자세히 말해봐요.

이런 말을 전해 듣고 마음 편할 엄마는 없다. 결국 뒷담화와 따
돌림에 동조하게 된다. 만약 채은 엄마가 길동 엄마와 친한 사이여
서 진심으로 길동이를 걱정하는 마음에 조심스레 귀띔해줄 수는
있다. 중요한 것은 의도다. 길동 엄마 입장에서 휘둘리지 않으려면,
채은 엄마가 여론을 조성하여 나은 엄마를 공격하려는 의도가 숨
어 있는 것은 아닌지 잘 판단해야 한다. 그리고 만약 그렇다면 절
대 엮이지 말아야 한다.

뒷담화로 인한 갈등은 질투심과 공격성이 많은 사람 자체가 원인이라 그런 사람과 얽히지 않는 것 말고는 해결책이 없다. 그러니 누가 뒷담화를 하거나 남의 말을 옮기면 최대한 거리를 두는 게 좋다. 결국 나 자신도 언젠가는 표적이 될 수 있다. 이미 문제가 발생한 후라면 관계를 다시 회복할 생각은 하지 말자. 사람은 잘 변하지 않는다. 그리고 도를 넘어서는 뒷담화는 반드시 멈추라고 경고해야 한다.

육아로 힘든 엄마들이 겨우겨우 시간을 내 육아 동지를 만나러 나가는 것은 서로 위안을 주고받기 위함이지 뒷담화나 듣고 상처를 주고받기 위함이 아니다. 그러니 가능한 한 부정적인 관계에 얽히지 말고, 만약 얽혔다면 현명하게 잘 끊어내어 소중한 나와 내 아이의 삶을 끄떡없이 지켜내자.

2장

엄마의 인싸력과
아이의 인싸력은
별개

엄마, 난 아직
친구 필요 없어요

나는 아이 어린이집 엄마들과 특별한 친분이 없다. 등하원할 때 어린이집 앞에서 마주치는 몇몇 엄마들과 인사는 주고받아도 굳이 인연을 만들지는 않았다. 이유는 간단하다. 언젠가부터 아이 친구 엄마라는 이유만으로 누군가와 인연을 맺는다는 게 어색했기 때문이다.

그랬던 나도 나무 그늘에 돗자리를 펴고 함께 놀고 있는 아이와 엄마 무리를 보면 괜히 그쪽으로 눈이 갔다. 그때였다.

"어머, 아기 너무 귀여워요. 몇 개월이에요?"

신이 내 마음을 읽은 건지 끌어당김의 법칙이 작용한 건지 하늘에서 뚝, 아니 나무 그늘 아래로 뚝 하고 한 아이 엄마가 말을 걸어 왔다. 이것이 시크릿의 힘인가!

이런저런 대화 중에 우리는 같은 동네 주민이고 그녀의 아이도 근처 어린이집에 다닌다는 것을 알게 되었다. 아무렴, 인연은 자만추(자연스러운 만남 추구)가 진리지.

그날 이후 우리는 아이와 함께 종종 만났다. 역시 엄마들의 관계는 급전개가 관전 포인트. 날씨가 좋으면 아이들과 공원에서 뛰어다녔고(쫓아다녔고), 해가 저물면 서로의 집에 번갈아 드나들며 함께 저녁을 먹었다. 무엇보다 일대일 관계라 모임처럼 신경 쓸 일도 없어서 더욱 안정된 관계를 유지할 수 있었다. 각자 아이를 챙기느라 많은 대화를 주고받지는 못했지만, 막간을 이용해 남편이 코를 곤다, 탈모가 심하다 등 각자 자기 남편을 디스, 아니 디스라 하기엔 깜찍한 흉을 보며 웃음을 터뜨렸다. 이렇게 그녀와 조금씩 친해지며 나는 생각했다.

'육아 동지가 인생 동지가 된다는 게 이런 것인가 보다.'

하지만 이건 어디까지나 엄마인 내 생각이었다. 아이들은 엄마들의 우정이 탐탁지 않았나 보다.

사회성 발달이 덜 된 시기라 서로 장난감을 빼앗고 우는 일도 잦았다. 엄마들과의 관계를 잘 유지하고 싶었던 우리는 서로 감정 상할 일 없도록 민첩하게 상황을 조율했는데, 그 조율이라는 게 각자 자기 아이에게 양보와 사과를 시키는 것이었다. 그러나 비슷한 상황이 반복될수록 나는 엄마들의 관계를 위해 아이들의 욕구가 희생되는 것은 아닌지 염려스러웠다. 아직 양보의 의미를 모르는 아이들에게 억지로 양보를 강요하는 건 아무래도 아닌 듯했다.

그러다 결국 일이 터졌다. 엄마들이 잠시 방심한 사이에 벌어진 일이었다. 아이들이 장난감 하나를 두고 서로 갖겠다고 옥신각신했고, 갑자기 우리 아이의 비명과 함께 울음소리가 들렸다. 나는 안 보고도 어떤 상황인지 바로 짐작할 수 있었다. 나가 보니 아이의 왼쪽 뺨에 빨간 상처가 나 있었다. 상대 아이가 장난감으로 때린 것이었다. 상처는 제법 컸다.

상대 아이도 너무 어리니 미워할 수도 혼을 낼 수도 없고, 그 아이 엄마의 잘못도 아니니 따질 수도 없었다. 한창 그럴 시기인 걸 알면서도 아이들을 한 공간에 두고 잠시 방심한 게 잘못이라면 잘못이었다. 그래도 아이 얼굴의 상처를 보니 속이 상했다.

다음 날 그녀에게 연락이 왔다.

"집 문 앞에 연고 두고 왔어요. 정말 미안해요."

문 앞에 나가 보니 작은 종이가방에 연고와 카드 한 장이 들어 있었다.

'오래 잘 지내고 싶었는데 이런 일이 생겨서 속상해요. 아이가 괜찮아지면 연락 주세요.'

엄마들이 우정을 나누는 시간이 아이들에겐 스트레스가 되는 시간이었을지도 모른다. 그 후 우리는 아이들과 함께 만나는 자리를 줄여 나갔다. 아직 아이는 친구보다 엄마를 더 좋아할 시기니까! 물론 두 엄마의 관계는 지금까지 이상 무다.

너무 이른 시기부터 친구를 만들어주기 위해 아이에게 양보까지 강요하며 애쓰진 않았으면 좋겠다. 가끔은 괜찮지만 너무 잦으면 아이에겐 스트레스다. 한창 자기 것에 대한 소유욕이 넘치는 시기이기 때문이다. 친구가 집에 와서 자기 장난감을 만지는 것도 싫고, 친구 입장에서도 "내 거야, 만지지 마!"라는 소리를 들으면 함께 노는 게 즐겁지 않다. 아직 함께 노는 법을 모르는 어린아이에겐 엄마들 때문에 억지로 붙어서 노는 상황이 큰 스트레스가 될 수 있다.

영유아기 아이에게 친구는 '노는 대상'이지 '우정을 나누는 대상'이 아니다. 일반적으로 아이가 만 4세 반은 넘어야 친구와 적극적인 상호작용을 하며 놀 수 있다. 아직 그 단계까지 가지 못한 아이에게 "친구한테 양보해야지"라고 말하는 것은, 아직 소유 개념도 분명하지 않은 아이에게 양보의 개념부터 가르쳐주려는 것과 같다. 소유의 개념이 분명해야 양보도 배울 수 있다. 말마따나 어른 입장에는 양보지만 아이에게는 자신의 경계선을 침범하는 것에 불과하다.

아이들이 같은 공간에서 놀다 보면 엄마들은 서로의 눈치를 보며 불가피하게 자기 아이에게 양보를 시킬 수밖에 없는 상황이 자주 생긴다. 그렇게 되면 아이는 친구와 노는 것을 '내 것을 뺏기는 시간'으로 인식할 수도 있다. 만약 초대를 해야 하는 경우라면, 미리 아이와 상의하는 게 좋다.

"친구가 집에 놀러올 건데 혹시 만지지 않았으면 하는 장난감 있어? 그럼 그건 따로 보관하는 게 좋겠다"라든가 "친구가 만져도 되고 같이 가지고 놀아도 되는 장난감을 정해볼까?"라는 식으로 아이의 소유물을 존중해주고, 친구에게 양보할 수 있는 것은 무엇인지 미리 타협해두면 아이의 스트레스를 줄여줄 수 있다.

아이에게 친구 없는 게 엄마 탓?

"넌 유치원에서 누구랑 친해?"

"엄마, 나는 친구가 없어."

엄마 아빠가 세상의 전부인 줄 알았던 아이의 마음에 친구라는 존재가 싹트는 시기가 온다. 만 3세쯤부터 친구와 머리 맞대고 꽁냥꽁냥 놀기 시작하던 아이는 만 4세를 지나면서 또래 친구와 노는 것의 즐거움을 알아간다. 이 시기부터 부모의 간절한 바람이 하나 생긴다. 바로 자녀가 친구들과 사이좋게 지내는 것이다.

그러니 아이 입에서 친구가 없다는 말이 나오면 엄마 심장은 쿵 내려앉는다. 엄마는 아이가 아파도 내 탓, 친구가 없어도 내 탓으로 여기는 존재다. 아이가 친구가 없으면 자연스레 '엄마인 내가 친구를 안 만들어줘서 그런가? 지금이라도 다른 엄마들을 사귀어야 하나'라는 고민이 들 수 있다.

엄마가 사람 사귀는 것에 어려움이 없고, 가능한 상황이라면 아이 친구를 만들어주는 것도 방법이 될 수 있다. 초등 저학년 전까지는 엄마끼리 친하면 아이들도 친해지는 경우가 많다. 그 시기 아이들에게 친구의 개념은 자신이 좋아하는 방식으로, 자주 만나서 놀 수 있는 존재다. 어릴 때는 엄마가 아이의 놀이 친구를 만들어줄 수 있다는 얘기다.

그렇다고 엄마가 친구를 안 만들어줘서 친구가 없는 것은 아니다. '엄마가 친구를 안 만들어줘서' 말고 다른 원인이 있는 것은 아닌지 살펴봐야 한다. 아래 주요 원인을 세 가지 정도로 추려보았으니 아이의 친구 관계 때문에 고민인 엄마라면 참고해보자.

1. 아이의 사회성 발달이 또래보다 느린 경우

특히 유초등 시기에는 아이마다 사회성 발달의 편차가 크다. 사회성이 평균 이상으로 잘 발달한 아이는 규칙을 잘 지키고, 공감 능력과 배려심을 발휘해 친구와 원만히 지낼 수 있다. 친구에게 놀자고 먼저 다가가기도 하고, 놀이 중에 티격태격 싸우더라도 금세 화해하고 잘 지낸다. 화가 났을 때도 감정을 어느 정도 조절할 수 있다.

반면 사회성 발달이 느린 아이는 친구에게 다가가는 방식이 서

툴다 보니 과격한 행동을 하기가 쉽다. 이 때문에 친구들과의 놀이에서 배제되는 경우가 생긴다. 마음은 함께 놀고 싶은데 어떻게 표현해야 할지 몰라 친구들이 쌓고 있는 모래성과 블록을 무너뜨리기도 하고, 규칙과 질서에 대한 개념이 또래에 비해 약해서 놀이터에서 놀거나 게임을 할 때 차례를 잘 지키지 않기도 한다. 이러면 다른 아이들은 그 아이가 놀이를 방해한다고 생각하여 피하게 된다. 게임에서 졌을 때 이에 승복하지 못하고 울거나 삐치는 경우가 잦으면, 다른 아이들이 이 아이와 함께 노는 것을 불편해하는 상황이 빚어진다.

자연히 아이는 친구가 없어서 유치원 등 기관에 가기 싫어할 수 있고, 엄마는 그걸 보고 아이가 따돌림을 당하는 건 아닌지 걱정하게 된다. 이때 아이 말만 듣고 따돌림이라고 단정하기 전에 선생님에게 기관에서 아이가 어떻게 지내는지 여쭤보는 것이 좋다. 아이의 사회성 부족이 원인이라면 친구를 만들어주는 것보다 아이의 사회성 발달에 더 많은 신경을 써야 한다. 행동이 교정되지 않으면 아이는 점점 더 또래로부터 배제될 수 있고, 이는 앞으로의 사회성 발달에 부정적인 영향을 미치기 때문이다. 아이의 사회성은 일차적으로 주양육자와의 상호작용을 통해 형성되고, 그것이 또래 관계에서의 상호작용에도 영향을 미친다. 일상에서 부모가 놀이와 독서 등을 통해 아이가 지켜야 할 규칙, 친구들에게 다가가는 법을 구체적으로 알려주자. 필요하면 전문가의 도움을 받는 것도 좋다.

2. 아이가 예민하고 불안도가 높은 경우

아이가 예민하고 불안도가 높아 낯을 많이 가리는 경우, 엄마는 아이가 친구들과 어울리지 못할까 봐 걱정한다. 특히 엄마도 예민한 성향이라면 아이가 자신을 닮은 것만 같아 더 속상하다. 반대로 덜 예민한 엄마는 아이의 예민함을 극복하게 해주려고 다른 엄마들과 열심히 친분을 쌓고 아이가 또래와 놀 수 있는 상황을 만든다. 하지만 이는 엄마 본인이 예민함에 대해 잘 모르기 때문이다. 예민한 아이는 아마 유치원 갔다 오는 것도 힘들어서 집에서 쉬고 싶은데, 하원 후에도 사회생활을 해야 해서 너무 피곤하고 괴로울 것이다.

엄마가 이런 아이의 마음도 모른 채 하원 후에도 친구들과 놀게 한다면 당연히 불안도가 증가하고 스트레스가 커진다. 특히 유치원 시기는 친구의 장난감을 허락 없이 만지기도 쉽고, 큰 소리로 말할 때도 잦고, 자기 물건에 대한 소유욕도 강할 때다. 친구 장난감을 갖고 싶어서 자기 것이라고 우기며 내놓으라고 하기도 하고, 자기 소유물을 지키기 위해 친구를 미는 일도 다반사다. 모든 아이가 자연히 겪는 과정이지만, 예민한 아이에겐 이런 것이 유난히 힘들게 다가온다.

소아청소년 정신과전문의 오은영 원장의 말에 의하면 감각이 예민한 아이는 그 또래가 일상적으로 하는 행동들도 편안하게 받아들이기 어려워한다. 감각이 예민한 나머지 누가 큰 목소리로 부르거나 살짝 부딪히고 지나간 것을 자신을 향한 공격으로 느낀다. 또래 사이에서 성격이 이상한 아이, 까다로운 아이라는 낙인이 찍힐 수도 있고, 다른 아이들도 이 아이와 노는 것이 재미없고 불편할 수 있다. 이렇게 되면 일반적이고 보편적인 행동 양상을 못 배우게 되니 사회성과 대인관계 발달에 부정적인 영향을 미친다. 그러니 감각이 예민한 아이를 키운다면 아이가 덜 힘들도록 부모가 많이 알아차리고 이해해서, 보편적인 틀에서 상황을 인식하는 방법을 알려주는 노력을 해야 한다.

3. 아직 친구 사귀기에 관심이 없는 경우

만약 아이는 친구들과 놀고 싶은 마음이 큰데 친구들에게 지속적으로 거부당하는 상황이라면 그때는 엄마가 나서서 도와야 한다. 사회성이 부족한 것도 아닌데 함께 노는 무리와 잘 맞지 않아서 배척되거나 아이를 괴롭히는 친구가 있을 수 있다. 필요하면 기관을 옮기거나 전학을 가야 하는 경우도 있다. 또래에게 반복적으로 거부당하고 소외당하는 경험은 아이에게 부정적인 영향을 미치므로 반드시 부모가 신경 써야 한다.

하지만 특별히 문제 상황이 없고 그저 아이가 친구 사귀는 것에 관심이 없다면, 굳이 엄마가 나서서 친구를 만들어주기보단 여유를 갖고 아이를 기다려줘도 된다. 친구를 사귀려는 욕구는 사람마다 다르다. 어른 중에도 친구를 사귀려고 적극적으로 노력하는 사람이 있는 반면 '친구가 있으면 좋지만 굳이 없어도 된다'라고 생각하는 사람도 있지 않은가. 혼자 있는 게 좋고, 외로움도 덜 느끼기 때문에 굳이 친구를 사귀려 노력하지 않는 경우도 있다. 부끄러움이 많은 성향의 아이라면 부끄러움을 극복하는 데 드는 에너지가 친구를 사귀는 데 드는 에너지보다 더 커서 친구에게 다가가기를 주저할 수도 있다.

아이가 친구가 없어도 불편해하지 않는다면 친구를 사귀라고 강요하기보단 존중의 마음으로 지켜보는 것이 좋다. 아이 스스로 친구가 없어서 외롭고 불편하다는 생각이 들면, 엄마가 친구를 만들어주지 않아도 알아서 친구를 사귀려고 노력할 것이다. 그런 마음이 드는 순간이 있다. 부끄러움이 많은 성향의 아이라도 '그 순간'이 오면 자신의 기질을 이겨내서라도 친구에게 다가가는 노력을 한다.

목마른 자가 우물을 판다. 친구가 없어서 외로우면 아이 스스로 친구에게 다가갈 것이다. 스스로 친구를 사귈 수 있다는 자신감이 곧 아이 자존감으로 연결된다.

결국 아이가 외로움을 느끼고 친구를 사귀기 위해 노력하면서 갈등도 겪고 타인과 공감하는 법을 스스로 깨치는 것이 중요하다. 물론 처음에는 거절도 당하고 상처도 입을 것이다. 하지만 돌길을 걸어봐야 튼튼한 근력이 생기듯, 튼튼한 마음 근력이 있는 아이가 인간관계뿐 아니라 삶의 다양한 위기에서 스스로를 구하는 법을 체득한다. 그런 자신감과 믿음이 자존감 높은 아이를 만든다. 그리고 어차피 고학년이 되면 아이는 엄마가 만들어준 친구가 아니라 자신과 잘 맞는 친구를 찾아 나선다. 그러니 엄마가 아이에게 친구를 만들어주어야 한다는 무거운 짐은 내려놓자.

아이가 준비되면 엄마에게 먼저 친구와 놀고 싶다고 말할 것이다. 그러면 아이들이 어울릴 기회를 만들어주면 된다. 배려할 줄 알고 마음이 맞는 엄마들과 인연을 맺는다면 엄마에게도 아이에게도 좋은 것이다. 하지만 어디까지나 선택사항이다. 월급 주는 직장도 아니고, 꼭 가야 하는 학교도 아니다. 안 나간다고 해서 불안해할 이유도, 불편한데 참고 나갈 이유도 없다. 나가더라도 엄마들 사이에서 인싸가 되려고 힘주기보다 나서지 않고 조용히 아이의 보호자 역할만 해도 된다.

엄마가 엄마들 관계에 전전긍긍, 아이의 친구 관계에도 전전긍긍하면 아이도 친구 없으면 큰일 나는 줄 알고 도리어 더 예민해지기 쉽다. 걱정하는 대신 내 아이를 믿어주자. 아이는 엄마가 믿어주는 만큼 자란다. 중요하지 않은 것에 신경 쓰면 정작 중요한 것은 놓치고 살게 되는 게 인생이다.

이제는 중학생 아이를 키우는 친구가 이런 말을 했다.

"나 가끔 아이가 어릴 때로 시간을 되돌리고 싶을 때가 있어."

"왜?"

"안아 달라고 할 때 더 많이 안아줄걸, 놀아 달라고 할 때 더 많이 놀아줄걸. 그리고 이렇게 빨리 자랄 줄 알았더라면 더 많이 사랑한다고 말해줄걸……. 요즘 이런 생각이 많이 들거든. 아이의 친구 관계나 엄마들과의 관계에 너무 많은 걱정을 쏟았던 게 가장 후회돼. 그때는 그게 전부인 것 같고, 내 아이만 혼자 남을까 봐 불안했거든. 다시 돌아간다면 불안해하고 걱정하는 대신, 내가 아이와 가장 친한 친구가 될 거야."

사춘기가 되면 아이는 방문을 닫고 혼자만의 시간을 가지려 할 것이고, 엄마 말보다 친구 말을 더 중요하게 여기는 시기가 올 것이다. 지난날 우리가 그랬던 것처럼 말이다. 다시 오지 않을 지금 이 소중한 시기, 내 품에 아이를 꼭 안을 수 있는 이 시기가 얼마 남지 않았다.

우리는 매일 아이와 이별한다. 오늘의 아이는 내일이면 볼 수 없다. 그러니 엄마의 인싸력이 아이의 인싸력이란 부담감은 이제 그만! 걱정과 불안으로 보낸 이 시간은 후회로 남을 것이다. 사랑만 하고 살기에도 부족한 시간이란 것을 기억하자.

워킹맘의 불안은
또 다르다

개그맨 박명수 씨가 진행하는 라디오에서 '워킹맘으로서 겪는 고충'에 관한 한 청취자의 사연이 소개됐다. 청취자는 자신이 워킹맘인 데다 둘째를 임신 중이어서 엄마들 모임에 잘 나가지 못했고, 아이의 친구 관계도 신경 써주지 못해 고민이라고 했다.

워킹맘 대부분이 이런 고민을 해봤을 것이다. 전업맘의 경우 엄마들 모임에 나가 정보 교류도 하고 아이 친구도 만들어줄 수 있지만, 워킹맘은 상대적으로 그렇게 하기가 어렵다. 시간이 맞아 자주 보는 사람들끼리 친해지는 것은 인지상정이다. 박명수 씨도 자기 아내가 겪었던 상황을 언급하며 학부모 모임에 참석하는 엄마들만 똘똘 뭉쳐서 그 사이를 비집고 들어가기 힘들었다고 말했다.

꼭 워킹맘이 아니더라도 다른 엄마와의 교류가 불편한 엄마, 혹은 이미 친한 엄마들 무리가 형성되어 거기에 끼지 못하는 엄마도 고민을 한다. 자기 아이만 친구 없이 낙동강 오리알이 될까 봐, 엄마들 모임에 나가지 않아 정보 면에서 뒤처질까 봐 워킹맘은 불안하다. 실제로 그런 일이 생기기도 한다.

유치원에서 친하게 지내는 예닐곱 명의 아이들이 있었는데, 그중 한 아이의 엄마만 워킹맘이라 다른 엄마들과 친분이 없었다. 어느 날 그 아이만 빼고 나머지 아이들이 모두 옷을 맞추어 입고 왔다. 이 아이는 자기만 배제되었다는 묘한 소외감을 겪었다. 엄마들의 친분 자체가 잘못은 아니지만, 그로 인해 상처받는 아이가 있다는 것을 생각하면 더 나은 선택을 할 수도 있었을 텐데 안타까운 일이다.

만약 워킹맘인데 아이가 소외될까 걱정된다면 전업맘에게 먼저 다가가 자기 상황을 이야기하고 미리 정보를 공유해 달라고 도움을 청하는 것이 좋다. 그러면 옷을 맞춰 입는다든지 일상 중에 작은 이벤트가 있을 때 워킹맘의 아이가 소외되는 일을 줄일 수 있다.

아이들끼리 친한 경우에는 전업맘이 자기 아이가 하원할 때 워킹맘의 아이도 함께 픽업해서 같이 놀게 하거나 학원에 데려다주는 경우도 제법 있다. 이에 워킹맘이 맛있는 식사를 대접하거나 작은 선물을 전달하며 고마움을 표현한다면 관계 유지에 도움이 될 것이다.

마지막에 박명수 씨가 제시한 명쾌한 답변을 워킹맘들에게 들려주고 싶다.

"제가 그 마음 압니다. 저희 아내도 그랬거든. 우리 아내는 어떻게 했는지 아십니까? 해결하지 않았습니다! 왜냐하면 우리는 일을 해야 하니까요."

일을 그만둘 게 아니라면 답이 없는 상황이다. 일도 하면서 전업맘과의 관계도 잘 유지하려는 것은 두 마리 토끼를 모두 잡으려는 것과 다름없다. 그러려면 엄마의 에너지를 갈아 넣어야 한다. 무리하지 않는 선에서 방법을 찾아본다면, 상황이 비슷한 워킹맘들끼리 친분을 형성하는 것이다. 날짜를 맞춰 연차를 내거나 주말을 이용해 체험학습을 함께 가거나, 서로의 집에 번갈아 초대해서 아이들이 즐겁게 놀 수 있는 기회를 만들어주는 것도 좋다.

내 경우 정해진 출퇴근 시간이 있는 워킹맘은 아니지만, 그렇다고 엄마들 모임에 적극 참여하거나 아이의 친구 관계에 특별히 신경을 쓰진 않는다. 그래도 크게 걱정은 안 한다. 아이는 기관에서 친구를 사귈 것이고, 가끔 하원 후 집 앞 놀이터에 아는 얼굴이 보이면 같이 놀고, 아니면 아이와 단둘이 즐거운 시간을 보내면 되기 때문이다. 아직까진 특별히 아쉬운 점은 없다.

그럼에도 엄마들 모임에 나가지 않아 아이의 친구 관계도 신경 써주지 못하고 정보도 놓칠까 봐 불안한가? 그러지 않아도 된다. 통계청이 발표한 《2022년 기혼 여성의 고용 현황》을 보면 미성년 자녀를 키우는 워킹맘 비율이 무려 57.8퍼센트라고 한다. 지역에 따라 비율 차이는 있겠지만, 워킹맘 비율이 전업맘 비율보다 더 높다고 하니 저런 고민에 너무 심각하게 매이지 않았으면 한다. 일하는 엄마는 너무 많고, 전업이어도 나처럼 엄마들 모임에 안 나가는 사람도 많으니 말이다.

엄마들 모임의 꽃, 초등 1학년 반모임

초등학교는 아이가 의무적으로 속하게 되는 최초의 사회다. 유치원에서는 선생님이 올려주는 사진을 통해 무슨 활동을 했는지, 참여는 잘했는지 등 유치원 생활 전반을 비교적 자세히 알 수 있지만 학교는 다르다. 아이는 선생님이 자기 성향을 세심하게 보살펴주었던 유치원을 졸업하고, 학교라는 큰 집단에서 규칙과 질서를 배우며 사회성을 익혀가야 한다. 다 키웠다는 뿌듯함과 동시에 갑자기 달라진 환경에 아이가 잘 적응할 수 있을지 엄마는 새로운 걱정거리를 안게 된다.

- 체구도 작고 사회성 발달도 느린데 잘 적응할 수 있을까?
- 친구는 잘 사귈까? 쉬는 시간에 혼자 멀뚱멀뚱 있진 않을까?
- 아직 한글도 못 쓰는데 괜찮을까? 혹시 주눅 들진 않을까?
- 화장실은 혼자 잘 갈까? 수업 중에 화장실 가고 싶다고 말을 못
  하면 어쩌지?

이렇듯 초등학교 입학 시기가 되면 엄마 눈에는 여전히 어린아이 같은 자녀가 첫 사회생활에 잘 적응할 수 있을지 걱정이 앞선다. 엄마의 통제를 벗어나 도와주지 못하는 상황도 생기다 보니 더욱 불안하다. 아이가 학교생활에 잘 적응하길 바라는 마음, 행여아이가 뒤처질까 불안한 마음은 엄마들을 결속시키는 큰 원동력으로 작용한다. 즉, 불안이 엄마를 엄마들 모임으로 이끄는 것이다.

아이가 초등학교에 입학하면 엄마는 아이 친구 관계에 신경을 안 쓸 수가 없다. 밖에서 함께 더 많이 노는 아이들이 학교에서도 더 친하고, 학교에서 친하게 지내도 엄마들끼리 친해야 생일파티에 초대받을 수 있다고 하니, 엄마는 아이가 친구 사이에서 배제되

는 일이 없도록 적극적으로 친구를 만들어주려 애를 쓴다.

하지만 엄마가 들인 노력만큼 아이의 친구 관계가 원만히 흘러갈 거란 기대는 말자. 학교 밖에서는 엄마가 맺어준 친구와 어쩔수 없이 놀더라도 학교에서는 다른 아이와 놀고 싶을 수 있다. 학교에서 친하게 지내라고 엄마들끼리 친분을 쌓았는데 상대 아이가자기 아이와 안 놀아주고 피해 다닌다고 서운해하기도 한다. 아이들 일로 엄마들 사이마저 틀어진다.

인간관계의 국룰은 기대가 있으면 반드시 실망이 뒤따른다는것이다. 어차피 영원한 관계는 없다. 아이들 우정이 영원할 것이라는 기대도, 엄마들끼리 깊은 우정을 나눌 수 있다는 기대도 내려놓을 필요가 있다.

반모임에 나가야만 얻을 수 있는 정보가 있다?

엄마들이 모임에서 주고받는 정보는 비단 학습에만 국한되어있지 않다. 엄마들은 학교 행사나 이슈, 사소하게는 준비물 정보도공유하는데, 이 정도는 굳이 엄마들 모임에 나가지 않고도 학교에서 의무적으로 깔게 하는 알림앱을 통해 알 수 있다.

반면 반모임에 나가야만 얻을 수 있는 정보도 있다. 특히 1학년때는 소위 블랙리스트에 관한 정보에 예민하다. 반 분위기를 흐리는 아이, 욕을 많이 하거나 공격적인 성향을 가진 아이, 그 아이가유치원 때 있었던 일, 그 아이 엄마의 훈육 방식이나 대처 방식 등은 다른 엄마들 입을 통해서만 알 수 있는 정보다. 자녀가 그런 아이에게 괴롭힘을 당할 수 있다는 불안감에, 뒷담화인 줄 알면서도 모른 척 넘어갈 수 없다.

하지만 이게 정말 알아야 하는 정보일까? 이 정보를 어디에 사용할 수 있을까? 소문만 듣고 미리부터 내 아이에게 "그 아이와는 놀지 마"라고 얘기할 수 있는 것도 아니다. 그 아이가 내 아이를 실제로 괴롭혔다면 그 아이와 거리를 두라 하겠지만, 그런 게 아니고서야 아이 친구 관계에 미리 편견만 심어주는 것이며, 아이가 올바른 대인관계를 형성하는 데 방해만 될 뿐이다. 만약 자녀가 괴롭힘을 당한다면 바로 담임교사와 상의하고, 학교 폭력 같은 심각한 상황이라면 선생님께 그 아이 부모의 연락처를 알아내 직접 얘기하는 게 바람직하다. 다른 엄마들에게 이 일을 공유하면 말이 와전되어 소문나기 쉽고, 관련 당사자에게 상처가 될 뿐 아니라 명예훼손 소송에 휘말리는 경우까지 있으니 주의해야 한다.

반모임에 못 나간다면?

반모임에 나가지 않아도, 마음 맞는 엄마 몇 명만 알고 지내도 든든하다. 혹여 마음 맞는 엄마를 사귀지 못했다 해도 걱정하지 말자. 자녀와 같은 반인 아이 엄마들과 오며 가며 인사하고 지내다 보면 자연스레 학교에서 일어나는 일들을 들을 기회가 생긴다. 자녀가 말해주지 않거나 선생님이 먼저 알려주지 않는 정보, 특히 아이가 학교에서 어려움을 겪으면서도 엄마에게 말하지 않아 모르고 넘어갔던 일도 듣게 된다.

아는 엄마가 한 명도 없으면 이런 이야길 들을 기회가 없다. 인사 한번 주고받은 적 없는 엄마에게 먼저 다가가서 아이 상황을 알려줄 리는 만무하다. 가끔 다른 엄마들과 사귀는 것을 극도로 꺼리는 엄마들이 있는데, 너무 부정적으로만 볼 필요는 없다. 대부분은 보편적인 상식을 갖춘 평범하고 좋은 사람들이다. 적당한 거리만 지키면 크게 불편한 일은 생기지 않는다. 엄마들 모임에 억지로 나갈 필요가 없듯이, 일상 중에 지나치게 거리를 둘 필요도 없다. 아이의 학교생활이 원만하게 굴러갈 수 있도록 조력하는 사람으로서, 편안하게 다른 엄마들과 교류하면 된다.

엄마, 나도 친구 생일파티에 초대받고 싶어

"엄마, 나만 친구 생일파티에 초대받지 못했어."

반 친구의 생일파티에 초대받지 못해서 낙담하는 아이들도 꽤 있다. 이럴 땐 엄마가 더 속상하다. 생일파티에 초대 못 받아도 크게 개의치 않는 아이라면 상관없지만, 그렇지 않은 아이에게는 상처가 되기 때문이다. 한 엄마는 아이가 속상해할 때 적극적으로 나서서 해결해주지 못하고 지나갔는데, 그게 아이에게 큰 상처로 남았고 엄마 자신도 죄책감과 후회가 컸다고 한다.

그러니 자녀 성향을 유심히 파악해서 타인 민감도가 높은 아이라면 무리하지 않는 선에서 엄마가 할 수 있는 노력을 해볼 순 있다. 단, 엄마의 노력이라는 것이 엄마들 모임에 나가 교류하는 것인데, 이것이 생일파티에 초대받는 것을 보장하진 않으니 너무 기대하지는 말고. 요즘 아이들은 엄마의 친분과 상관없이 누구를 초대할지 직접 결정한다. 생일인 아이가 초대하고 싶지 않으면 안 하는 것이고, 이를 엄마가 해결해줄 수는 없는 일이다. 하지만 거절을 건강하게 받아들이는 자기 신뢰감이 있는 아이로 키울 수는 있다.

지인의 자녀인 세진이도 생일파티에 초대받지 못한 적이 있는데, 아이의 대처법이 무척 인상적이었기에 소개해본다. 세진이가 초등 1학년일 때 여자아이 네 명과 친하게 지냈다. 그런데 세진이만 제외하고 생일파티를 했다는 걸 아는 엄마에게 들었고, 어떻게 말을 꺼내지 노심초사하다 물었는데 아이도 이미 알고 있었다.

세진 엄마: 알고 있었어? 엄마한테 얘기하지 그랬어.

세　　진: 뭐하러. 엄마 속상할 텐데.

세진 엄마: 너는? 너는 안 속상해?

세　　진: 처음에 알게 되었을 때는 기분 안 좋았는데, 지금은 괜찮아. 애들한테 물어보니까 나는 학원 때문에 못 올 것 같아서 말 안 한 거래.

세진 엄마: (미리 말해줬으면 학원을 하루 빼서라도 갔을 텐데 너무 하네. 그래도 화가 나는 속마음을 내색 않고 대범하게) 아, 그래? 친구들 입장에서는 그랬을 수도 있겠다.

세　　진: 엄마, 생일 선물 사는 거 도와줘. 생일파티에 안 갔어도 생일이니까 선물 줘야지.

세진 엄마: 그래. 엄마랑 같이 가서 친구 선물 골라보자.

지인에게 이 이야기를 듣고 여러 생각이 들었다. 자신을 소외시킨 친구들에게 서운함을 느끼거나 거부당했다는 생각에 위축될 수도 있었을 텐데, 세진이는 용기를 내서 친구들에게 자신을 초대하지 않은 이유를 물었다. 그리고 친구들의 이야기를 듣고 사정을 이해했다. 세진이는 친구를 의심하고 미워하는 대신 친구를 믿어주고 선물로 자기 마음을 표현했다.

세진이라고 속상하지 않았을까? 사소한 일로도 상처받고 인연을 끊는 어른도 많은데, 이 아이는 어떻게 이렇게 의연하게 대처할 수 있었을까? 세진이가 생일파티에 초대받지 못해도 주눅 들지 않고 당당하게 물어볼 수 있었던 이유는 단단한 자기 신뢰감이 있었기 때문이다.

자기 신뢰감은 어떤 일도 자신의 힘으로 충분히 감당할 수 있다고 자기 존재를 믿는 마음이다. 자기 신뢰감이 있는 사람은 자신의 존재 가치에 확신이 있고, 자신의 마음을 잘 알고 올바르게 표현하며, 자기가 하고 싶은 일을 알아서 할 수 있다. 예기치 않은 문제가 생겨도 스스로 해결할 자신이 있다. 그러니 이렇게 생각할 수 있는 것이다. '친구들이 나를 싫어해서 초대하지 않은 것은 아닐 거야. 어떤 사정인지 물어보자.'

자기 신뢰감은 부모가 아이의 마음을 존중하고 수용해주면서 쌓이기 시작한다. 정신분석학자 프로이트도 위험한 일이 아니면 아이 스스로 할 수 있도록 두어야 자율성이 제대로 발달할 수 있다고 했다. 어릴 때 자율성이 제대로 발달하지 못하면 수치심과 의심이 생기고, 그래서 어린 시절 내내 자기 뜻대로 행동해본 경험이 적은 사람은 자기 신뢰감이 떨어지게 된다는 것이다.

즉, 엄마가 아이 친구를 만들어주는 것보다 중요한 건, 아이를 믿어주고 스스로 해 나갈 수 있도록 기회를 주는 것이다. 엄마가 해결사가 되어 아이의 모든 문제를 해결해주려 하지 말고, 아이의 고민에 공감하며 적절하게 반응해주면 그 과정에서 아이는 자신에 대한 믿음을 키우고 거절 앞에서도 좌절하지 않는 건강한 자존감을 뿌리내린다.

엄마들은 서로
사돈 같은 관계다

친하게 지내는 엄마 셋이 있었다. 아이들끼리 친하게 지냈으면

하는 바람으로 엄마들은 아이들이 유치원에 다닐 때부터 친분을 쌓아 나갔다. 그렇게 시간이 흘러 초등학교 2학년이 되었다. 1학년 때는 세쌍둥이처럼 붙어 다니던 여자아이들 사이에 균열이 생기기 시작했다. 여자아이 두 명이 더 친해지고 주아는 그들과 사이가 멀어졌다.

아이에게 친구들이 자기와 안 놀아준다는 얘기를 전해들은 주아 엄마는 두 엄마에게 "너희 애들이 주아랑 같이 안 놀아서 주아가 많이 속상한가 봐. 다 같이 잘 지내면 좋겠어"라고 말했다. 다른 엄마들은 "아이랑 얘기해보고 연락 줄게"라고 대답했지만 달라지는 것은 없었다. 주아 엄마는 아이가 따돌림을 당하는 것은 아닌지 걱정이 되었다.

주아 엄마는 답답한 마음에 다른 엄마들에게 다시 연락해서 "너희 애들이 우리 아이를 따돌리는 것 같아"라고 이야기했다. 그러자 이번엔 엄마들이 "아이들 친구 관계에 개입하는 건 별로야"라며 화를 냈다. 그동안 아이 친구를 만들어주기 위해 엄마들과의 친분에 들인 공을 생각하니 허무하고 배신감이 들었다. 더 큰 걱정은 아이에게 다른 친구와 놀라고 해도 아이는 여전히 그 친구들과 더 놀고 싶어 한다는 것이다.

『초등 자존감 수업』을 쓴 윤지영 교사는 아이 친구 엄마들과의 관계를 사돈에 비유했다. 나를 내세우는 게 도움이 안 되고, 자녀끼리 틀어지면 관계도 끝난다는 점에서 사돈과 비슷하다는 것이다. 또 아이 친구 엄마는 이해득실에 따라 인연이 이어질 수도 끝날 수도 있는 관계며, 겉으로는 친구인 듯 친구 아닌 관계를 유지하면서 그 속에서 자신의 목적과 필요를 충족시켜야 하니 '난이도 최상에 속하는 인간관계'라 했다. 가히 맞는 말이다.

어제까지만 해도 서로의 시월드 스토리에 격분하며 한마음이 되었다가도 오늘 아이들이 싸우면 어제 일은 모른다는 듯 금세 서로에게 냉랭해지고 만다. 아이에게 친구를 만들어주기 위한 목적과 필요에 의해 엄마들끼리 연대를 형성했으니, 겉보기엔 친구 같아도 실은 이해득실을 바탕으로 한 관계다. 그러니 목적이 충족되지 않으면 연결고리는 끊어진다는 걸 알고 시작해야 한다.

엄마들 관계에 너무 많은 기대를 하고 관계 유지에 애를 쓰면 그 관계가 깨졌을 때의 상처도 그만큼 클 수밖에 없다. 아이는 엄마의 인형이 아니다. 각자 성향과 취향이 다르고, 그에 따라 자신이 좋아하는 친구를 만난다.

한 아이는 엄마가 만들어준 친구와 계속 같이 놀고 싶은데 상대는 그렇지 않은 경우, 엄마들이 개입해서 억지로 놀게는 할 수 없다. 아이는 자신이 원하는 친구와 놀 권리가 있고, 그 권리를 존중해줘야 한다. 다른 엄마들에게 연락해서 이야기해봤자 그다지 효과가 없다. 설령 상대 엄마가 자기 아이에게 주아와도 친하게 지내라고 말해도 아이가 원치 않는다면 그걸로 끝이다. 게다가 '당신의 아이로 인해 내 아이가 속상해한다'라는 말을 들으면, 상대는 자신과 아이에 대한 모욕으로 받아들이고 방어적인 태도를 취할 수도 있다.

무리 안에 아이가 여럿 있을 때 다 같이 똑같이 친하게 지내기는 쉽지 않다. 그 안에서 더 친한 친구도 있고 덜 친한 친구도 생기기 마련이다. 다 같이 잘 지내면 좋겠지만, 사실 이건 어른에게도 어려운 일이다. 그러니 상대 엄마에게 전화할 게 아니라 내 아이의 상처에 공감해주고, 다른 친구를 찾도록 돕는 게 낫다. 엄마들이 아이들 관계에 지나치게 개입하면 어른 싸움으로 번질 수 있고, 나중에 아이들이 친하게 지내고 싶어도 어른들 눈치를 보게 되니 좋을 것 하나 없다.

다음 세 가지를 기억하고, 아이의 친구 관계는 한발 물러서서 지켜보도록 하자.

첫째, 아이의 친구 관계에 지나치게 개입하지 말고 자유롭게 헤쳐나갈 수 있도록 존중해줄 것.

둘째, 엄마가 만들어준 친구와의 우정이 영원할 거란 기대를 하지 말고, 언제든 다른 친구와 더 친해질 수 있다고 편하게 생각할 것.

셋째, 내 아이가 배제되어도 배신감 느끼지 말고, 반대로 내 아이가 다른 새로운 친구와 더 친해지더라도 죄책감 느끼지 말 것.

혼자 움츠러드는 게
더 나을 때도 있다

-엄마들 무리를 보면 아이와 둘이서만 놀고 있는 나 자신이 초라
하게 느껴져요. 나도 다른 엄마들과 친하게 지내고 싶어요.
-유치원 버스 태워서 아이를 등원시킨 후에 다 같이 차 마시러 가
는 엄마들 보면 괜히 움츠러들게 돼요.

엄마들 모임에 로망이 있는 사람이 꽤 많다. 집단에 소속되어 안
정감과 친밀감을 느끼고 싶어 하는 것은 인간의 본능이다. 삼삼오
오 모여 웃음꽃을 피우고 있는 엄마들을 보며 부러워하고 함께하
고 싶어 하는 것은 당연하고 자연스러운 일이다. 특히 직장생활이
나 취미 활동 등 육아 이외의 다른 활동을 하지 않는 경우에는 사
람 만날 기회가 더 적다. 이때 다른 엄마들과의 관계까지 없다면
고립감을 느낄 수 있다.

하지만 소설가 기욤 뮈소가 말하지 않았던가. 세상에 행복해 보
이는 사람들이 많은 건 그들이 다 지나가는 사람들이기 때문이라
고. 특히 관계에서 적당한 거리 조절이 어려운 엄마들은 사람에게
너무 의지하고 지나치게 많은 정을 주기 때문에 관계에서 생기는
사소한 갈등에도 힘들어하는 것을 많이 봤다. 심지어 동네 엄마들
과의 관계가 틀어지고 그 상처가 버거워서 이사까지 가기도 한다.

어떤 엄마는 무리에 속하지 못해 위축되는 자기 모습이 싫어 억지로 모임에 참여했는데, 얼마 지나지 않아 한 가지 진리를 발견한 후 다시는 모임에 나가지 않는다며 이렇게 말했다.

"차라리 혼자 움츠러들 때가 더 나았어요."

친하게 지내던 엄마들과 사이가 틀어져서 힘들다고 호소하는 엄마들도 많다. 한때 언니, 동생 하며 친했던 엄마들이지만 지금은 원수가 되어 같은 아파트 단지에서 마주쳐도 인사조차 하지 않는다. 애초에 몰랐던 사이보다 더 서먹하고 불편하다. 이런 엄마 마음을 아는지 모르는지 아이는 엄마와 사이가 틀어진 무리의 집에 가서 함께 놀고 싶다고 한다. 그 무리의 아이들이 내 아이에게 "어제 우리 집에서 피자 먹고 게임했어", "우리 이번 주말에 캠핑 간다"라며 자랑하는 날이면 아이는 유난히 풀이 죽어 있다. 엄마가 제대로 처신하지 못해 아이마저 친구들 무리에서 곤란해지는 것 같아서 미안함은 이루 말할 수 없다.

아이에게 이 상황을 어떻게 설명해야 할지, 6학년 때까지 같은 학교를 다녀야 하는데 그 긴 시간을 어떻게 버틸지 모든 것이 두렵기만 하다. 차라리 아무도 모르고 지냈던 시절이 그립다 한들 되돌아갈 수도 없다.

상상만 해도 숨 막히는 이 끔찍한 상황을, 정도 차이는 있겠지만 실제로 제법 많이 겪는다. 그러니 엄마들과의 관계는 처음부터 신중하게 맺어야 한다. 관계가 틀어졌을 때 따라오는 불편한 감정을 오롯이 견뎌낼 자신이 없다면 애초에 깊은 관계를 맺지 않는 게 낫다. 엄마들끼리 매일 만나 밥 먹고 차 마시고 밤새 단톡방에서 소통하는 데 좋은 점만 있겠는가. 한 동네 살며 적당히 안면 트고 인사 주고받고, 놀이터에서 마주치면 담소를 나누는 정도도 충분할지 모른다. 관계의 갈등은 적당한 거리를 지키지 못하는 데서 시작될 때가 많기 때문이다. 아이 친구 만들어주려고 엄마들과 친하게 지냈는데 그 관계가 틀어지면, 아이가 그 상처를 짊어져야 하는 상황이 닥치곤 한다.

자기가 따돌림을 당해서 아이도 함께 따돌림당했다며, 너무 괴롭고 화가 난다고 토로한 엄마가 있었다. 이런 경우 이사와 전학을 선택하기도 하는데, 도망치듯 이사하고 전학 간 그곳에서 또다시 문제가 생기지 않으리란 법은 없다. 갈등의 원인이 그 당사자에게도 있었을 확률이 크기 때문이다. 한 사람이 겪는 관계는 패턴처럼 반복된다. 그러니 치명적인 문제가 아니었던 이상 견뎌보는 것이 좋다. 어차피 시간은 지나간다. 아이에게도 사람 사이에는 갈등이 생길 수 있고, 때로는 해결하기 힘든 갈등도 있다는 걸 몸소 배울 기회가 될 것이다. 엄마도 아이도 갈등에서 빚어지는 불편함을 버텨내고 견뎌낼 마음 근력을 키울 기회로 삼는다면, 불편함과 어려움은 때론 성장의 좋은 밑거름이 된다.

상처를 주고받는 아이들에게
가르쳐줘야 할 말

아이들 개개인의 기질과 개성이 드러나고 자기주장이 강해지는 시기가 오면, 귀엽고 평화로운 광경만 빚어내지 않는다는 걸 깨닫게 된다. 특히 말이 아이들의 마음을 이어주는 연결고리가 되기도 하지만 서로를 아프게 하는 무기가 됨을 자주 목격한다. 초등 저학년 이하의 아이들은 자기중심성이 강하고 친구의 마음을 이해하는 공감 능력이 부족해서 싫은 것은 싫다고 노골적으로 표현한다. 자신의 말이 친구에게 상처가 됨을 모르기 때문이다. 이럴 때 아이들이 친구의 말에 상처받지 않고, 또 상처 주지 않도록 어떻게 도와줄 수 있는지 알아보자.

친구에게 거절당한 아이에게 가르쳐줄 말

아이: 엄마, 친구가 나랑 안 논대. 다른 친구한테도 나랑 놀지 말라고 했어.

엄마: 속상했겠다. 친구가 그렇게 말했을 때 너는 뭐라고 말했어?

아이: 당황해서 아무 말 못 하고 가만있었어.

엄마: 그랬구나. 그 말을 들었을 때 네 기분은 어땠는데?

아이: 안 좋았어.

엄마: 다음에 그런 말을 또 들으면 네 기분을 표현해봐. 그래야 네

기분이 나쁘다는 걸 알고 친구가 다음에는 조심할 수 있어.

아이: 어떻게 말하면 되는데?

엄마: 네가 느끼는 대로 말하면 돼. 이렇게 말하면 어떨까. "그래, 놀지 않아도 돼. 근데 다른 친구들한테까지 나랑 놀지 말라고 하는 건 기분 나빠. 안 놀 거면 너 혼자 놀지 마."

아이가 "엄마, 친구들이 나랑 안 논대"라고 이야기하면 먼저 아이의 마음에 공감해주고, 아이가 그 상황에서 어떻게 반응했는지 물어본 다음 대처법을 알려주면 된다. 아이가 부당한 말을 듣고 어떤 감정을 느꼈는지 스스로 기억해내게 한 다음, 그 감정을 어떻게 표현하면 좋을지 아이와 함께 알아보자. 아이가 뭐라 대답할지 어려워하면 위에서 제시한 것처럼 예를 들어주면 된다.

친구가 부당한 말을 할 때 그냥 무시하거나 울어버리면 오히려 더 우습게 볼 수 있으니, 그렇게는 하지 말자고 일러두자. 단호하고 간결하게 받아칠 수 있어야 만만치 않다는 인상을 줄 수 있다. 부모 자신도 기억하면 좋은 팁이다.

끝으로, 아이가 거절을 건강하게 받아들일 수 있도록 인간관계의 본질을 알려주는 게 중요하다.

"사람 마음이 항상 내 마음 같지는 않아. 나를 좋아하는 사람도 있고 그렇지 않은 사람도 있어. 누가 나를 좋아하지 않는다고 해서 내가 소중하지 않은 사람이 되는 건 아니야. 그건 그냥 그 사람 마음이야. 그러니 너를 좋아하지 않는 사람과 애써 친해지려고 노력하지 않아도 돼. 서로를 존중하고 아껴주는 사이가 친구인 거야."

아이는 그날의 기분과 하고픈 놀이에 따라 친구와 함께 놀거나 혼자 놀 수 있다. 특히 초등 저학년까지는 어떤 놀이를 할 것인가에 따라 함께 놀고 싶은 친구가 다를 수 있기에, "너랑 안 놀아"라는 말을 크게 심각하게 받아들이지 않아도 된다. 아직 남을 배려해 자신의 감정을 에둘러 표현하는 법이 미숙해서 그런 것이다. 아이들은 대개 친구를 진심으로 싫어해서가 아니라, 순간 자기 마음이 불편하거나 하고 싶은 놀이가 따로 있을 때 "너 나빠", "너랑 안 놀아"라고 표현한다. 아이가 이런 말을 듣고 오면 따돌림이라도 당하는 걸까 봐 가슴이 쿵 하겠지만 유초등 시기의 아이들 사이에서 자주 오가는 말이니 너무 염려하지는 말자. 아이에게도 이 부분을 알려주는 것이 좋다.

다른 친구를 배제하는 아이에게 가르쳐줄 말

누군가를 싫어하는 감정 자체는 잘못이 아니지만, 말과 행동으로 표현하는 것은 잘못이다. 어른이 반드시 바로잡아줘야 한다.

"네가 그 친구와 놀고 싶지 않을 수도 있어. 모든 사람과 놀 필요는 없어. 억지로 그 친구와 놀지 않아도 돼. 하지만 그걸 말로 표현해선 안 되는 거야. 다른 친구들에게 놀지 말라고 얘기해서도 안 돼. 그건 친구의 마음을 아프게 하는 옳지 못한 행동이야."

어린아이가 하는 말을 도덕적 잣대로 판단하기는 어렵다. 그렇다고 귀엽게만 봐서도 안 된다. 아무리 어리더라도 말은 다 알아듣는다. 그러니 "그런 말을 하면 친구 마음이 속상해"라고 다른 사람의 기분을 알려줄 필요가 있다. 그럼에도 계속한다면 '나쁜 행동'이자 '해서는 안 되는 행동'이라고 강하게 훈육해야 한다. 상대 아이의 엄마가 있는 상황에서 자녀가 그런 말을 하면, 아이를 훈육하는 동시에 상대 아이와 엄마에게도 미안함을 표해야 한다. 귀하게 키운 자녀에게 다른 아이가 한두 번도 아니고 자주 "너 싫어", "너랑 안 놀아"라는 말을 한다면 부모 마음이 어떨지 헤아려보자.

아이가 어떤 상황에서 그런 말을 쓰는지 관찰해보고, 그 상황에서 적절하게 쓸 대체 표현을 알려주자. 주로 자기 마음대로 안 되어 화가 날 때나 그 친구와 함께 놀면 불편할 때 친구를 밀어내는 말을 쓰는데, "친구한테 그런 말을 하면 안 돼"에서 그치지 말고 "나 지금 기분이 안 좋아. 혼자 있고 싶어" 혹은 "지금 말고 나중에 같이 놀자" 등 순화해서 표현하는 법을 알려주자. '나'의 기분을 전달하는 말하기, 대안을 제시하는 말하기를 할 수 있도록 어렸을 때부터 천천히 훈련하는 것이다.

타인을 존중하는 법을 알려주는 것은 부모의 의무이자 책임이다. 아이에게 가르쳐야 할 지침을 부모가 먼저 가슴에 새기고 그 지침에 따라 다른 사람들과 건강한 관계를 맺는다면, 그 자체만으로 아이에게 훌륭한 본이 될 것이다.

3 장

엄마들 모임에서
지켜야 할 품격 있는
태도 여덟 가지

하나,
자나 깨나 말조심

인간관계에서 발생하는 갈등의 대부분은 말에서 비롯된다. 엄마들과의 관계에서도 마찬가지다. 어색함을 깨려고 무심코 내뱉은 말 한마디, 분위기에 휩쓸려 하는 험담, 남의 집 아이에 대한 조심성 없는 말이 결국 나와 내 아이에게 되돌아온다. 엄마의 부주의한 말 한마디가 내 아이에 대한 평판으로 이어질 수 있다. 그러니 말을 할 때는 항상 신중해야 한다. 엄마들 사이에서 흔히 전개되는 대화 양상이 있는데, 말실수 없이 현명하게 대처할 수 있는 팁을 소개해본다.

1. 남의 아이 험담에 말 보태지 말 것

"우리 애는 고집이 너무 세서 걱정이에요."

"요즘 투정을 너무 많이 부려서 힘들어요."

"우리 애는 너무 잘 삐지고 예민해요."

아는 엄마가 자신의 아이에 대해 이런 하소연이라도 하면 어떻게 반응해줘야 할까?

"전에 보니까 고집이 세긴 세더라고요."

"제가 봐도 아이가 투정이 심하더군요."

"그러게요. 듣고 보니 잘 삐지고 예민하긴 하네요."

무심결에 이렇게 답한다면 앞으로 그 엄마와 좋은 관계를 이어나가기 어렵다. 사람 마음이 원래 그렇다. 내가 먼저 자식 안 좋은 점을 꺼냈지만 다른 사람이 거기에 말을 보태면 기분이 좋지 않다. 속마음조차 그런 것은 아니기 때문이다. 맞장구치며 섣불리 말을 보태는 대신 "아……, 그렇게는 안 보이던데요?" 정도로 가볍고 긍정적으로 반응하는 것이 현명하다.

2. 자녀의 프라이버시는 존중해줄 것

"우리 딸도 똑같아. 방 정리를 어찌나 안 하는지 돼지우리가 따로 없어."

서아 엄마와 도은 엄마는 딸아이들이 방 정리를 잘 안 한다며 우스갯소리처럼 주고받았다. 별 뜻 없이 한 얘기였다. 도은 엄마는 집에 가서 대수롭지 않게 자기 딸에게 말했다.

"서아도 너처럼 정리를 잘 안 해서 방이 돼지우리 같대. 얼른 정리 좀 해."

이 말을 들은 도은이가 서아에게 "너희 엄마가 우리 엄마한테 네가 방 정리 안 한다고 욕했대"라고 전달했다. 이 말을 한 모두 큰 악의는 없었을 거다.

하지만 말은 늘 와전되어 오해를 불러일으키기 쉽다. 그 후 무슨 일이 생겼을까? 한창 사춘기에 접어든 서아는 엄마가 자기 사생활을 다른 사람에게 얘기한 것에 실망했고 엄마와 거리를 두었다. 사춘기 아이는 자신의 평판과 명예를 중요하게 여긴다. 서아 엄마는 몇 년이 지난 후에야 서아가 자신에게 쌀쌀맞게 군 이유를 알 수 있었다고 한다. 특히 자녀가 사춘기를 지나고 있다면 엄마들은 더욱 각별히 말을 조심해야 한다.

3. 깊은 이야기는 가급적 하지 말 것

엄마들의 관계는 아이로 맺어진 인연이긴 하나, 속에 있는 고민도 터놓고 위로도 주고받으며 절친한 친구로 발전하기도 한다. 그런데 아이러니하게 가장 친한 엄마가 가장 큰 상처를 준다.

지우 엄마는 아이와 같은 반 친구 엄마인 은서 엄마와 친해지게 되었다. 서로 육아 가치관이 비슷하고 통하는 게 많아 금세 신뢰를 갖게 되었다. 그러다 보니 이혼 후 혼자 아이를 키우는 개인사까지

은서 엄마에게 털어놓게 되었다.

그러던 어느 날 한 엄마가 지우 엄마에게 물었다.

"혼자서 아이 키우기 힘드시겠어요……. 그래도 지우가 참 밝고 씩씩하네요."

이혼 사실을 아는 사람은 은서 엄마가 유일했다. 믿었던 사람이기에 비밀이 새어 나가게 될 줄은 상상도 못 했다. 다른 엄마에게 이런 말을 들은 지우 엄마는 당황스럽고 화도 났지만, 오해가 있을 수 있으니 직접 물어보기로 했다.

"혹시 저희 집 사정을 다른 엄마한테 이야기하셨어요?"

"아……, 말하면 안 되는 거였어요? 다들 아는 줄 알았죠."

그녀의 대답에 지우 엄마는 할 말을 잃었다. 믿었던 만큼 배신감은 이루 말할 수 없이 컸다. '제일 친했던 엄마가 제일 싫은 엄마가 된다'라는 말의 의미를 뼈저리게 깨달은 순간이었다고 한다.

위와 비슷한 상황은 엄마들 사이에서 종종 벌어진다. 그래서 아무리 친해져도 깊은 이야기는 하지 않는 것이 좋다. 상처를 주는 사람은 항상 가까운 사람이다. 친하다고 생각해서 마음을 열고 아픈 가정사까지 말했는데, 그 비밀을 무기처럼 이용해 약점을 잡는 사람도 있고, 그 비밀을 여기저기 옮기며 다른 엄마들과 유대감을 형성하는 데 이용하는 사람도 있다.

물론 입이 무겁고 다른 사람 얘기를 함부로 하지 않는 사람도 있긴 하다. 하지만 너무 많은 것을 드러내면 후회할 일이 생길 확률이 높아지니, 일이 벌어지고 나서 입이 가벼운 남을 탓하는 대신 자기 비밀은 스스로 지키는 게 현명하다.

둘,
뒷담화의 선 지키기

"있잖아, 어제 우리 아이가 유치원에서……. 아니다."
"왜? 무슨 일인데? 괜찮아. 말해봐."

누군가 남 얘기를 꺼내려고 하다가 말을 집어넣을 때조차 어서 말해보라고 속삭이는 게 인간의 본성이다. 위로해주고 싶은 마음보다 뒷담화에 대한 욕망을 타자의 입으로 해소하려는 의도가 더 크다. 이렇게 뒷담화하는 사람과 들어주는 사람의 뜻이 맞아 환상의 콤비를 이루면 말이 부풀려지고, 와전되며, 결국 누군가에게 큰 상처를 주게 된다.

엄마가 되면 혼자였을 때보다 더 예민해지고, 불편한 것이 눈에 더 많이 띈다. 마음 맞지 않는 엄마들과의 관계에서 생긴 일, 아이들 간의 갈등, 선생님에 대한 불만 등 신경 쓰이는 일이 두세 배로 늘어나는데, 혼자 삭히기에는 답답하니 공감해줄 만한 다른 엄마에게 하소연을 하게 된다. 가급적 안 하는 게 좋지만, 뒷담화나 하소연을 아예 안 하고 살 수는 없다면 최소한의 매너는 지켜야 한다. 적정선을 지키지 못하면 뒷담화한 사람, 말을 옮긴 사람, 뒷담화 대상, 그리고 관련된 아이들까지 모두 상처를 받게 되니 말이다.

1. 서로 아는 사람 뒷담화는 금물

같은 유치원에 다니는 아이 엄마에 관한 험담을, 역시 같은 유치원에 다니는 다른 엄마에게 해서는 안 된다. 그 엄마가 당사자에게 이야기할 수도 있고, 또 다른 엄마에게 말을 옮길 수도 있기 때문이다. 어떻게든 당사자에게 말이 흘러들어갈 확률이 있다면 절대 하지 말아야 한다.

예를 들어 엄마들 모임에서 만난 A, B, C, D는 서로 아는 사이다. 어느 날 A와 B의 사이가 틀어졌다. A는 화가 나서 C에게 "B 진짜 이상한 것 같아. 잘난 척도 심하고"라고 말하고, C가 이 이야기를 D에게 전했다. B는 졸지에 이 엄마들 사이에서 '이상한 엄마, 잘난 척하는 엄마'가 되어버렸다. 사람은 주변 사람들 말에 무의식적으로 영향을 받는다. 마녀사냥은 시간문제인 것이다. 그러니 꼭 해야 할 말이 있다면 당사자끼리 해결해야지, 화난 마음에 다른 엄마들에게 말하고 다니며 상대방 평판을 훼손해선 안 된다. 그게 어른으로서의 교양이다.

2. 뒷담화가 오가는 자리는 아예 떠날 것

'내 아이와 사이가 안 좋은 아이', '말과 행동이 과격한 아이' 등 다른 아이에 관한 뒷담화는 엄마들 사이에서 메인 화제다.

"어머! 걔가 그런 말을 했어? 어린 게 어쩜 그런 나쁜 말을 해?"

"걔네 엄마는 뭐하는 사람이야? 집에서 가정교육을 어떻게 시키는 거야?"

그 자리에 없었던 다른 엄마를 만나서도 "있지, 걔가 그런 말을 했대"라며 말을 옮기기도 한다.

말이 말을 만든다고, 여러 엄마가 모인 곳에서 나온 얘기가 점점 퍼져 나가고 왜곡되어 평범한 아이가 '진짜 문제아'로 낙인찍히는 일이 생긴다. 정서나 행동에 정말 문제가 있어서 전문가의 도움을 받아야 하는 아이가 아닌 이상, 모든 아이는 이런저런 문제 상황 속에서 시행착오를 거치며 큰다. 그런데 아이의 모습을 단편적으로 보고 평가하고, 그 일부가 그 아이의 전부인 것처럼 말이 와전되어 퍼진다면? 내 아이의 일이라고 생각해보라. 내 아이도 언제든 남이 봤을 때는 '문제아'일 수 있다는 마음을 갖는다면 다른 아이에 관해 쉽게 말하지 못할 것이다.

특히 자기 아이와 사이가 안 좋다는 이유로 상대 아이를 깎아내리는 부모는 눈살을 찌푸리게 한다. 아이들 싸움은 일방이 잘못한 것보다 양쪽 다 잘못한 경우가 많다. 자기 아이 입장에서만 말을 옮기고 다니면, 점잖게 침묵을 지킨 쪽은 뭐가 되나? 자기 아이가 잘못한 이야기는 제외하고 상대 아이의 잘못만 얘기하는 것을 듣다 보면 악마의 편집이 따로 없다. 물론 어린아이 입에서 나왔다고 상상 못 할 만큼 심한 욕설을 내뱉거나 유독 폭력적인 아이도 있다. 그럼에도 아직 성장 중이고 배워야 할 것이 많은 아이에게 지나친 비난은 자제해야 한다. 그보다는 도움을 필요로 하는 존재로 봐주는 게 옳다.

자녀의 교우 관계에 문제가 있다면 다른 엄마에게 말을 옮길 것이 아니라 선생님과 상담하거나 그 아이 부모에게 직접 이야기해야 한다. 아니면 가족이나 다른 기관에 다니는 엄마, 고향 친구 등 이해관계가 전혀 없는 사람에게 조언을 구하는 것도 괜찮다.

그 외에도 '자녀보다 뛰어난 아이를 흠집 내고픈 질투심', '워킹맘, 편부모, 조부모 가정의 아이는 어딘가 질이 안 좋을 것이라는 편견'에서 비롯된 이야기는 하지도 듣지도 말자. 내 아이가 소중한 만큼 남의 아이도 소중하다. 누가 남의 아이에 대한 험담을 꺼낼 때 그 자리에 있는 것만으로도 사실상 공범이다. "진짜요?"라는 말로 먹이를 주지 말고, 급히 전화 용무가 있는 척 "잠시만요" 하고 자리를 뜨는 것이 베스트다.

3. 선생님 험담에는 절대 가담하지 말 것

"어머님들, 반모임이나 단톡방은 되도록 하지 마세요. 만약 하시더라도 뒷담화는 자제하셔야 합니다."

학기 초 첫 만남 자리에서 엄마들 반모임이나 단톡방은 하지 말아 달라고 웃으며 당부하는 선생님도 있다. 단톡방에서 주고받는 뒷담화로 인해 곤란한 일이 자주 발생하기에 미연에 방지하려는 것이다.

서먹서먹한 엄마들을 연결해주는 가장 효과 좋은 험담 주제가 있으니, 바로 엄마들이 공통으로 알고 있는 한 사람, 담임교사다.

"근데 선생님 좀 불친절해 보이지 않아요?"

"저도 그런 느낌 받았어요. 사람이 좀 차갑다고 할까?"

그러나 누구보다 선생님에 대한 평가는 조심해야 한다. 같은 반 엄마가 한 배를 탄 처지 같아도 어찌 보면 경쟁하는 입장에 놓인 사람이다 보니, 자기 아이가 더 예쁨받았으면 하는 마음에 다른 아이의 평판을 깎아내리려 하는 엄마도 있다. 가령 이런 식이다.

"이렇게 따뜻하고 속 깊으신 선생님을 그 엄마는 왜 차가워 보인다고 하는지 모르겠어요. 호호호."

아무리 공정한 선생님이라도 이 말을 듣는 순간 당신과 당신의 아이에 대한 편견이 생길 것이다. 그러니 선생님에 대한 평가나 험담이 오가면 동조하지 말고 "아, 그래요? 전 그런 느낌은 못 받았어요"라고 하며 선을 긋자.

셋,
자식 자랑 금지

연세 지긋하신 분께 들은 모임 규정인데 매우 의미심장했다. 반려견 자랑은 만 원, 손주 자랑은 2만 원, 배우자 자랑은 3만 원을 내고 하라는 것이다. 그중에서도 자식 자랑은, 정확한 액수는 기억 안 나지만 벌금이 가장 높았다. 그만큼 남의 집 자식 자랑은 듣기 달갑지 않다는 뜻이리라. 특히 내 마음대로 되지 않는 자식 때문에 가슴 앓아본 부모라면 그 뜻을 더 잘 알 것이다. 나도 이 사실을 뒤늦게 깨달아서, 다른 엄마들에게 본의 아니게 상처를 줬을 때가 있었다. 나의 기쁨이 누군가에게 상처가 될 수 있다는 것을 예전의 나는 잘 몰랐다.

"우리 아이 이번 수학경시대회에서 100점 받았어요. 호호호."

"정말요? 축하드려요……."

저 축하한다는 말에 얼마만큼의 진심이 들어 있을까? 스스로 가슴에 손을 얹고 상대방의 기쁜 소식을 듣고 얼마나 기뻐할 수 있는지 생각해보자. 만약 진심으로 기뻐할 수 있다면 당신은 보기 드물게 착한 마음씨를 지닌 사람이다. 별로 기쁘지 않을 것 같다 해도 괜찮다. 상대의 좋은 일을 진심으로 축하해주지 못한다 해서 나쁜 사람은 아니니 말이다. 사람은 원래 그렇다. 특히 남의 아이가 내 아이보다 뛰어난 것에 진심 어린 축하를 보내기란 쉽지 않다. 상대적으로 내 아이는 부족해 보이는데, 진심으로 기뻐하기가 어디 쉽겠는가.

엄마들 모임은 파국으로 끝난다는 속설과는 다르게 수십 년간 지속되는 모임도 있는데, 오래가는 모임을 보면 '아이 자랑하지 않기'가 그 비결인 경우가 많다. 바꿔 말하면 모임이 유지되기 어려운 이유도 '아이 자랑'에 있다고 할 수 있다. 한쪽이 자랑하면 다른 한쪽은 질투하게 되고, 결국 사이에 금이 가버린다. 그런데도 엄마들이 모이면 가장 많이 하는 게 자식 자랑이다. 남의 집 자식 자랑을 듣고만 있자니 속이 상해서 어떻게든 자랑거리를 만들어 참여하기도 한다.

"만날 책만 보아대니 시력이 엄청 나빠졌어. 영재고 합격하면 뭐하냐고."

자기 아이를 흉보는 듯 말하지만 실은 자랑이다. 그만큼 엄마들이 모이면 누구라 할 것 없이 자식 자랑을 한다. 하지만 자식 자랑을 하는 순간 누군가는 시기와 질투를 느낄 것이고, 혹시라도 그 아이가 작은 흠을 보였을 때 더욱 고소해할지 모른다. 그러니 자식 자랑은 모두를 위해 하지 않는 게 현명하다.

그런데도 어르신들을 보면 나이가 들고 자식이 장성할수록 더한 듯하다. 친구 할머니는 연세가 여든이 넘도록 동네 엄마들과 관계를 잘 유지하고 계셨는데, 최근 그 모임이 파국을 맞았단다. 이유인즉 할머니의 아들은 최근 사업 부도로 힘들어하는데, 친구분이 자기 아들은 일이 잘 풀려서 서울에 집도 사고 차도 바꿨다고 자랑했기 때문이란다. 저세상 가서도 꼭 만나자던 평생의 우정이 적절치 않은 자식 자랑으로 깨졌다는 쓸쓸한 이야기였다.

남에게 자랑하지 않는다고 해서 내 아이의 잘난 구석이 사라지는 것도 아니니, 오히려 무쇠보다 무거운 입을 지닌 엄마가 되는 것이 낫다. 자녀가 정말 훌륭하다면 자랑하지 않더라도 다른 사람들이 알 것이다. 굳이 미움을 감수해가며 스스로 자랑을 할 필요가 있을까.

물론 자랑이 필요한 때도 있다. 일에 관련해서는 자기 성취를 어필할 수 있어야 함께 일하는 사람에게도 믿음을 줄 수 있다. 자신의 업무 성과를 당당하게 자랑하는 사람을 보면 내가 다 뿌듯할 때도 있다. 하지만 그 외의 일상적인 인간관계에서는 자랑이 불필요한 질투를 유발하는 경우가 너무나 많다. 기쁨은 나누면 배가 된다는 말은 정말 소중한 가족이나 절친한 친구 사이에나 통하는 일이다. 좋은 관계를 유지하는 사람은 내가 상대보다 우월하다는 것을 보여주는 것이 관계에 독이 됨을 잘 알고 있다. 나 또한 이제는 가급적 자랑하지 않으려 한다. 내가 남들보다 있어 보이고 잘나 보이는 것보다 관계가 훨씬 더 소중하다는 것을 알기 때문이다.

넷,
돈 계산은 확실히

엄마들과 만나다 보면 은근히 신경 쓰이는 게 하나 있는데, 바로 밥값이다. 더치페이는 너무 정 없어 보이고, 돌아가면서 내자 하니 금액대가 비슷한 메뉴를 선택해야 해서 신경 쓰인다. 정기적으로 만나지 않는 이상 회비를 모으기도 쉽지 않다. 결국 균형이 무너져 어느 한 명이 자주 밥값을 내는 경우가 생기기도 하는데, 반복되면 호의가 권리가 되듯 사주는 사람과 얻어먹는 사람이 따로 정해지는 상황이 연출되기도 한다. 물론 친한 사이라면 편안하게 서로 사주고 얻어먹고, 내가 두세 번 사고 상대가 한 번만 사도 크게 상관없다. 하지만 아이 친구 엄마 정도의 관계라면? 돈 계산은 정확히 하는 게 좋다.

보통은 '누가 한 번 사면 나도 한 번 산다'라는 마음으로 살지만, 밥값 내는 데 유난히 인색한 사람이 꼭 있다. 예를 들어 엄마 넷이 돌아가면서 한 번씩 밥을 사는데 혼자만 끝까지 안 내는 사람도 있다. 그런데 본인이 "이번에는 제가 살게요"라고 하지 않는 이상 대놓고 밥 사라는 말이 쉽게 나오진 않는다. 결국 셋이 돌아가면서 밥을 사다가 나머지 한 명은 모임에 안 부르는 수순으로 가게 된다. 세 엄마는 그녀에게 밥값 한번 내라는 얘기를 차마 하지 못한 채 사기만 해서 괴로웠을 것이고, 그녀는 자기가 밥값을 안 내 사람들이 불편했을 거란 점은 모른 채 모임에서 소외되어 괴로울 것이다. 그러나 누구도 인색한 사람과 어울리고 싶어 하지 않는다.

간혹 나이가 많은 엄마가 당연히 밥을 사야 한다고 생각하는 젊은 엄마들이 있다. 친자매끼리도 서로 돌아가면서 사는데, 친여동생도 아닌 아이 친구 엄마한테 사주기만 하고 싶어 하는 사람은 없다. 사람은 생각보다 사소한 일로 상대를 평가한다. 엄마들끼리의 관계는 동등한 관계니, 나이 관계없이 공평하게 밥값을 부담하는 자세를 가지도록!

또 돈이 더 많은 사람이 당연히 밥값을 내야 한다고 생각하는 사람도 있는데, 『돈의 속성』을 쓴 김승호 회장은 만약 자기 회사에 다니는 직원이라면 얼마든지 밥을 사주겠지만, 돈이 많으면 밥값은 당연히 내야 한다고 믿는 사람과는 어울릴 필요가 없다고 딱 잘라 말했다. 엄마들과의 관계는 동등한 관계다. 돈이 많고 적음은 밥값을 누가 내느냐와는 전혀 관련이 없다.

한 명이 매번 밥을 사고 한 명은 늘 커피만 사는 것도 공평하지 않기는 마찬가지다. 나중에 밥값이 더 비싸니 커피값이 더 비싸니 하는 문제로 은근히 감정 상하는 경우도 많이 봤다. 사람은 자신이 베푼 것은 곱하기로 계산하고, 받은 것은 나누기로 계산하는 경향이 있다. 처음부터 정확하게 계산하는 게 뒤탈이 없다.

바쁜 엄마들끼리 만나서 누가 밥값을 내네 마네로 스트레스 받지 말자. 결국 돈 때문에 만남 자체가 스트레스가 되고 관계에 금이 간다. 한 명이 계산하고 정확하게 n분의 1로 나누면 깔끔하다. 어떤 엄마는 특정 엄마가 매번 자기 카드로 계산하고 카드 포인트를 쌓는다며 얄미워하면서, 정작 직접 하라고 하면 손사레 치며 뒷걸음질한다. 정산도 귀찮은 일이다. 봉사 차원에서 떠맡는 것일 텐데 너무 야박하게 굴지 말자.

마지막으로, "누가 밥값 내는지가 뭐가 중요해? 되는 대로 내면 되지" 하고 쿨한 척 허세 부리는 사람한테는 절대 밥 사주지 마라.

사유재산 개념이 없는 사람이고, 다른 사람의 지갑을 ATM으로 생각하는 사람이다.

다섯,
시간 약속 지키기

성준 엄마와 준혁 엄마는 각자 아이를 데리고 만나기로 했다. 성준 엄마는 약속 시간에 늦지 않기 위해 서둘러 준비를 하고 아이를 유모차에 태워 약속 장소에 나갔다. 그런데 약속 시간이 15분이 지나도 준혁 엄마가 나타나지도 않고 연락도 없었다. 성준 엄마가 메시지를 보냈다.

"어디세요? 약속 시간이 지나도 연락이 없으셔서 무슨 일 있나 하고요."

"아……, 지금 급하게 시댁에 가고 있어요."

"네?"

"미리 연락한다는 걸 깜박했네요. 갑자기 부르셔서 어쩔 수 없었어요. 이해 부탁드려요."

준혁 엄마는 미리 연락하지 못해서 미안하다는 말도 없이, 본인도 어쩔 수 없었다며 상대방의 이해를 구했다. 자기 입장을 상대방이 당연히 이해해주어야 한다고 생각하는 사람은 유아기를 못 벗어난 사람이다. 세상이 자기중심으로 돌아간다고 여기고 남의 입장은 생각하지 못하는 것이 딱 어린아이 수준이다. 깁작스럽게 약속을 취소해서 황당했을 상대방의 기분은 안중에도 없다. 가장 최악인 건 약속 시간이 지나서까지 연락이 없었던 점이다.

한 달 전이든 일주일 전이든 아무리 미리 약속을 잡아도 준혁 엄마는 번번이 당일에 약속을 어겼다. 뿐만 아니다. 약속 시간에 늦게 나타나는 날도 서둘러 오는 시늉조차 안 하고 느긋하게 걸어오는 개념 없는 모습을 보였다.

"아이가 잠이 들어서 좀 늦게 왔어요."

그건 어디까지나 자기 사정이다. 자기 사정을 이해받으려면 미리 연락하거나 상대방에게 양해를 구했어야 한다. 준혁 엄마처럼 '내 입장이 이러하니 네가 이해해라'라는 마인드를 가진 사람이 주변에 있으면 힘들다. 성준 엄마는 결국 준혁 엄마와 선을 그었다. 매번 약속 때마다 스트레스를 받는 것이 힘들었기 때문이다.

잘 지내던 사람들이 갑자기 내게 거리를 두는 것 같다면 제일 먼저 '내가 시간 개념이 있는 사람인가?' 자문하며 점검해보자.

시간 개념이 있다는 것은 약속을 칼같이 잘 지키는 것만이 아니다. 자신의 시간을 소중히 여기는 만큼 상대의 시간도 소중히 여기는 자세를 말한다. 약속을 지키지 못할 것 같으면 그 이유를 밝히고 미안함을 표현해야 한다. 특히 아이를 키우면 돌발 상황이 발생해서 의도치 않게 약속을 지키지 못하는 일도 생긴다. 가는 날이 장날이라고, 아이들은 엄마가 간만에 약속을 잡으면 이상하게 아프더라. 사정이 있어 약속에 늦거나 못 지킬 순 있어도, 상대방에 대한 예의까지 못 지켜선 안 된다.

- -상대방에게 미리 알려주기
- -늦는 이유 설명해주기
- -미안한 마음 전하기

이 세 가지만 잘해도 충분하다. 내 시간이 중요한 만큼 남의 시간도 중요하다. 이 기본적인 개념조차 없는 사람과는 신뢰를 형성할 수 없다. 작은 약속을 지키지 못하는 사람은 큰 약속도 지키지 못하기 때문이다. "만약 약속을 어긴다면 상대로부터 도둑질을 한 것이다. 돈을 훔친 것 아니라 인생이란 은행에서 시간을 훔친 것이다"라고 말한 데일 카네기의 말을 가슴에 새기자.

여섯,
정보는 기브 앤 테이크

아이가 학령기 이전일 때는 엄마들을 만나는 주된 목적이 정보보다는 친목에 있다. 그러나 영유아기를 지나 초등학교에 입학하면 교육 정보를 얻는 것이 모임의 중요 목적으로 부상한다. 그 전까지는 엄마들 모임에 소극적인 사람도 반모임에 적극 참여하려는 의지를 보이기도 한다.

그런데 정보를 얻으려고 엄마들 모임에 나가기 전에 잠시 생각해볼 것이 있다. 정보를 나눠주기 위해서 엄마들 모임에 가는가, 아님 정보를 얻기 위해 가는가?

대부분 정보를 주기보단 정보를 얻으려는 목적으로 모임에 나온다. 그러니 정보가 부족한 엄마들끼리 자주 모인다 한들 거기서 고급 정보가 오갈 리 없다. 물론 고급 정보를 갖고 있는 엄마도 있겠지만 쉽게 공유할 리 없다. 모두에게 공유하는 순간 고급 정보는 흔한 정보가 되기 때문이다. 소수만이 알기에 고급 정보인 것이고, 진입 장벽이 높은 것이다.

만약 정보력이 있는 엄마와 친해지면 그 엄마가 내게 아낌없이 정보를 나눠줄까? 그럴 수도 있고 아닐 수도 있다. 친하다는 이유로 정보를 공유해주면 땡큐겠지만 아니어도 어쩔 수 없다. 인생은 원래 기브 앤 테이크다. 상대 엄마가 가진 정보는 족집게 과외교사 전화번호와 같은 일급 정보인데 당신의 정보는 인터넷 검색만으로도 알 수 있는 학원 정보라면? 균형 있는 기브 앤 테이크는 불가능하다. 그 관계가 오래갈 수 있을까?

영유아기 시절에는 정보를 공유해도 내 아이가 손해 볼 일이 거의 없지만, 성적이 중요해지는 시기에는 다르다. 친한 사이라도 쉽게 공유하기 어렵다. 만약 같은 학년, 같은 성별, 같은 반이라면 경쟁 관계이기 때문에 알려줄 이유가 더더욱 없다. 심지어 아이에게도 "친구에게 학원이나 과외 정보는 알려주지 마"라며 신신당부하는 엄마도 있다. 엄마들 모임에서 지역 유명 학원에 대한 정보 정도는 얻을 수 있겠지만, 유능한 과외교사 전화번호는 어지간해선 알 수 없다. 남편 속옷 사이즈는 알려줘도 과외교사 전화번호는 안 알려준다는 우스갯소리가 있을 정도다. 물론 자기 아이가 그만둔 학원이나 과외라면 정보를 알려줄지 모른다. 상황이 이렇다 보니 정보가 필요하면 경쟁자인 또래 엄마보다는 내 아이보다 2~4세 많은 아이 엄마와 교류하는 것이 더 유익하다.

학군지로 갈수록, 아이가 상위권일수록, 교육에 관심이 많은 엄마일수록 정보에 관한 기브 앤 테이크 개념이 확실하다. 간혹 이런 개념을 잘 모르는 엄마가 처음 만난 엄마에게 "아이 영어 학원 어디 보내요?", "저희 아이도 수학 그룹과외에 끼워줄 수 있을까요?"라고 말했다가 매너 없는 엄마로 몰리는 경우도 있다. 특히 손품, 발품에 인맥품까지 팔아가며 얻은 고급 정보는 "아이 학원 어디 다녀요? 무슨 교재 써요? 거기 선생님 어때요?" 하고 조심성 없이 캐묻는 엄마들에게 절대 내어주지 않는다.

결론은 엄마들 모임에 나가봤자 알짜배기 정보는 쉽게 공유되지 않으며, 그 정보를 얻으려면 당신도 만만치 않은 정보력을 갖추고 있어야 한다. 아니면 정보력이 뛰어난 엄마와의 관계에 정성을 들여야 한다. 정말 꼭 듣고 싶은 정보가 있다면, 맛있는 식사라도 대접하며 정중하게 물어보면 혹 알려줄지도 모른다. 상대 엄마와 상대 아이를 인정해주면서, 자신이 원하는 것을 돌리지 말고 직접, 진솔하게 물어보는 것이다.

"○○이 영어랑 수학을 잘한다고 소문이 자자하더라고요. 저희 아이도 잘했으면 좋겠는데, 비결을 좀 알려주실 수 있나요?"

자신을 인정해주고 인간적인 면모를 보이는 사람에게는 도와주고 싶은 마음이 들지도 모른다. 장담할 순 없지만, 그래도 경험상 '다정함'은 결국 통하는 경우가 많았다.

사실 내 아이에게 필요한 것은 고급 정보가 아닐 수 있다. 대다수는 고급 정보 없이도 아무 문제 없이 잘 산다. 오히려 정보가 넘쳐나서 소화를 못 시키는 판국에 고급 정보가 무슨 의미가 있을까? 이제 겨우 한글 마스터하고 구구단을 외운 아이에게, 상위 1퍼센트 아이만 간다는 영재원 입학 테스트에 통과를 보장하는 과외 교사 전화번호는 아무리 고급 정보라 해도 쓸모없는 정보다. 아직 파닉스도 익히지 못한 아이에게는, 영문법을 기가 막히게 쉽게 가르치는 학원보다 집 앞 상가에 있는 소규모 보습학원에 다니는 게 더 큰 도움이 된다.

이처럼 아이마다 상황이 다르기 때문에 결국 아이가 다닐 기관이나 학원은 직접 발품 팔아 다녀봐야 아이의 성향에 맞는 곳을 찾을 수 있다. 모두가 탐내는 고급 정보가 내 아이에게는 아무 필요 없는 정보일 수 있는 것이다.

일곱,
아이들 싸움에 감정적 대처는 금물

하루는 유치원생 아이를 키우고 있는 친구가 화가 나서 전화했다. 무슨 일인지 자초지종을 들어보니 상황은 이랬다. 엄마들이 벤치에서 대화를 나누는 동안 놀이터에서 놀고 있던 아이들끼리 다툼이 벌어졌다. 친구의 아들이 윤재라는 친구를 밀쳐서 무릎에 피가 났다. 친구는 윤재 엄마와 윤재에게 사과를 하고, 자기 아이에게도 사과를 시켰다. 그런데 집에 와서 아이 이야기를 들어보니 윤재가 자기를 먼저 놀렸고, 그만하라고 여러 번 말해도 멈추지 않아서 화가 나서 밀쳤다는 것이다. 아무리 화가 나도 친구를 밀치는 것은 안 된다고 알려주었지만, 자기 아이만 야단 칠 일은 아닌 것 같아서 윤재 엄마에게 전화를 했다.

"윤재 상처는 좀 어때요? 정말 미안해요. 그런데 제가 이야길 들어보니 윤재가 저희 아이를 먼저 놀렸다고 하네요."

"아……, 얘기 들었어요. 그래도 친구를 밀면 안 되죠. 어떠한 경우에도 폭력은 안 된다고 생각해요."

놀린 것에 대한 미안함은 일절 없었다. 자기 자식 상처만 중요하게 여기는 그 엄마의 태도에 너무 실망한 친구는, 그 엄마와는 더 이상 인연을 이어 나가기 어려울 것 같다고 했다.

아이들은 싸우면서 큰다는 말이 있듯, 정말 자주 싸운다. 이때 엄마들이 아이들 간 갈등을 어떻게 대처하느냐에 따라 엄마들의 관계가 유지될지 말지 결정된다. 특히 아이들 싸움은 쌍방이 원인을 제공한 경우가 많아서 누가 옳고 그른지 무 자르듯 나누기 힘들다. 이런데도 자기 아이 입장만 편들면, 아무리 친했던 사이라 해도 그 관계가 예전처럼 돌아가기는 힘들다.

아이가 다치면 부모는 감정이 앞서기 쉽지만, 그럴 때일수록 이성적으로 판단해야 한다. 그래야 상황을 합리적으로 해결할 수 있고 아이 싸움이 어른 싸움으로 번지지 않는다. 아이들은 싸우고도 언제 그랬냐는 듯 다시 친하게 지내기도 하는데, 정작 엄마가 속상함을 견디지 못해 일을 키운다.

끝으로, 사과할 일은 사과하고 넘어가자. 욕설과 폭력이 오갔다면 반드시 사과하게 하되, 욕설과 폭력 이전에 어떤 배경이 있었는지도 들어봐야 한다. 상대 아이가 먼저 놀리거나 괴롭히는 등의 원인을 제공해서 참다못해 욕설을 내뱉고 폭력을 저질렀을 가능성도 있기 때문이다. 결과만 보고 피해자와 가해자를 가릴 것이 아니라, 그 과정에 무슨 일이 있었는지 잘 따져봐야 일방적으로 상처받는 아이가 생기지 않는다.

엄마가 아이들의 갈등 상황에서 내 아이의 상처에만 예민하게 대응하면 그 아이는 성인이 되어서도 일이 잘못되면 남 탓만 하기 쉽고, 결국 불행한 사람이 된다. 잘못을 인정하고 사과할 줄 아는 용기, 자기에게 잘못한 사람을 용서할 줄 아는 관용의 태도를 알려주는 부모가 제대로 된 부모다.

여덟,
단톡방 매너 지키기

엄마들 모임에서 가장 말 많고 탈 많은 데가 있다면 바로 '단톡방'이다. 여러 명이 동시에 소통할 수 있어서 정보를 나누기도 편리하고, 질문에 답해주는 사람도 여럿이라 좋은 점도 있지만, 이 단톡방이 불편한 점도 있다. 그래도 기본적인 에티켓을 숙지하고 있으면 단톡방으로 인한 스트레스에서 나도 상대방도 어느 정도 해방될 수 있으니 꼭 알아두도록 하자.

1. 사적인 대화는 제발 따로!

단톡방에 인원이 많으면 오가는 대화도 많고, 거기에 일일이 반응하다 보면 시간 소모도 만만치 않다. 혹시 중요한 내용을 놓친 게 있을지도 모르니 쭉 훑어보려 하지만 이내 포기하게 된다. 스크롤을 내리다가 포기하게 되는 이유는 모두가 알아야 할 정보보다는 여러 명이 있는 단톡방에서 두세 명이 개인적인 주제로 대화를 꽤 길게 나눠서일 때가 많다.

언니 동생 할 만큼 친한 엄마들은 단톡방에서 친분을 과시하지 말고 따로 방을 만들어 사적인 이야기를 나누자. 반모임과 같은 공식적인 단톡방에서는 필요한 말만 하는 게 기본 매너다.

2. 영업, 종교, 정치 이야기는 금물

어느 날 갑자기 단톡방에서 화장품이나 학습지 영업을 하며 판매를 권유해서 부담스럽게 하는 사람도 있다. 단톡방의 목적에 충실한 이야기만 나누고, 영업은 딴 데 가서 하도록!

그뿐인가. 특정 종교나 정치 성향에 관해 이야길 꺼내는 사람들도 있는데, 더 당황스러운 것은 누군가는 여기에 열렬한 반응을 하고 금세 휩쓸린다는 것이다. 누가 이들 좀 말려주자.

누군가 실제 겪은 일을 바탕으로 쓴 글이다. 글쓴이가 속한 엄마들 단톡방에서, 교회를 다니는 한 엄마가 예수님 사진과 기도문을 종종 올리곤 했는데 다른 엄마가 기도문 바로 아래에 부처님 사진과 관세음보살 음원을 올렸다는 것이다. 평소에 말수도 없고 조용한 분이셨는데 이런 깡에 적잖이 놀라기도 하고 조금 무섭기도 했단다. 승자는 누구였을까? 교회 다니는 엄마는 이에 개의치 않고 꾸준히 기도문을 올렸고, 절에 다니는 엄마가 결국 "저는 천국 못 갈 것 같아요. 안녕히 계세요. 나무아미타불 관세음보살"이라는 말을 남기고 홀연히 사라졌으니, 교회 엄마의 승리로 보아야 할까?

이들에게 말해주고 싶다. "여기서 이러시면 안 됩니다."

3. 답이 없어도 신경 쓰지 말 것

바빠서 단톡방에 몇 번 참여하지 못하면 "바쁘신가 봐요? 답도 없으시고……"라고 개인톡으로 물어보는 사람이 있다. 안부 차원에 묻기도 하겠지만, 사실 이런 메시지를 받으면 단톡방 참여가 의무인 것처럼 느껴져서 부담스럽다. 그때그때 답을 못 할 수도 있는데 유독 이렇게 부담을 주는 사람도 있고, 자기 이야기에 모두가 반응해주길 바라며 누가 대답을 안 했는지 체크하는 사람도 있다고 한다. 물론 참여는 일절 없이 눈팅만 하며 정보만 취하는 무임승차도 얄미울 순 있다. 하지만 모두가 참여하지 않아도 유지가 되는 것이 단톡방만의 장점이다. 그러니 그 장점을 십분 누릴 수 있도록, 타인의 참여도에는 관심을 내려놓자.

4. 기본 예의는 지킬 것

직접 얼굴을 맞대고 소통하는 게 아니라 텍스트로만 이야기가 오가니 오해가 생기기 쉽다. 조용해 보이는데 단톡방에서는 하트 이모티콘을 무한 발사하며 애정을 표현하는 엄마도 있고, 실제로 만나면 상냥한데 단톡에서는 터미네이터처럼 "네", "아뇨"로 단답형으로 대답하는 엄마도 있다.

단톡방도 하나의 만남의 장이다. 그러니 직접 만났을 때만큼은 아니더라도 최소한의 성의와 예의는 보이자. 단답형 대답을 할 거라면 이모티콘이라도 붙여 보내야 서로 오해하는 일이 안 생긴다.

5. 뒷담화를 기록으로 남기지 말 것

단톡방이든 개인톡방이든 타인을 비방하는 말이나 허위 사실을 전하는 말은 아예 하지 말아야 한다. 기록으로 남아 있으니, 마음만 먹으면 언제든 소송을 위한 증거 자료로 쓰일 수 있다.

다섯 살 아이를 둔 엄마입니다. 작년에 아이가 다니는 어린이집에서 같은 반 아이 엄마 A와 친하게 지내게 되었습니다. 그런데 최근 제가 회사에 다니기 시작하면서 A와 자주 만나지 못했고, 얼마 전 A가 동네 엄마들에게 제 뒷담화를 하고 다닌다는 걸 알게 되었습니다. 평소 친한 동네 언니가 저에 대해 사실이 아닌 이야기가 떠도는 것 같다며 몇몇 동네 엄마들이 속해 있는 단톡방 캡처 이미지를 보여줬습니다. 내용을 보니 A가 저를 두고 '돼지같이 뒤룩뒤룩 살만 찐 X, 돈 안 내고 얻어만 먹는 거지 X' 등 입에 담지도 못할 치욕적인 욕을 했더군요. 저의 개인적인 경제 상황에 대해서도 거짓말을 더해 소문 내고 다녔습니다. 저뿐만 아니라 제 가족, 아이들에서도 대해 막말한 걸 보니 가만히 있을 수가 없습니다. 이런 경우 명예훼손죄로 처벌할 수 있나요?

신문에 실렸던 실제 사례로, 법조인은 명예훼손죄뿐만 아니라 모욕죄로도 처벌 가능하다고 말했다. 일대일 대화였다 하더라도 마찬가지다. 명예훼손죄는 공연성과 전파성을 따져 판단하는데,

일대일 대화창에서 이야기했어도 같은 어린이집에 소속된 아이 엄마에게 했다면 다른 사람에게 그 이야기가 전파될 가능성이 매우 높으므로 처벌 가능하다.

또 아이들 사이에 있었던 갈등을 단톡방에 올리는 것도 조심해야 한다.

"○○이 오늘도 우리 아이를 때렸어요. ○○의 공격적인 행동으로 우리 아이가 너무 힘들어합니다."

이런 식의 내용을 반모임 단톡방에 올린다면 마찬가지로 명예훼손으로 고소당할 수 있다. 충분히 개인적으로 연락해서 할 수 있는 이야기를, 많은 사람이 있는 공간에서 공개적으로 하는 것은 법적으로 명예훼손에 해당한다고 적시되어 있다.

굳이 소송까지 생각하지 않더라도, 공개적으로 거론해서 아직 어린아이를 남을 괴롭히는 아이, 놀면 안 되는 아이로 낙인찍히게 하는 것은 어른으로서 훌륭한 태도가 아니다. 여론을 형성하기 위해서겠지만, 문제 해결에도 큰 도움이 안 된다. 자기 아이가 공개적인 비방을 당하면 그 엄마도 사리 분별을 하기 전에 먼저 이성을 잃고 흥분하기 쉽기 때문이다.

끝으로 아예 단톡방에서 해방되는 것도 추천한다. 채팅창이 조용해지면 마음에 평화가 온다.

4장

무례한 상대에게
상처받지 않는 법

내가 예민하거나
상대가 무례하거나

인간관계가 힘든 이유 중 하나는 자신이 예민하거나 상대방이 무례하기 때문이다. 둘 다인 경우도 있다. 그런데 이 세상엔 무례한 사람이 너무나 많고, 자신이 무례하다는 것을 인정하는 사람은 드물다. 상대방의 무례함을 탓하면서 고통받고 살기엔 우리 인생이 너무 아깝다. 더군다나 무례함의 기준은 사람마다 다르지 않은가? 누군가를 무례하다고 탓하기보단 자신의 마음을 잘 다스려서 단단해지는 것이 원만하게 사는 비결이다. 그러기 위해선 다음 세 가지를 기억해야 한다.

첫째, 적당히 둔감해질 것. 중요하지 않은 타인의 말은 담아두지 말고 흘려버릴 것.

둘째, 부당한 상황에선 적당히 받아칠 것. 좋은 사람 되려다 만만한 사람 되니, 아닌 건 아니라고 말할 것.

셋째, 피해의식을 버릴 것. 지금 내가 느끼는 고통이 내가 너무 예민해서 겪는 것일 수도 있음을 기억할 것.

수애 엄마는 어린이집 엄마들 모임에서 만난 재우 엄마가 무심코 던진 선 넘는 말들을 곱씹어보느라 잠 못 드는 날이 많아졌다. 한번은 남편과의 사소한 다툼에 대해 재우 엄마에게 하소연한 적이 있었다. 얼마 후 집 앞에서 우연히 남편과 마주친 재우 엄마는 대뜸 이렇게 말했다.

"어머! 부부 싸움한 얘기를 자주 들어서 남편분이 이상한 분인 줄 알았는데 인상이 엄청 좋으시네요."

수애 엄마는 재우 엄마에게 그런 말을 왜 하냐고 따지고 싶었지만 너무 당황한 나머지 그 자리에서 아무 말도 못 했다. 하지만 며칠 동안 불쾌한 기분을 떨칠 수가 없었다. 그뿐만이 아니었다.

"수애 엄마는 하체 비만이라 그런 옷은 안 어울려."

"수애 엄마! 훈육은 그렇게 하는 게 아니야."

입만 열면 외모 지적, 오지랖 등 망언 폭격기처럼 막말을 해댔다. 수애 엄마는 재우 엄마가 왜 그렇게 말하는지 도무지 이해가

가지 않았다. 그런 일이 쌓이다 보니 미움이 커져 더 이상 만나고 싶지 않았지만, 쉽게 관계를 정리할 수도 없었다. 아이로 맺어진 모임이라 재우 엄마와의 관계만 정리할 수 있는 상황이 아니었다.

그런데 다른 엄마들은 자기완 다르게 재우 엄마 때문에 그다지 스트레스를 받는 것 같지가 않았다. 다른 엄마들은 정색하고 못 들은 척 무시하거나 '너 자신을 알라'라는 뉘앙스의 말을 한마디씩 던지고 넘어갈 뿐 크게 신경 쓰지는 않았다. 심지어 "응! 나 약간 하체 비만인데, 진짜 안 어울려?"라며 쿨하게 수긍하는 엄마도 있었다.

수애 엄마는 정색하자니 자기 때문에 모임 분위기가 싸해질까 걱정이고, 한마디 하자니 재우 엄마 기분이 상할 것이 염려스러웠다. 무엇보다 자신이 없었다. 그래서 기분 상하지 않은 척 애써 웃어넘기면서 자신을 배려 있고 착한 사람이라고 위로했다. 하지만 속으로는 받아치지 못하는 자기 자신이 무력하게 느껴졌고, 무엇보다 자기를 만만한 사람으로 여기는 것 같아 자존심이 상했다.

다른 엄마들에게 "재우 엄마 말을 좀 기분 나쁘게 하지 않아요?"라고 떠보았지만 그들은 "가끔 그럴 때가 있긴 한데, 뭐 성격이니까요"라며 말을 아꼈다. 그렇게 다른 엄마 마음을 떠보고 온 날이면 오히려 자신만 뒷담화하는 사람이 된 것 같아 더 찜찜했다.

그러던 어느 날, 결국 일이 터졌다. 수애 엄마가 모처럼 미용실에 가서 파마를 하고 왔다. 다른 엄마들은 잘 어울린다, 예쁘다며 칭찬해주는데 재우 엄마는 "머리했어? 음……, 난 예전 머리가 더 잘 어울리는 것 같아"라고 말했다. 마침내 수애 엄마의 뚜껑이 열렸다.

"재우 엄마가 뭔데 그런 말을 해요? 진짜 어이없네. 왜 그래요?"

그동안 쌓였던 감정이 한번에 폭발한 듯 부들부들 떨며 화를 냈고, 결국 두 엄마는 서로 손절하게 되었다. 그런데 수애 엄마가 모임에 안 나가는 것과는 달리 재우 엄마는 여전히 모임에 참석했다. 정작 문제가 있는 재우 엄마는 아무렇지 않게 잘 지내고 자기만 모임에 나가지 못하는 상황이 억울했다. 무엇보다 다른 엄마들도 그 일이 있은 후부터 수애 엄마를 피해 다녔다.

수애 엄마의 이런 대응은 이번이 처음은 아니었다. 참을 만큼 참다가 엉뚱한 상황에서 갑자기 폭발하여 화를 내고 그 사람과 손절하는 패턴을 반복했다. 상대방이 무례한 것 같은데 왜 다른 엄마들은 가만히 있는 것인지, 왜 정작 자신만 예민한 사람이 되고 마는지 이해가 가지 않는다. 수애 엄마는 이제 사람 만나는 게 두렵다. 무례한 사람을 만났을 때 어떻게 해야 할지 몰라 답답할 뿐이다.

예민함을 인정하면
생기는 변화

예민한 사람은 "내가 예민한 게 아니고 네가 무례한 거야"라고 하고, 무례한 사람은 "내가 무례한 게 아니고 네가 예민한 거야"라고 한다.

둘 다 자기는 괜찮은데 상대방이 문제라고 하며 본능적으로 자신을 보호한다. 그런데 사람들은 안정된 상황에서는 자신을 보호할 필요를 못 느낀다. 즉, 상대 탓을 하며 방어 태세를 갖췄다는 것은 위기 상황에 처했다는 의미다. 자신의 결함이 드러날 것 같은 위기 경보음이 울리니 날을 세우는 것이다. 한쪽은 자신의 예민함이 들킬까 봐, 한쪽은 자신의 무례함이 발각될까 봐 두렵다. 고로 당신이 예민한 것도 사실이고 상대가 무례한 것도 사실일 가능성이 높다.

위 사례에 나오는 재우 엄마 같은 사람은 흔하다. 악의가 있다기보다는 자신의 언행이 상대에게 미칠 영향을 잘 알지 못해 타인을 불쾌하게 하는 경우가 많다. 재밌는 사실은 재우 엄마 같은 사람을 '성격 좋다', '털털하다', '가식이 없다'라고 긍정적으로 생각하는 사람도 많다는 것이다. 의외로 이런 유형의 사람은 상대방이 불편해한다는 것을 알면 다음부터는 조심해서 말하기도 한다. "재우맘, 나 그 말에 조금 상처받았어"라고 진솔한 대화로 풀어가면 좋은 관계가 될 수도 있다.

간혹 상대가 자격지심이나 열등감 때문에 자기 말을 오해했다며 길길이 날뛰는 사람도 있다. 하지만 너무 속상해하지 말길 바란다. 그 사람이 성숙하지 못한 사람이라서 그런 반응을 하는 것이니. 성숙한 사람이라면 설령 상대가 예민해서 오해한 것일지라도 대놓고 "당신이 예민한 거야"라고 하지 않는다. "오해가 있으셨나 봐요. 그런 의미는 아니었어요"라고 자기 입장을 얘기할 뿐이다.

하지만 상대의 반응을 떠나 자신이 너무 예민한 건 아닌지도 짚고 넘어갈 필요가 있다.

"정말 참다 참다 얘기한 건데도 상대방은 제가 예민해서 그런 거래요. 이게 어째서 제가 예민한 탓이죠? 상대가 무례한 거죠."

이렇게 예민한 사람 중에는 '예민하다'라는 말을 듣는 것에 수치심을 느끼고 거부 반응을 일으키는 경우가 적지 않다. 아마도 자신의 감정을 솔직하게 표현했을 때, 그 감정을 공감해주는 분위기가 아니라 "넌 왜 이렇게 예민하니?"라는 부정적인 반응을 반복적으로 경험했기 때문일 것이다.

물론 고통받는 이유가 나 자신에게 있다는 사실은 인정하기 쉽지 않다. 그래서 예민함을 인정하지 않는 사람은 상대가 무례했다는 증거를 찾기 위해 필사적으로 노력한다. 그 증거를 찾았다면 주변 사람에게 질리도록 얘기하고, 동조를 구하며, 결국 내가 예민한 탓이 아니라 상대가 무례한 것으로 결론을 내린다. 매번 이런 식이니 늘 고통스럽다. 혹시 나도 이런 사람이 아닐지 궁금하다면 다른 사람의 언행에 관심이 많이 가고 거기에 큰 의미를 부여하는가를 돌아보면 된다. 만약 그렇게 한다면 높은 확률로 매우 예민한 사람이다.

상대의 말과 행동에 지나친 의미를 부여하는 순간 쉽게 휘둘리게 되고, 내가 예민한 사람인지도 모른다는 의심은 기정사실이 된다. 벼룩 한 마리 잡으려다 초가삼간 다 태우듯, 극도로 불안하고 예민해지면 상대의 무례함을 짚어내 그것을 증오하는 데 온 에너지를 쏟아붓게 되고 결국 관계도 망가뜨리고 자기 자신까지 태우고 만다. 정작 자신에게 의미 있는 것은 모두 놓치고, 우울, 불안, 분노에 사로잡힌 채 늘 남 탓만 하며 살아가게 될 수도 있다.

이를 해결하는 출발점은 자신의 예민함을 인정하는 것이다. 당신이 누군가의 말과 행동을 무례하다고 느꼈다면 분명 그럴 만한 이유가 있을 것이다. 하지만 자기 자신을 위해 이런 질문도 함께 해봐야 한다.

'상대가 무례하다고 쳐도, 내가 이 정도로 예민하게 굴 문제인가? 이 정도로 불안하고 분노해야 할 일인가? 내가 너무 과한 것은 아닌가?'

예민한 사람이 느끼는 불안은 사건과 상대방에 대한 기억을 왜곡해 상황을 더 안 좋게, 상대를 더 나쁘게 만든다. 그러다 수애 엄마처럼 엉뚱한 상황에서 갑자기 화를 쏟아낸다. 스스로 예민한 면이 있다는 걸 인지하고 있으면, 상대가 무례하게 구는 상황에도 조금 더 이성적으로 대처하게 되고 관계가 악화되는 것을 막을 수 있다. 자기 자신이 피해자라는 괴로움에서도 벗어날 수 있다.

의미를 부여하지 않으면
의미가 없다

사람마다 모두 어느 정도의 예민함을 갖고 있다. 예민함은 흑과 백의 개념이 아닌 정도의 문제며, 상황에 따라 누구나 예민해질 수 있다. 가령 며칠째 잠을 못 자거나 건강이 안 좋아지면 평소 그렇지 않은 사람도 예민해질 수 있다. 또 사람마다 아픈 상처 하나쯤은 갖고 있기 마련인데, 그 부분을 건들면 누구나 예민해진다.

유달리 예민한 유전자를 타고난 사람도 있다. 예민하고 까다로운 유전자를 타고나면 부모가 아무리 사랑을 주어도 사랑이 부족하다고 느끼며 결국 애착 형성에 실패할 수 있다. 평범한 부모도 계속 주어도 더 많은 걸 요구하는 까다롭고 예민한 아이를 키우면 몸과 마음이 힘들어져 아이를 받아주기가 어렵고, 아이의 예민한 기질은 커가면서 더더욱 강화된다. 즉, 애착 실패의 결과로써 예민해진 게 아니라, 예민한 기질이 애착 실패의 원인일 수도 있단 이야기다.

정신과 의사이자 유전학자인 C. R. 클로닌저에 의하면 사회적 민감성이 높은 사람은 다른 사람의 표정이나 감정, 행동의 변화를 민감하게 알아채서 거기에 자동적으로 반응하는 경향이 강하다고 한다. 이런 사람은 타인의 부정적인 감정에도 큰 불편함을 느낀다. 예를 들면 이런 사람은 앞에 있는 사람이 표정이 안 좋으면 자기도 모르게 '나 때문인가?' 하고 위축된다.

타고나길 주변의 반응에 예민한 사람은 '불편한 감정 스위치'가 많고, 그 감정 스위치의 전압도 유난히 강하다. 즉, 타인의 표정과 말에서 의미를 찾아내려 할 때가 많고, 감정을 더 많이 더 크게 느낀다. 작은 돌 하나에도 큰 파동이 일어나는 작은 연못 같은 사람이다.

이 사람 주변에 큰 돌을 마구 던지는 소시오패스 같은 사람이 하나라도 있으면 그 멘탈은 쓰나미에 쓸려가듯 휩쓸리고 만다. 그러나 가끔 나타나 큰 돌을 던지는 사람은 피하면 되지만, 작은 돌을 던지는 사람은 지척에 늘 존재한다. 나에게 아무 파문도 일으키지 않는 맞춤형 인간은 존재하지 않는다. 그런데 일상에서 마주치는 작은 마찰조차 감당하지 못하고 일희일비하게 되면 무엇보다 자기 삶이 망가질뿐더러 타인과의 관계도 망가진다. 모두가 괴로워지는 것이다. 독설 한마디 하자면, 지나친 예민함은 무례함만큼이나 주변 사람을 불편하게 한다.

그러니 자기 마음의 안정을 위해서도, 안정된 대인관계를 위해서도 예민함을 적절히 다루는 법을 연습해야 한다. 스스로 매우 예민한 사람이라 느낀다면, 다음 세 가지를 연습해보자.

1. 상황을 객관적으로 바라보는 연습

예민한 사람은 상대방의 사소한 단서에도 유난히 민감하게 반응한다. 상대방 표정이 어두운 것만 보고도 '나 때문에 그런가?'라며 자신과 관련지어 해석하고, 그 해석을 사실로 인식한 다음 '내가 뭘 잘못했지?' 하고 자기 행동을 반추하며 스스로 상처받는다. 객관적으로 드러난 사실만으로 상황을 받아들이려 노력해보자. 상대방의 표정이 안 좋다면 '표정이 안 좋네. 무슨 일 있나?' 정도로 나와 관련짓지 않고 드러난 사실만 보는 연습을 하는 것이다. 마음이 한결 편해질 것이다.

2. 비합리적인 기대를 내려놓는 연습

인간관계를 맺다 보면 무례한 사람도, 나를 싫어하고 무시하는 사람도 만날 수 있다. 모두가 예의 바르고 나를 좋아해야 한다는 것은 본인과 타인에 대해 비합리적인 기대를 품고 있는 것이다. 가벼운 농담에는 악의가 있을 수도, 없을 수도 있고, 상대가 나를 보고 웃지 않는 것은 나와 아무 관계가 없을 수도, 실제로 나를 무시하거나 싫어하는 것일 수도 있다. 진실은 모른다. 그러나 분명한 건, 그것에 필요 이상으로 부정적인 의미를 부여하고 과도하게 화를 내고 자책하거나 상대를 미워하면 결국 자신과 관계 모두 망칠 수밖에 없다는 사실이다.

누가 날 좀 싫어하고 무시하면 어떤가? 아무도 나를 무시하고 싫어해서는 안 된다는 그 마음은 비현실적인 기대이며, 그런 마음은 별일이 아닌 것을 별일로 만든다. 누가 나를 싫어할 수도 있고,

서로 마음이 같을 수도 없음을 인정해야 삶이 편해진다. 나를 싫어하는 것 같단 느낌이 강하게 들어도 우울해하지 말고 '나같이 귀여운 스타일은 별로 안 좋아하나 보네? 룰루랄라' 하고 내 할 일 하면 된다.

3. 나쁜 감정에서 빠져나오는 연습

불쾌한 일에 대해 계속 곱씹었을 때를 떠올려보라. 결국 엉뚱한 상황에서 분노가 터져서 나만 이상한 사람 된 적이 있지 않은가? 감정적으로 대처하면 감정에 지배당하고 만다. 자기에게 좋을 것 하나 없다. 멈춰 서서 감정을 인식하고 '난 지금 기분이 나빠. 얼른 이 나쁜 감정에서 벗어나자'라고 주문을 걸어보자. 나쁜 감정에서 빠져나오기 위해선 그 상황에서 벗어나는 것이 도움이 된다. 잠시 자리를 비우거나, 그날은 일찍 자리를 뜨는 것이 좋다. 상황을 벗어나면 생각보다 쉽게 부정적인 감정이 사라질 수 있다.

이렇게 자신의 감정을 잘 알아차리고 상황을 벗어나는 방식으로 분노를 조절해보면 자신감이 생긴다. 자신감이 생기면 남의 말에 크게 휘둘리지 않게 된다. 끌려다닌다는 무력감에서 벗어나면 타인에 대해서도 너그러워진다. 다른 사람 때문에 화가 난다는 건, 타인의 말에 일희일비, 좌지우지된다는 것과 일맥상통하기 때문이다.

적당한 공격성의
미학

부당한 상황 앞에서도 예민하게 반응하지 않을 수 있는 특효약이 있다. 바로 적당한 공격성을 가지는 것이다. 누가 나를 무시하거나 싫어할 수 있다는 것을 받아들이라는 말이, 부당한 대우를 받고도 가만히 있으라는 말은 아니다. 상대가 나를 공격하면 나도 상대를 공격할 줄 알아야 한다.

"사랑하는 사람들이 자신을 함부로 대하는데도 가만히 있는다면, 당신은 결국 그것 때문에 그들을 미워하게 될 것이다."

작가 앤드류 매튜스가 한 말이다. 부당한 상황에서 기분 나쁘다는 것을 적정한 수준에서 드러낼 줄 알아야 상대방도 자신의 언행을 돌아보고 멈춘다. 모든 인간관계에서 마찬가지다. 상대가 하는 말에 지나치게 위축되거나 반대로 너무 공격적으로 반응하는 것은 '적당한 공격성'이 발달하지 못해서다. 강압적인 집안 분위기에서 성장했거나, 항상 착하게 살아야 한다고만 배웠지 자기를 지키는 법을 배우지 못한 사람은 공격을 받고도 방어하지 못한다.

다른 엄마들은 재우 엄마가 아이들에 대해 불편한 말을 하면 무시하거나 정색하면서 불편함에 대한 감정을 표현했고, 상황에 맞게 받아치고 넘어갔기에 부정적인 감정이 쌓이지 않고 해소되었다. 하지만 수애 엄마는 부당하다고 느끼는 상황 앞에서 자신을 적절히 방어하지 못했기에 무력감과 좌절감을 느꼈다.

사실 상대가 무례해서 고통스러운 게 아니라, 그 상황에서 아무 말 못 하는 자기 자신 때문에 고통스러운 것이다. 내가 정말 만만한 사람일까 봐 두려운 것이다. 불편한 말을 듣고도 아무 말 못 하거나, 무리한 부탁을 받고도 거절하지 못하고 자기 소중한 시간을 희생하는 사람이라면 반드시 적당한 공격성을 훈련해야 한다.

여기서 포인트는 '적당한'에 있다. 가끔 보면 공격성이 과한 사람이 있다. 전혀 기분 나쁠 상황이 아닌데도 날카롭게 반응하며 싸움 모드를 켜는 사람. 그는 세상 모든 사람을 자신을 공격하는 대상으로 본다. 그러나 적당한 공격성이란 부족하지도 넘치지도 않게, 즉 '상황에 맞게' 되받아칠 수 있는 정도를 가리킨다. 그런 면에서 유머는 가장 우아한 방식으로 나를 방어해주는 무기다.

영국 수상 윈스턴 처칠에 관한 일화가 있다. 그가 한 의회에서 어느 여성 의원과 심한 논쟁을 벌였다. 흥분한 여성 의원이 차를 마시고 있는 처칠에게 이렇게 말했다.

"당신이 내 남편이었다면 틀림없이 그 찻잔에 독약을 넣었을 것입니다."

이에 처칠은 웃으면서 되받아쳤다.

"당신이 만약 내 아내였다면, 나는 주저 없이 그 차를 마셨을 것이오."

적당한 공격성은 바로 이런 것이다. 유머와 여유. 신뢰하기 때문에 그 독이 든 차를 마시겠다고 한 것일까, 아님 당신 같은 여자와 살 바에 독이 든 차를 마시는 게 낫다는 의미일까? 본인만 알 것이다. 표면적으로는 상대 의원의 살벌한 공격에도 신뢰와 화합을 뜻하는 답을 한 것이지만, 막상 그 말을 들은 상대 의원은 보좌관을 붙잡고 "아까 처칠이 한 말 무슨 뜻 같아? 나 조롱한 거지? 맞지? 으아아아악" 하며 분개했을지도 모른다고 상상하니 웃음이 나온다. 확실한 것은 상대는 아마 두 번 다시 처칠 수상에게 함부로 막말을 던지지 못했을 거란 점이다.

발타자르 그라시안은 "새들도 허수아비가 움직이지 못한다는 사실을 알고 나면 그를 조롱하고 곡식을 쪼아 먹는다. 인간관계에서도 마찬가지다. 지혜로운 사람은 모든 관계에서 쓴맛과 단맛을 잘 배합한다. 단맛만 있으면 어린아이나 어리석은 사람들의 군것질감밖에 되지 않는다"라며 부당한 상황에서도 자신을 지키지 못하는 것은 선함이 아니라 무능함임을 강조했다.

"저는 죽어도 맞받아치는 건 못 하겠어요. 차라리 가만있는 게 나아요."

평소에 받아치는 연습이 안 된 사람은 차라리 참고 마는 게 낫지 되받아치는 상상만 해도 마음이 불편할 수 있다. 하지만 잠시 불편하더라도 시도해보자. 그런 과정을 통해 당하고만 있다는 무력감에서 벗어날 수 있고, '나의 불편한 감정이 옳다'라는 확신으로 이어질 수 있다. 가만있으면 가마니로 안다는 우스갯소리처럼 피하기만 하면 더 만만한 사람이 될 테고, 더 움츠러들게 된다. 자꾸 맞서라. 그러다 보면 사람에게 느끼는 두려움도 옅어지고, 자기 신뢰감도 생긴다. 당신이 원하는 삶을 위해 용기를 내자.

여기 내가 주로 사용하는 되받아치기 템플릿을 소개한다. 상황에 따라 단맛과 쓴맛을 잘 배합하여 완곡하게 자기 의견을 표현해 보길!

"남편 연봉은 어느 정도 돼요?"

(살짝 까칠하게 답하기) "왜요?"

(시니컬한 표정으로 되묻기) "왜요? 그쪽 남편 연봉은 얼만데요?"

(상큼하게 웃으며 유머로 받아치기) "연봉이 적으면 저한테 밥 사주시게요?"

"혹시 집은 전세예요, 자가예요?"

(살짝 까칠하게 답하기) "왜요?"

(시니컬한 표정으로 되묻기) "댁은 뭔데요?"

(상큼하게 웃으며 유머로 받아치기) "전세면 집 사주시게요? 자가면 세금 내주시게요?"

철없는 호기심에서 나온 질문이라 해도, 선을 넘는 질문이라면 끊어줘야 한다. 그걸 왜 묻느냐는 듯이 살짝 까칠하게 "왜요?"라고 물어보면 상대도 마땅한 대답을 찾지 못해 우물쭈물할 것이다. 민망해하며 "아니, 그냥 궁금해서요"라고 대답할 가능성이 크다.

연봉과 부동산 등 세속적인 질문은 상대의 재력을 평가하겠다는 의도가 다분하다. 그런 질문을 한 사람에겐 미안해하지 말고 '민망함은 네 몫이다'라는 배짱으로 좀 세게 나가도 된다. 그게 아니라면 유머로 받아치는 것도 방법이다. 최대한 상큼한 목소리 톤으로 "……면 ……해주려고?" 화법으로 되받아치면 대화 종료다.

착한 사람 되려고 가만히 있으면 우스운 사람 된다. 대답할 가치도 없는 질문에 "연봉은 얼마고, 집은 전세입니다"라고 성실하게 답해주면 우스운 사람 되는 거다. 그렇다고 기분 나빠하거나 감정적으로 대응할 필요도 없다. "네?"라고 못 알아들은 척 되묻는 것도 좋은 방법이지만, "아, 그러니까 제 말은 현재 계신 집이 자기 소유이냐는 의미랍니다"라며 눈치 없이 더 디테일한 진상끼를 드러내는 사람이 있다는 것은 알아두자.

최악의 대처는 당황해서 웃어버리는 것이다. 당신의 웃음에 용기를 얻어 더 곤란한 질문을 해올 수 있다. 만약 웃어주면 두고두고 이불 킥을 하게 될 것이다. 상상만 해도 받아치는 것이 힘들다면, 아무 말 없이 10초간 무표정으로 상대방을 바라보자. 침묵이 가장 확실한 공격이 될 수도 있다.

피해의식을 버리면
행복해진다

인간은 사회적 동물이기에 다른 사람과 어울려 살 수밖에 없다. 그러니 인간관계에서 받는 스트레스에 대처하고 견디는 힘이 꼭 있어야 한다. 그 힘을 기르려면 먼저 피해의식부터 내려놓아야 한다. 자신은 예의 바르고 배려심 있는데 주변 사람들은 그렇지 않아 늘 피해를 본다고 생각하는 사람도 있다. 이게 바로 피해의식이다.

피해의식을 내려놓으려면 우선 자신도 타인에게 무례한 사람일 수 있다는 것을 받아들여야 한다. 사람들은 자신이 겪은 무례한 일을 말해보라 하면 망설이지 않고 술술 말하는데, 자신이 타인에게 무례하게 한 경험을 말해보라고 하면 기억이 잘 안 난다고 한다. 혹은 자신은 남한테 피해 안 끼치고 산다고 단언하기도 한다.

왜 그럴까? 자기 자신을 모르기 때문이다. 자신에게 적용하는 무례함의 잣대는 관대하고 타인에게 적용하는 무례함의 잣대는 엄격하기에 쉽게 불행해진다. 이들은 자신의 불행을 남 탓으로 돌린다. 그런 사람이 흔히 쓰는 방어기제가 '도덕적 우월감'이다. 도덕적인 잣대를 들이밀고 상대방을 나쁜 사람으로 만들면, 자신의 불행을 스스로 책임지지 않아도 되기 때문이다.

예를 들어보자. 나는 지수 엄마와 함께 은아 엄마 집에 방문했다. 은아 엄마가 외출 준비를 하는 동안 나와 지수 엄마는 소파에

앉아 기다리기로 했다. 은아 엄마는 잠시 기다리라고 하고 옷을 갈아입기 위해 안방으로 들어가 방문을 닫았다. 그러자 지수 엄마가 정색하며 내게 이렇게 말했다.

"헉! 은아 엄마 너무하지 않아요? 사람 앞에 두고 왜 문을 닫아요? 아 황당해."

지수 엄마의 얼굴에는 불쾌함이 가득했다.

"아⋯⋯, 옷 갈아입으려고 닫은 것 같은데요."

은아 엄마 대신 상황을 설명한 나도 지수 엄마가 황당하긴 마찬가지였다.

"그래도 이건 좀 아니죠. 사람 초대해놓고 너무 무례하네요."

어떤 부분이 무례하다는 것일까? 방문을 쾅 닫은 것도 아니고, 소파에서 최소 4미터는 떨어진 자기 집 방문을, 그것도 옷을 갈아입기 위해서 닫았을 뿐인데. 문을 활짝 열어젖히고 옷 갈아입는 모습이 보고 싶었던 것일까? 아님 자기 집 방문은 열어둔 채 욕실 같은 곳에 숨어서 옷을 갈아입어야 했던 것일까? 어떻게 해야 했을지 여전히 알 수 없지만, 지수 엄마 입장에서는 방문을 닫은 것이 꽤 무례하게 느껴졌나 보다. 그날 지수 엄마는 은아 엄마에게 시종일관 쌀쌀맞게 대했다.

무례한 사람은 은아 엄마가 아니라 지수 엄마다. 혹시 어디서 문전박대를 당한 아픈 경험이 있나 추리해봐도 여전히 이해하기는 어렵다. 그녀는 상대의 중립적인 행동을 개인적인 경험에서 비롯된 감정으로 재해석하여 그를 무례한 사람으로 만들어버렸다. 그리고 자신의 감정을 제어하지 못하고 쌀쌀맞게 대함으로써 상대에게 책임을 전가했다. 만약 과거의 경험으로 인해 누군가의 말과 행동이 불편하다면 스스로 인식해야 한다.

'이건 상대가 무례하거나, 날 공격하려는 의도가 있어서가 아니라 내 마음에 문제가 있어서 그런 거야.'

그러기 위해선 인간의 말과 행동을 상황에 맞게 보편적으로 해석할 줄 알아야 한다. 그렇지 않으면 지수 엄마처럼 무례하지 않은 상황조차 자신에 대한 공격으로 받아들여 왜곡된 눈으로 세상을 바라보게 된다.

지수 엄마는 매사에 상식 이상으로 예민하고 타인을 판단하는 잣대도 엄격했다. 그녀의 말을 들으면 그녀 주변에는 온통 무례하고 나쁜 사람들뿐이다. 메시지에 답장을 조금 늦게 해도 무례한 사람, 자기가 준 선물을 받고 며칠 안에 보답하지 않아도 무례한 사람이다. 결혼 10년 만에 내 집 마련에 성공한 친구도 '집 자랑하는 무례한 사람', 재테크를 잘하는 옆집 엄마는 '투기꾼', 공부를 잘하는 아이를 둔 앞집 엄마는 '아이 자랑하는 엄마'라는 부정적인 꼬리표를 붙여 끊임없이 비난했다. 본인은 착하고 남들은 다 나쁜 사람이었다.

그녀의 사례에서 보듯 낮은 자존감과 열등감은 예민함을 더욱 부추긴다. 자기 열등감을 은폐하기 위해 타인을 평가하며, 자신은 그들을 심판하는 선량한 피해자, 다른 사람은 모두 부도덕한 가해자라는 이분법적인 사고방식으로 세상을 본다. 엄격한 잣대로 타인을 평가하고, 그 평가를 바탕으로 험담하고 다니는 사람을 누가 감당하랴. 결국 사람들은 그를 떠나게 된다. 소크라테스가 말했지 않은가. '너 자신을 알라'고. 자신과 타인에 대한 이해가 부족한 사람은 결국 모두를 병들게 한다.

그녀는 늘 타인 때문에 자신이 불행하다고 했다. 그녀가 행복해지려면 주변 사람이 바뀌어야 했을까? 아니다. 환경이 바뀐다 해도 그녀는 거기서도 불행했을 것이다. 누구나 진정으로 행복해지려면, 자기 자신부터 바꾸어야 한다.

어른이라 해서 언제나 상식을 갖추고 예의를 지킬 수 있는 것은 아니다. 상황에 따라 누구든 무례를 범할 수 있다. 인생이란 어쩌면 상처를 주고받고, 그 상처를 치유해가는 여정이 아닐까. 아무에게도 상처받지 않고, 누구에게도 상처 주지 않는 삶은 불가능하다. 그러니 나만 피해자라는 생각에서 벗어나야 불행에서 벗어날 수 있다.

나와 다른 사람과 덜 모나게 사는 법

인간은 저마다의 안경을 쓰고 세상을 바라본다. 까만 안경을 쓴 사람에게는 세상이 까맣게 보이고, 밝은 안경을 쓴 사람에게는 세상이 밝게 보인다. 여기서 안경은 개개인의 신념이다. 저마다 다른 기질을 타고난 개개인이 각자 다른 환경을 경험하며 성장했으니, 신념과 세계관이 다를 수밖에 없다. 세상을 있는 그대로 보는 투명한 안경을 쓴 사람은 아무도 없다. 우리 모두는 자기가 쓴 안경을 통해, 즉 편견 어린 시선으로 세상을 바라보고 해석하며, 그 세상이 진실이라고 착각하고 산다. 자신의 입장에서만 생각하면 갈등해결은 더더욱 어려운 법이다.

미국의 심리학자 A. 엘리스는 인간은 객관적인 사실 때문에 혼란스러워하는 것이 아니라 그 사실에 대한 관점 때문에 혼란스러워한다고 했다. 비합리적이고 왜곡된 신념으로 세상을 삐뚤어지게 바라보니 삶이 힘들다는 것이다.

이러한 한계를 딛고 우리가 다른 사람과 더불어 덜 모나게, 더 행복하게 지내려면 어떻게 해야 할까?

1. 내 생각이 틀릴 수 있음을 받아들이기

한발 물러서서 관찰자의 입장으로 자기 시선을 되돌아보자. 누군가가 미워지거나 세상이 부정적으로 보일 때, 그 원인이 외부 말고 나의 내면에 있을 수 있단 걸 받아들이자는 것이다. 내가 바라보는 세상만이 진실이 아니라는 것을 인정하는 것이 괴로운 감정에서 벗어날 수 있는 첫 단추다.

자신은 어딜 가나 환영받지 못하며 웃음거리기 된다고 느끼는 사람이 있다. 벤치에 앉아 담소를 나누며 웃고 있는 사람들을 보며 '저 사람들이 나를 비웃고 있는 건 아닐까' 생각하고, 누군가 사정이 있어서 약속을 취소하면 '나를 싫어해서 만나려 하지 않는 거다'라고 느낀다. 이렇게 대인관계에서 상대방의 의도를 왜곡하여 자의적으로 해석하는 것을 인지왜곡이라 한다. 이것은 객관적인 현실 세계가 아닌 이 사람의 심리 세계에서 일어나는 일이다. 하지만 본인은 자신의 주관적인 느낌을 객관적인 사실이라고 믿기에 사람 만나는 것을 두려워하고 늘 혼자 지낸다. 문제는 외부 세계가 아닌 그 사람의 내면에 존재하는 것이다.

2. 부정적 생각의 근원 들여다보기

위의 예시와 연결해서 생각해보자. 누군가가 약속을 취소했을 때 '나와의 약속을 우습게 여기네'라고 하기 전에 '나는 왜 거부당했다는 느낌이 들까'를 생각해보는 것이다. 그 저변에는 여러 이유가 있지만, 일반적으로는 거절에 대한 두려움이 너무 큰 것이 원인이다. 누구에게나 거절에 대한 두려움이 어느 정도 있다. 나도 마찬가지다. 하지만 정도가 지나치면 곤란하다. 약속이 취소되면 속으로는 '아싸, 신난다. 혼자 영화나 봐야지'를 외치고 상대에게는 "정말 아쉽다. 다음에 꼭 보자" 하고 정중하고 세련되게 다음을 기약하면 된다.

부정적인 생각이 떠오를 땐, 독심술사처럼 지레짐작하여 상대의 의도를 결론짓지 않도록 주의하자. 잠깐 멈춰서 '내가 이렇게 생각하는 것이 합리적인가?', '왜곡된 기준으로 상황을 해석하는 것은 아닌가?' 하고 자문해보자. 상대방에 대한 오해도 줄일 수 있고 나 자신도 부정적인 감정에서 헤어 나올 수 있다. 상대방은 내게 특별한 감정이 없을 경우가 대부분이며, 있다 하더라도 어떤가. 어차피 모두에게 사랑받을 수 없는데 말이다.

3. '나는 나, 너는 너'라는 사실 인정하기

아까 말했듯 저마다 자기만의 안경으로 세상을 바라본다. 나처럼 상대방도 자신이 옳다고 생각하는 가치관 아래 산다. 내 기준에서는 말이 안 되는 일도 상대방 기준에서는 말이 될 수 있다는 것이다. 그것을 반박하며 자기 기준을 들이미는 순간 관계에 금이 간다. 그렇다고 무작정 상대의 말에 동조하라거나 무례를 범해도 무조건 이해하라는 의미는 아니다. 상대와 내가 다른 시선으로 세상을 바라본다는 것을 인정하고, '그럴 수도 있겠다' 하고 상대를 좀더 너그럽고 편하게 받아들이는 것이 자신에게도 좋다는 얘기다.

악의를 갖고 상처를 주는 사람은 드물다. 각자 자기 입장에서만 생각해서 본의 아니게 상처받는 사람이 생기는 것일 뿐이다. 안경이 깨끗한 날도 있고 얼룩진 날도 있듯, 자기 기분에 따라 외부의 자극을 다르게 해석해서 갈등이 빚어지는 경우가 많다. 내가 정서적으로 안정된 상황에서는 누가 욕을 해도 한 귀로 흘려버리고, 심지어 긍정적으로 해석하기도 한다. 반대로 내가 불안할 때는 별말 아닌데도 뼈를 맞은 듯 아프다. 그러니 상대방이 한 말에 일희일비하며 의미를 부여하는 것이야말로 의미 없는 일일지 모른다. 누가 무슨 말을 했는지보다 내가 어떻게 받아들이는지가 더 중요하다.

심리적 거리와 의도를 확인하라

상대가 무례한 건지 아닌지 헷갈릴 때가 있다. 묘하게 기분은 나쁜데 한마디 하자니 애매한 상황일 때가 그렇다. 아무 말 못 하고 집에 와서 후회한들 이미 늦었다. 무례한 것이 무엇인지 판단할 수 있어야 그 자리에서 상대에게 한마디라도 던질 수 있지 않겠는가. 무례함과 무해함을 나누는 상식적인 기준을 알아두면 내가 조심할 수 있어서 좋고, 상대에게 당하고만 있지 않을 수 있어서 좋다.

다음 말은 무례할까?

"이 씨X 새X야, 잘 지냈냐?"

"그래 이 새X야! 니도 잘 지냈냐?"

어릴 때부터 친한 남자들끼리는 이렇게 욕설로 인사를 주고받기도 한다. 재밌는 사실은 말 자체만 보면 무례하기 짝이 없는데 당사자들은 기분 좋게 웃으며 이 말을 주고받는다는 것이다. 하지만 이 말을 별로 친하지 않은 친구에게 한다면 어떨까? 아주 무례한 말이 된다.

이처럼 무례하다는 것은 상대방과 나 사이의 심리적 거리가 중요한 부분일 수 있다. 물론 받아들일 수 있는 건 사람마다 다르다. 나는 아무리 친한 사이라도 욕설이나 비속어를 사용하는 것을 좋아하지 않지만, 친한 친구끼리 '이년 저년' 부르는 것이 친밀감의 표현인 사람도 있다. 즉, 관계의 거리마다, 관계에서 허용할 수 있는 부분에 따라 무례함의 의미는 달라진다.

무례함을 결정짓는 또 다른 요소는 말에 내포된 의도다. 의도가 나쁘면 무례한 것이다.

하루는 아이와 함께 마트 계산대에 줄을 서 있었다. 우리 앞에는 머리가 유난히 빛나는 아저씨 한 분이 서 계셨다. 그런데 기저귀도 안 뗀 아이가 또박또박 큰 소리로 외쳤다.

"엄마, 여기 대머리 아저씨. 대머리 공룡이다!"

그 당시 아이는 대머리 공룡 파키케팔로사우루스에 환장하던 시절이었고, 대머리의 뜻을 정확하게 알고 있었다. 주변 사람들 눈길이 아저씨와 내 아이에게 쏠렸고, 나는 쥐구멍에라도 들어가고 싶을 정도로 당황했다. 너무 죄송해서 어쩔 줄 모르고 있는데 아저씨께서 자상하게 웃으며 말씀하셨다.

"아저씨 머리 멋지지? 자, 한번 만져 봐."

그분은 머리를 내어주시며 한마디 덧붙이셨다.

"아이가 아주 똘똘해 보여요."

이 모습을 지켜보던 주변 사람들도 긴장이 풀렸는지 우리에게 훈훈한 미소를 보냈다. 어린아이는 종종 예측 불가한 말로 어른을 놀라게 한다. 하지만 어린아이가 하는 말로 불쾌해하는 어른은 거의 없다. 아이들의 말은 나쁜 의도가 없는, 무해한 말이기 때문이다. 하지만 같은 말을 어른이 한다면? 상황은 완전히 달라진다.

"그럴 의도가 아니었어."

"나도 모르고 한 말이야."

가끔 경악스러운 말을 내뱉고도 나쁜 의도가 없었으니 이해하라고 하는 사람이 있다. 다 큰 어른이 누군가에게 "대머리"라고 부르고 나서 나쁜 뜻은 아니었다고 하면 괜찮을까? 아니다. 어른의 경우는 설령 악의가 없었대도, 별 생각 없이 한 말이라 해도 무해하지 않다. 해야 할 말과 하지 말아야 할 말을 잘 구분하지 못한 것부터가 무례이기 때문이다.

누가 그랬다. 무지한 것은 지식이 없는 것이지만 무식한 것은 상식이 없는 것이라고. 선을 넘는 언행은 무례함과 무식함 그 어디쯤에 있다. 서로 다른 인간이 갈등을 최소화하며 살기 위해 필요한 것이 바로 예다. 상대를 기쁘게 하는 섬세한 배려까진 아니라도, 최소한 상처는 주지 않을 만큼의 예의는 탑재해야 한다.

엄마에게도
따뜻한 부모가 필요하다

인생은 실수의 연속이다. 그래서 나 자신에게 실망하고 자책할 때도 많고, 남들이 내게 실망하고 비난을 던지는 때도 있다.

나는 이럴 때 자기 연민을 발휘해보길 권하고 싶다. 아이가 실수하고 속상해하면 부모의 마음은 안타깝다. 이럴 때 부모는 연민을 갖고 아이의 마음을 보살펴주며 공감해주고 위로를 건넨다. 아이에게 그랬듯 여전히 실수투성이인 나에게도 그렇게 해주자. 옳고 그름을 따지는 엄격한 부모 말고, 따뜻한 인품을 가진 부모로서 속이 상한 나에게 위로를 건네어주는 거다.

-속상하겠다. 엄마도 그런 실수한 적 있어 그 마음 잘 알아.

-괜찮아. 누구나 실수할 수 있어.

-실수 좀 하면 어때? 우린 신이 아니라 인간이잖아.

-실수는 배울 수 있는 절호의 기회야. 실수를 통해 성장하는 거야.

내가 아이에게 자주 하는 말이기도 하다.

어른도 아직 부족한 게 많고 배울 것도 많다. 죽는 날까지 그럴 것이다. 아는가? 남들은 나의 실수를 별로 신경 쓰지 않는다. 하긴, 남이 신경 쓴다 해도 어쩔 것인가. 나의 실수에 가장 관대하지 못한 사람은 나 자신일 때가 더 많다.

나의 실수, 고난, 역경, 지나간 후회, 잘못을 자책하거나 회피하지 않고, 자신에게 온정 어린 위로를 할 줄 아는 사람은 언제든 다시 일어설 수 있다. 건강한 자존감은 자신의 좋은 점과 부족한 면을 있는 그대로 수용하고, 긍정적인 방향으로 발전해가려는 태도에서 생긴다. 자신의 좋은 면과 안 좋은 면을 모두 아우를 필요가 있는 것이다.

미국 최초로 불교 호스피스를 창립한 선사 프랭크 오스타세스키는 "우리는 자기비판의 습관이 어떻게 생명력을 약화시키고 평온함을 앗아가며 영혼을 짓밟는지 알아야 한다"라고 했다. 자기비판적인 사람들은 지속적으로 자기 검열을 하고 자기 행동에 대해 부정적인 평가를 한다. 좋은 결과에도 만족하지 못하고 타인의 시선과 기대에 대해 과한 걱정을 한다. 잘못된 결과가 자기 능력과 자질, 인성의 부족과 문제 때문이라고 생각한다. 이런 과도한 자기비판은 자기혐오와도 연결된다.

안타깝게도 성장 과정에서 지속적으로 질책과 비난, 지적에 노출된 사람은 성인이 되었을 때 사소한 실수에도 '난 왜 이 모양일까?', '내가 대체 왜 그랬을까?' 하며 자기비판을 하기 쉽다. 부모의 목소리가 내면의 비판자가 되어 끊임없이 자기 자신을 괴롭히는 것이다. 이런 사람일수록 스스로를 위로할 수 있어야 한다. 자기에게 자비를 베푸는 것이다.

미국의 심리학자 크리스틴 네프에 의하면 자기비판은 당신이 좋은 사람인지 따지는 반면, 자기 자비는 무엇이 당신에게 좋은지를 따진다. 좋은 사람이 되려는 마음이 나 자신에게 해를 끼친다면, 내게는 좋은 것이 아니다. 좋은 사람이 되기 위한 마음에 지나치게 몰입한 나머지 끊임없이 자기검열을 하고 비판하는 사람은 자기 자신에게도, 타인에게도 너그럽지 못하게 된다. 인간은 자신을 사랑하고 이해하는 만큼만 타인을 사랑하고 이해할 수 있기 때문이다.

내면의 비판자는 실재하는 것이 아니다. 실재하는 존재는 지금 여기에 있는 나 자신이다. 내면의 비판자가 또다시 나를 비난하기 시작하면 '넌 가짜야! 그러니 네 말은 중요하지 않아'라 말하며 몰아내라. 누군가가 나를 비난할 때도, 너무 의기소침하지 말고 자연스레 받아들이자. 누가 비난 좀 한다고 해서 내 인생이 망가지는 것도 아니다.

이 세상 모두가 그렇지 않아도 나만은 나를 위로할 수 있어야 한다. 힘든 일이 있을 때나, 부족한 면이 있을 때 나를 진심으로 사랑하는 따뜻한 부모의 마음으로 내 마음을 토닥여주자. 그 위로를 자양분 삼아 마음 어린 어른이 성숙한 어른으로 성장할 것이다.

5장

인간관계에도
미니멀리즘이
필요하다

내 에너지를
의미 있는 데 쓰자

짧은 인생 살면서 자신과 맞지 않고 불편한 사람과 잘 지내려 애쓸 필요는 없다.

어떤 관계가 불편하다는 데는 이유가 있다. 이유가 어찌 되었든 간에 불편한 관계에는 감정이 소모되고, 고로 피곤하다. 이럴 때 해결책은 그와 나 사이에 약간의 거리를 두는 것이다. 누가 나를 소외시킨다, 싫어하는 것 같다? "그래. 싫어할 수도 있지" 하고 받아들이면 마음에 석가모니급 평화가 찾아온다. "내가 뭘 잘못했길래 싫어하지?"라며 답답해해도 답이 없다. 나도 이유 없이 누군가가 싫을 때가 있듯이 다른 사람도 그럴 수 있다. 그 사실을 인정해야 피곤함이 줄어들고 행복에 집중할 수 있다. 인간관계의 불행은 모두에게 사랑받으려는 마음에서 비롯된다.

내가 누군가가 마음에 들지 않을 때도 마찬가지다.

'저 사람 저런 점이 마음에 안 들어.'

'아니, 도대체 왜 저러는 거야?'

나와 맞지 않는 타인을 비난하는 데 감정과 시간을 쏟는 것 역시 스스로를 소중하게 대하지 않는 것이다. 자신을 사랑하는 사람은 자신에게 의미 있는 것에 에너지를 쓴다. 한정된 시간 속에서 내게 의미 있는 것, 나에게 소중한 이들에게 에너지를 쏟자. 그러기 위해 해야 할 일은 딱 하나, 인간관계의 미니멀리즘 실천이다.

나와 가치관이 다른 사람에게 "너는 틀렸어"라고 말하는 것은 관계에 아무런 도움이 되지 않는다. 그렇다고 '가까이하기 너무 먼 당신'처럼 도저히 관계를 좁힐 수 없는 사람과는 어떻게 지내야 할까? 다름은 인정하되, 멀어질 권리는 있다. 내가 상대의 어떤 점을 좋아하지 않으면 상대방도 나를 좋아하지 않을 가능성이 크다. 인간의 마음은 무의식중에 서로에게 투사되기 때문이다. 그래서 서로 맞지 않아 스트레스를 유발하는 관계라면 만남을 피하는 것이 상대와 나의 관계를 위한 지혜다.

풀 수 없는 인간관계가 있는가? 어떨 때는 '도망'이 최선이다. 교통신호를 위반하고 차선을 넘나드는 이들로 인해 교통사고가 나고 무고한 사람이 다치는 일이 다반사다. 그런데 도로 위의 무법자

못지않은 관계의 무법자도 있다. 이들은 하지 말아야 할 말을 쏟아내며, 넘지 말아야 할 선을 넘는다. 교통사고만큼이나 무서운 '두통 사고'와 '고통 사고'를 당하고 싶지 않다면 이들과 최대한 안전거리를 유지하자.

인간 소화제는 없다

사상체질에 의하면 타고난 체질에 따라 유독 소화가 잘되는 음식이 있고 잘 안 되는 음식이 있다. 그래서 본인 체질에 맞는 음식을 알고 먹는 게 건강에 좋다. 나는 치킨을 몇 조각 먹고 나면 어김없이 체기가 올라오는데, 한번 체하면 치킨 덩어리가 위와 장 어딘가에 걸린 채 며칠 동안 소화되지 않고 속을 불편하게 한다. 다른 닭 음식을 먹어도 나의 위장은 비슷한 반응을 한다.

열이 많은 체질에는 따뜻한 성질을 지닌 닭 같은 음식은 상극이니 피하는 게 좋고, 차가운 성질을 지닌 음식을 먹어 몸의 균형을 맞춰야 한단다. 따뜻한 음식이 사람 몸에 좋다는 일반적인 인식과는 달라 조금 의아해도, 내 몸이 실제로 닭을 잘 소화하지 못하는 건 사실이니 조심하고 있다.

체질에 따른 음식 궁합을 몰랐을 때는 닭이 내 체질에 안 맞아 날 아프게 하는 음식이라는 것은 알지 못했다. 그래서 번번이 체하면서도 또 먹었다. 체질을 알고 나서도 육퇴 후 즐기는 치맥이 너무나 매력적이어서, 고소한 프라이드치킨 냄새를 맡으면 나의 뇌는 이성보다 본능에 충실하게 반응하곤 했다. "에라이 모르겠다. 딱 세 조각만 먹지 뭐. 체하면 소화제 먹으면 되겠지!" 그 후엔? 쾌락은 잠시, 고통은 길었다.

인간관계도 마찬가지다. 나와 잘 맞지 않는 사람을 계속 만나면 병이 생길 수 있다. 닭이 안 맞는 음식인 걸 알면서도 쉬이 끊지 못하듯, 내게 해가 되는 사람인 걸 알면서도 만남을 지속하는 경우가 있다. 이들의 첫인상은 유쾌하고 유머 감각 넘치며 배려심마저 있어 보인다. 본색을 보일 때조차 첫인상에 압도된 나머지 저게 무례한 말인지 유머인지, 날 걱정해서 해주는 말인지 헷갈리기 때문에, 즉각적인 거리 두기가 말처럼 쉽지 않다.

문제는 음식에 체하면 소화제라도 먹을 수 있지만, 인간관계에서 오는 스트레스를 해결해줄 '인간 소화제'는 없다는 것이다. 그래서 처음부터 자신이 소화할 수 있는 사람과 없는 사람을 잘 구분해서 만나야 한다.

사람 간에도 궁합이 중요하다. 남들이 좋은 사람이라 해도 나와는 안 맞을 수도 있고, 남들이 수군거리며 피하는 사람이 내게는 좋은 사람일 수도 있다. 자신만의 관계 지도를 그려보면 명확히 알수 있다. 아래 질문을 스스로에게 던져보자.

-나는 어떤 사람과 함께 있을 때 가장 나답고 건강한가?

-나는 어떤 사람에게 상처를 잘 받는가? 어떤 사람 앞에서 약해지는가?

무엇보다 내가 나에 대해 잘 알아야 한다. 길을 잘 알면 헤매지 않고 목적지에 무사히 도착할 수 있듯, 나를 잘 알면 헤매지 않고 내가 원하는 관계를 맺을 수 있다. 또한 내가 나를 잘 알아야 나의 어떤 면이 상대를 불편하게 하는지 돌아볼 수 있다.

감정 쓰레기통과
에너지 뱀파이어의 궁합

누군가가 힘든 점을 이야기하면 처음에는 이야기에 동조하며 함께 마음 아파하고 힘내라고 등도 토닥여준다. 얼마나 힘들까 싶어서 밥도 사고 커피도 사주며 위로해준다. 말하기 힘든 이야기일 텐데 나를 믿고 들려줘서 고마운 마음도 든다. 그런데 아이와 함께 있는 시간에도 힘들다며 전화가 오고, 한번 받아주니 반복적으로 전화가 오기 시작한다. 내 아이와 함께하는 귀한 시간을 포기하고 그가 쏟아내는 부정적인 이야기를 들어주고 있다 보면 어느 날 갑자기 현타가 온다.

'내가 그동안 감정 쓰레기통을 자처했구나.'

타인을 자기감정을 배설하기 위한 도구로 쓰는 사람이 있다. 감정이란 것은 분출하면 어느 정도 해소되기 때문이다. 문제는 본인은 해소되어 일시적으로나마 편안해지지만, 어쩌다 한 번이 아니라 '매번' 그 감정을 받아줘야 하는 사람은 어느새 그 부정적인 감정에 전염되어버린단 점이다.

친한 사람끼리 힘든 일이 있을 때 서로 하소연도 하고 공감해주는 건 지극히 정상이다. 하지만 대화의 90퍼센트 이상이 부정적이고, 내가 이야기를 시작하면 "아, 그렇구나. 그런데 나는 말이지" 하며 다시 대화의 주도권을 그쪽이 가져간다면? 나는 그의 감정 쓰레기통일 가능성이 크다. 문제는 이 사람이 처음부터 날 감정 쓰레기통으로 여기고 찾은 것은 아니라는 점이다.

상대의 잘못도 있지만 내가 여지를 준 것도 크다. 상대가 나를 감정 쓰레기통으로 여겨도 되도록 둔 것이다. '나는 따뜻한 사람이야. 당신의 이야기를 듣고 공감할 수 있는 사람이니, 언제든 내게 말해'라는 잘못된 메시지를 그에게 보낸 것이다. 상대의 긍정 기운을 빨아들이는 '에너지 뱀파이어'는 이런 메시지에 민감하게 반응해 더욱 서슴없이 자신의 이야기를 쏟아낸다.

상대 엄마의 속상한 이야기를 들어주느라 시간이 낭비되고, 기분까지 우울해진다면 위험 신호다. 들어줄 수 있는 만큼만 들어주고 그 이상은 정중하게 거절해야 한다.

누군가의 이야기를 들어주고 그 아픔에 공감해주는 건 의미가 있다. 서로의 슬픔과 아픔을 나누며 더 깊이 있는 관계로 나아가기도 한다. 하지만 시도 때도 없이 부정적인 이야기를 하는 사람에게만 자신의 귀한 마음과 시간을 쓴다면, 그것은 상대만 존중하고 나 자신은 존중하지 않는 것이다. 끝없는 하소연을 들어주다 보면 인간인지라 언젠가 그 사람을 미워하게 되고, 관계는 나빠질 확률이 높다. 관계를 지키기 위해서라도 그 사람이 미워지기 전에 거리를 두자.

"지금은 일이 좀 있어서 시간이 안 될 것 같아. 다음에 이야기하자" 정도로 말하면 된다. 물론 아무리 정중하게 거절해도 이들에게 당신은 또 다른 가해자가 될지도 모른다. 상관없다. 영장 날아오는 일은 없으니, 과감하게 거리를 두라!

자주 만나는 상대와 닮아간다는 건 과학적으로 증명된 사실이다. 쉽게 화를 내는 사람과 있으면 자신도 덩달아 불쾌해진다. 반대로 기분이 우울하다가도 생글생글 웃고 있는 아기를 보면 나도 모르게 입가에 웃음꽃이 피어난다. 우리 뇌 속에는 거울 뉴런이 있어, 상대의 모습을 거울에 반사하듯 흉내를 낸다. 그래서 부정적인 말을 자주 하는 사람과 함께 있으면 똑같이 부정적인 사람이 될 수 있다. 특히 심신이 미약할 때는 상대의 부정적인 면이 더 빠르게 나의 내면에 흡수된다. 적극적인 거리 두기를 통해 스스로를 지켜야 하는 이유다.

뒷담화를 전달하는
사람이 더 나쁘다

"이런 말을 해도 될지 모르겠지만 그래도 네가 알아야 할 것 같아서 말하는데……."

"나는 그렇게 생각 안 하는데 다른 사람들은 너를 그런 식으로 생각하더라고."

이런 말로 뒷담화를 당사자에게 전달하는 사람과의 관계는 다시 한 번 고민해보길 바란다. 걱정하는 척하는 이면에는 다음 의도가 숨어 있을 확률이 크기 때문이다.

첫 번째 의도는 당신의 기분을 상하게 하려는 것이고, 두 번째 의도는 뒷담화한 사람과 당신의 사이를 이간질하려는 것이다. 세 번째 의도는 당신의 마음을 불안하게 해서 자기에게 의지하게 하려는 것이다. 의지하게 한다는 것은 관계의 주도권을 자신이 잡겠다는 의미이기도 하다.

"○○ 엄마는 또 늦네. 아유, 지각쟁이."

이 정도의 말은 누구나 할 수 있다. 그러나 뒷담화라고 보기 어려운 이런 일상적인 말도 전달자의 입을 거치면 와전이 된다. 가령 본인의 주관적인 해석을 넣어서 "다른 엄마들이 ○○ 엄마 늦어서 불만이 많더라고요. 다들 굉장히 언짢아했어요"라고 전달하면 화근이 된다.

대부분 안 들어도 되는 말이고, 듣게 되면 기분만 나빠지고 관계만 훼손되는 이야기다. 관계의 질이 낮은 모임에서는 뒷담화가 많이 오간다. 하지만 일반적인 경우, 정말 해서는 안 될 정도의 악한 뒷담화가 오가는 일은 드물다.

특히 아이 키우는 엄마들은 자녀에게 나쁜 영향이 갈까 봐 말 한마디도 조심해서 한다. 그러니 뒷담화했다는 말을 전해 듣더라도 크게 기분 나빠할 필요가 없다. 중간에 말이 와전되었을 가능성도 크다. 만일 악의적인 내용이라면 당사자에게 조심스레 사실 확인을 하면 되고, 혹 자기가 생각해도 명백한 잘못이 있다면 인정하고 고치면 된다.

"내가 그런 부분이 좀 있어요. 불편했죠? 그래도 직접 말해주면 좋았을 텐데 다른 사람한테 전달받으니 조금 서운하더라고요" 정도로 진심을 전달하는 것도 괜찮다.

특별히 나쁜 사람들로 구성된 모임이 아니라면 대부분 뒷담화한 사람보다 전달해준 사람에게 문제가 있다. 타인에 대한 말을 전혀 안 하고 살 순 없다. 누구도 자신의 뒷담화를 해서는 안 된다고 믿는 사람이 있다면, 아무도 없는 우주에 살아야 그 바람이 충족될 수 있다. 남의 말을 하고 다니는 게 옳다는 얘기가 아니라, 그게 현실이라는 거다. 오히려 누군가에 대해 마음에 안 드는 점을 일일이 상대방에게 직접 하면 세상은 싸움 잘 날 없는 혼란 그 자체가 될 것이다.

그러니 뒷담화를 전달받아도 일희일비하지 말고 상황에 따라 흘려들을 줄 알아야 한다. 그게 속 편하다. 누가 뒷담화를 전달해 주면 한번 물어봐라.

"그래? 그때 너는 뭐 하고 있었니? 듣고만 있었니?"

만약 직접 나서서 당신의 입장을 옹호해줬다면 그건 인정해줄 만하다. 하지만 보통은 동조했거나 침묵했을 것이다. 그러니 뒷담화를 전달해주는 사람에게 "그래도 나 걱정해줘서 얘기해주는구나. 믿을 건 너뿐이다" 하며 고마워한다면 당신은 휘말리고 있는 것이다.

당사자가 직접 표현하지 않은 나에 대한 부정적인 감정을 제삼자를 통해 듣는다는 것은 몹시 불쾌한 일이다. 설령 악의 없이 전달했다 하더라도 배려심 없는 행동이란 것은 확실하다. 본인들은 의리나 정의 실현 같은 도덕적 가치를 위해서 전달한다고 하는데 그건 자기 생각이다. 해도 될지 모르겠는 말은, 하지 않는 것이 정답이다.

단, 아주 드물게 뒷담화를 전달해줘야 하는 상황도 있다. 특정인에 대해 근거 없는 루머나 악의적인 소문을 퍼뜨릴 때는 당사자에게 알리는 게 더 현명한 선택일 수 있다.

거리 두기는
타이밍과 방법이 관건이다

상처받은 사람은 또 다른 사람에게 상처 주기가 쉽다. '마상끼리 마상 준다'라는 말도 있지 않은가. 마음의 상처를 입은 사람에게는 가시가 돋고, 그 가시는 또 다른 사람을 찌른다. 상처의 악순환이다. 그래서 내가 누군가에게 내 마음과는 다르게 날 선 말을하게 되는 것 같으면, 남에게 상처를 주지 않기 위해서라도 한발물러서는 게 좋다.

그래서 앞에서 말한 것처럼 거리 두기는 타이밍이 중요하다. 관계가 심하게 훼손되어 이미 손쓸 수 없을 정도가 되고 난 후에는거리를 두어봤자 의미가 없기 때문이다. 그러니 왠지 모르게 슬슬불편해진다 싶을 때 물러서자. 물러나야 할 때를 아는 것이 삶을행복하게 사는 지혜다.

상처를 준 사람은 금방 잊어버리지만 상처를 받은 사람은 쉽게잊어버리지 않는다. 상처받고 쿨한 사람이 있을까? 쿨한 척하는 사람만 있을 뿐. 인간의 뇌는 상처를 그리 쉽게 잊어버리도록 작동하지 않는다. 잊으려고 노력하는 사람, 상처를 되씹어 곪게 하는 사람 모두 상처 속에 몸부림치고 있다는 점에선 같다.

그렇다고 해서 티 나게 거리를 두면 더한 상처가 될 수 있다. 티나지 않게 조용하게 거리 두는 방법 없을까?

1. 거부당했다는 느낌을 주지 않는다

상대방에게 상처 주지 않으면서도 나를 지키기 위해서 거리를 둘 수 있는 방법이 있다. 상대에게 '거부당했다'라는 느낌을 주지 않는 것이다. 대범하게 그러면서도 정중하게 거리를 두자.

"당신 같은 사람과는 멀어지고 싶다"라고 직설적으로 드러내는 건 상대에게 모욕감을 주는 것과 같다. 상대를 대놓고 거절해서 모욕감을 주고도 당당한 사람이 있는데, 정말 어리석은 행위다. 모욕감을 입은 사람은 당신에게 어떤 수를 써서라도 되갚으려 할 것이다. 그러니 아무리 만나고 싶지 않은 사람일지라도 정중함과 예의를 갖춰서 멀어져야 한다. 일말의 수치심도 주어선 안 된다.

"어쩌죠? 오늘은 사정이 있어서 만나기 어려울 것 같아요. 안타까워요. 다음에 꼭 만나요" 정도로 말해주면 상대방도 크게 기분 상하지 않을 것이다. 정중하게 말했는데도 상대가 기분 상해 한다면 그것까진 어쩔 수 없다. 그건 그 사람이 감당해야 할 몫이다.

2. 가급적 악연은 만들지 않는다

완전한 손절은 하지 않는 게 좋다. 누군가와 다툰 후 인간관계를 완전히 끊어버리면, 그는 당신의 적이 되는 것이다. 적의 속성이 무엇인가. 적은 나에 대한 비난을 여기저기 하고 다니며 나의 평판을 손상시킨다.

모든 사람과 친구가 될 수는 없지만, 적을 만들 필요까진 없다.

같은 아파트 단지에 살면서 대차게 싸워 결국 견디지 못하고 이사까지 가는 엄마도 있다. 엄마들 관계 때문에 온 가족이 이사를 가야 한다니, 얼마나 불필요한 소모인가. 그러니 아무리 화가 나도 상대를 몰아붙이며 비난하는 것은 자제하자.

3. 떠나는 사람은 잡지 않는다

누군가가 "다음에 만나요" 하고 연락이 없다면 개인적인 이유로 바빠서 혹은 별다른 이유가 없어서일 수 있지만, 안타깝게도 상대에게 '정중한 손절'을 당한 것일 수도 있다.

누군가가 내게 거리를 두는 것 같아도 크게 서운해하지 말자. 내가 누군가를 피하고 싶을 때가 있듯, 누군가도 나를 거부할 권리가 있으니까. 내가 다른 사람을 피하는 것은 나를 지키는 것이고, 다른 사람이 나를 피하는 것은 억울하다고 생각한다면? 내가 하면 로맨스요 남이 하면 불륜인 내로남불형 인간이 아니고 뭔가.

누군가가 갑자기 피한다고 해서 '내가 뭘 잘못했나' 자책하지도 말자. 그 사람 마음은 그 사람 것이니 말이다. 그저 '지금은 나를 만나고 싶지 않구나' 정도로 생각하자. 굳이 관계를 다시 이으려고 애쓰지 말고.

누구도 모든 사람과 다 맞을 수 없다. 잘 맞지 않는 사람, 나를 피하는 사람과의 관계에까지 공을 들일 만큼 우리 삶은 한가하지 않다. 관계에도 유통기한이 있다고 한다. 기한이 지난 관계를 붙잡으려 집착하면 기한 지난 음식을 먹은 듯 탈이 난다.

놓아줄 인연은 놓아주자. 차라리 그 시간에 내게 소중한 사람, 나를 소중히 여기는 사람과 1분이라도 더 함께하자.

6 장

여자들 99퍼센트가
겪는다는
'은밀한 따돌림'

따돌림당하는 사람은
그럴 만한 이유가 있다?

유튜브에서 우연히 '여자들 99퍼센트가 무조건 겪어봤다는 이
야기'라는 제목의 영상을 보게 되었다. 99퍼센트면 거의 다인데?
그게 대체 뭘까 싶었다. 짐작 가는가? 바로 친한 10대 여학생 무리
에서 은밀히 일어나는 '한 명씩 돌아가며 따돌리기'였다. 영상 조회
수는 수백만이었고 댓글도 만 개가 넘었다. 이토록 폭발력이 컸던
이유는 비단 10대 여학생들뿐만 아니라 따돌림이 여성 집단 자체
에서 많이 발생하는 사회적 문제이기 때문이다. 엄마들이라고 예
외가 될 수 없다.

따돌림은 내 마음을 가장 무겁게 하는 주제이기도 하다. 한번은

'엄마들 사이의 뒷담화와 따돌림'이란 주제로 SNS에 글을 올렸다. 그 글 역시 많은 엄마들로부터 폭발적인 공감을 얻었지만, 간간이 훅 치고 들어오는 악플도 만만치 않았다.

"이딴 글 올리며 엄마들 선동하지 마세요. 맘충 소리 들으며 육아하는 것도 힘든데 엄마들 사이에 일어나는 소소한 다툼이 무슨 뒷담화며 편 나누기며, 따돌림이라는 건지 이해가 안 가네요. 제가 겪어보니 엄마들 사이에 따돌림당하는 사람들 다 이유가 있어요. 당하는 사람이 문제가 있는 건데 왜 따돌리는 사람만 문제라 하나요? 싫으면 안 만나면 그만이고, 누가 때린 것도 아닌데 범죄라도 저지른 것처럼 말하는 게 굉장히 불쾌합니다. 따돌림이라는 말 자체도 불편하네요."

그 이후로도 비슷한 류의 반박 의견을 간간이 받았다. 내용은 거의 비슷했는데 요지는 이렇다.

-따돌림당하는 사람은 그럴 만한 이유가 있다.
-때린 것이 아니니 잘못 없다.

정말 그럴까? 자신이나 자기 아이가 피해자가 되어도 그리 말할 수 있을까? 엄마라는 존재는 특히나 더 따돌림이라는 폭력에 무뎌지면 안 된다. 그런 문제의식이 내 안에서 생겼고 그러다 이렇게 책까지 쓰게 된 것이다. 엄마들 사이에서 일어나는 일에 '여자의 적은 여자' 프레임을 씌우려는 의도는 전혀 없다. 여자라서가 아니라, 더 많이 교류하는 집단에서 반목이 생기는 것이다. 남자만 있는 군대에서 남자끼리 갈등이 생기는 것처럼, 여자들만 있는 집단에서 여자끼리 갈등을 겪는 것은 당연한 일이다.

하지만 남성 집단과 여성 집단의 갈등 사이에는 차이가 있다. 여성은 일반적으로 남성보다 관계에서 느끼는 유대감과 친밀감을 더 중시하기에 관계에 소속되지 못했을 때 느끼는 박탈감도 더 크다. 엄마들 사이에 발생하는 소외감과 따돌림이 더 깊은 고통을 주는 이유다. 게다가 아이가 함께 그 피해를 겪으니 그 고통은 말할 수 없이 크다. 중요한 것은 따돌림 주동자와 동조하고 방관하는 자들도 이 사실을 모르지 않는다는 것이다. 알면서도 모른 척 고통을 주는 것이야말로 비열한 짓이다.

무엇보다 따돌림당하는 사람에게 그럴 만한 이유가 있다는 건 정말 위험한 생각이다. 물론 누군가 무리의 기준에서 많이 벗어나거나 이질적인 행동을 하는 경우, 자기중심성이 강하고 타인에게 피해를 주는 경우에는 이들을 멀리할 수 있다. 하지만 주변 사람들까지 선동하여 한 사람의 존재를 부정하는 것은 단순히 거리 두기를 넘어선 혐오이자 폭력이다. 이유가 있어서 누군가를 따돌린다는 생각은 폭력을 정당화하는 것이다. 여론을 형성하여 싫어하는 사람을 집단으로 무시하는 것은 명백한 따돌림이며, 어떤 경우에도 정당화될 수 없다.

때린 게 아니라 괜찮다는 주장은 어떤가. 신체적인 폭력은 증거가 있어서 법적 처벌이 가능하지만 정신적인 폭력은 은밀하고 교묘하게 일어나기 때문에 증거를 찾기도 어렵다. 그래서 가해자는 죄의식도 느끼지 않고 더 잔인해질 수 있으며, 어디 호소할 곳 없는 피해자는 더 큰 고통을 받는다. 특정한 사람에 대해 악의를 품고 근거 없는 소문을 퍼뜨리고, 주변 사람을 선동해 그 사람을 무시하고 투명 인간 취급하고! 다른 인간관계로부터 고립시키려는 목적을 가진 은밀한 따돌림은 그래서 정말 악랄하다.

언급했다시피 은밀하게 일어나므로 뾰족한 해결책은 없다. 만약 해결책이 있었다면 같은 문제로 고통받는 사람이 이토록 많지는 않았을 거다. 그렇담 어떻게 해야 할까? 은따로 거기 속해 있지 말고 나와야 한다. 은따를 당하는 사람은 본인에게 문제가 있어서라고 자책하며 괴로워하는 경우가 많은데, 절대 그러지 말자. 그 누구도 따돌림받아 마땅할 만큼 큰 잘못을 저지르진 않으니까.

피해자, 가해자, 동조자
어디에도 속하지 않기

무라카미 하루키의 단편소설 「침묵」은 집단 내 평판이 좋고 구성원의 심리를 잘 주무르는 주동자와, 구성원의 방관과 동조로 일어나는 집단 따돌림의 공포와 잔인함을 잘 보여주는 작품이다. 소설에는 세 유형의 사람이 등장한다. 따돌림 피해자인 오자와, 따돌림 가해자인 아오키, 그리고 따돌림에 동조하고 방관하는 학생 무리와 교사.

줄거리는 이렇다. 중학생 오자와는 독서와 권투를 좋아하는 내성적인 소년이다. 같은 반에 아오키는 공부도 잘하고 성격도 좋아서 인기도 많고 평판이 좋지만, 실은 타인의 인정만을 중요시하고 열등감으로 똘똘 뭉친 자존감 낮은 인간에 불과하다. 게다가 자신의 열등감을 건드린 이에겐 반드시 앙갚음할 정도로 악랄하다.

어느 날 영어시험에서 늘 1등을 하던 아오키를 제치고 오자와가 1등을 했는데, 그 후 오자와가 커닝을 했다는 소문이 돈다. 아오키가 그 소문을 흘리고 다닌다는 말을 들은 오자와는 화가 나서 아오키를 찾아가고, 말다툼 끝에 아오키를 한 대 때린다. 자존심이 센 아오키는 자신이 오자와 주먹에 맞고 쓰러진 일에 대해 함구한다. 그렇게 몇 년이 흘러 고3이 된 둘은 또다시 같은 반이 된다.

여름방학 후 같은 반의 마쓰모토가 자살하는 일이 일어나는데, 웬일인지 그때부터 친구들이 오자와를 피하기 시작한다. 오자와는 마쓰모토와 특별한 친분이 없었음에도 경찰 조사까지 불려 가고, 자살 사건과는 아무 연관이 없음이 밝혀진 후에도 친구들과 교사 모두 오자와를 투명 인간 취급한다. 침묵은 폭력이 되어 오자와를 덮쳐오고, 그는 자살 충동까지 느낀다. 오자와는 왜 이런 일을 겪어야 했을까?

아오키 같은 인간은 다른 누군가가 자신보다 뛰어나면 극도로 분노한다. 하지만 드러내놓고 정당하게 붙을 배짱은 없으니, 자신은 피해자인 척 악의적인 소문을 내서 상대의 평판을 손상시킨다. 하물며 안 좋은 소문을 내서 말려 죽이려던 오자와에게 되레 한 대 맞고 자존심이 실추되는 일까지 겪었으니 그 분노는 말해 뭣하리. 그럼에도 아오키가 몇 년 동안 잠자코 있었던 이유는 뭘까? 소설 속에서 아오키의 이런 특별한 능력(?)은 오자와 입을 통해 다음과 같이 묘사된다.

"기회가 올 때까지 줄곧 몸을 낮추고 기다리는 능력, 기회를 확실하게 낚아채는 능력, 사람 마음을 교묘하게 잡아 쥐고 선동하는 능력."

아오키 같은 이가 휘두르는 폭력, 즉 여론을 조성해 표적을 집단 내에서 고립시키는 것이 바로 은밀한 따돌림, 이른바 은따다. 오자와를 자살 직전으로 몰아넣은 것도 침묵으로 자행된 비물리적 폭력이었다. 이런 양상의 은따는 여자들 사이에서 더 많이 발생한다. 엄마들 모임에서도 비일비재하다. 엄마들 중에도 아오키처럼 평판 좋고 성격 좋아 보이지만 알고 보면 질투심이 매우 많고 다른 사람의 마음을 쥐락펴락하려 하는 질 나쁜 사람이 있다.

다 같이 친하게 지내다 어느 순간 한 사람을 제외한 단톡방을 따로 만들고 자기들끼리만 모이는 것, 모여서도 자기들끼리만 눈치를 주고받으며 친밀감을 과시하는 것, 표적인 사람에게 난데없는 비난으로 무안을 주는 것, 매일같이 하원 후 함께 놀이터에 가다가 어느 날부터는 자기들끼리만 놀이터에 가서 웃고 떠들며 수군거리는 것 등이 모두 누군가를 소외시키려는 목적성을 띤 은밀한 따돌림이다. 이런 식으로 일방적으로 배제하기 전, 반드시 소문내기와 이간질 등으로 내 편 모으기라는 물밑작업을 선행한다.

이렇게 은밀하고 간접적인 방식으로 표적을 고립시키는 것은, 설령 물리적 폭력을 휘두르지 않았더라도 엄연한 폭력이다. 소수가 주도하고 다수가 거기에 방관하고 동조한다. 개인의 죄책감은 집단 내에서 쉽게 희석되기에, 주동자에게 반기를 드느니 방관자나 동조자가 되는 게 더 쉽다. 누군가를 따돌리고 그에 동조함으로써 자신은 표적이 되지 않았다는 안도감과 자신은 그 집단에 소속될 수 있다는 우월감에 동조하는 것이다. 그래서일까? 침묵이라는 폭력을 경험한 엄마들 이야길 들어보면, 그녀들을 가장 좌절하게 만드는 것이 바로 주변 엄마들의 동조라고 한다.

세상에 아오키 같은 사람이 많을까, 아오키의 여론전에 동조한 학생과 교사 같은 사람이 많을까?

반 친구들은 오자와가 마쓰모토를 때린 것을 본 적도 없으면서 소문만 믿고 그를 가해자로 믿는다. 따돌림의 방관자이자 동조자인 그들은 오히려 스스로 정의롭다는 생각마저 한다. 마쓰모토를 죽음에 빠뜨린 오자와에게 고통을 주는 것을 정의로 여긴다. 근거 없는 이야기에 과하게 공감함으로써 자신들이 '선', 정작 죄가 없는 오자와는 '악'으로 여긴다. 되돌아보자. 우리도 무비판적인 동조자 중 하나가 되어 죄 없는 누군가에게 해를 끼친 적은 없었는지. 그러면서도 '난 주동자가 아니니까 뭐'라고 안일하게 생각하지는 않았는지.

하루키는 단편 「침묵」을 쓰게 된 배경에 대해 이렇게 말했다.

"왜 이런 이야기를 쓰게 되었는지 나름의 이유는 있었지만 그에 대해서도 별로 말하고 싶지 않기 때문에 덮어두겠다. 내게도 그런 종류의 경험이 있고, 그런 정신 상태에 공감하는 면이 있다."

당신은 어떤가? 우리는 모두 따돌림의 가해자, 동조자, 피해자, 셋 중 하나가 될 가능성이 있다. 그 어디에도 속하고 싶지 않다면 양심의 불을 켜고 정신 차리고 사는 수밖에 없다. 집단의 분위기에 휩쓸리지 않기 위해 단단한 가치관을 지니고 스스로 판단하려 애써야 한다. 명심하자. 주동자가 아무리 애를 써도 동조하는 사람이 없다면 따돌림이라는 것은 발생할 수 없다는 것을. 우리 모두에게 그 책임이 있다는 것을.

엄마들 모임에서
비극이 일어나는 까닭

지인인 가을 엄마가 겪은 일이다.

"남편이 조리원 가서 절대 사람 사귀지 말래요……."

"왜요?"

"남편 친구 와이프가 조리원 가서 만난 여자들한테 뒤통수 제대로 맞고 심각한 대인기피증이 왔대요. 암튼 저보고 엄마들 모임 같은 거 절대 하지 말래요."

아내를 걱정해서 한 말이었겠지만 그녀의 남편이 가진 편견이 안타까웠다.

"사람 나름이죠. 전 조동 모임이 있어서 너무 좋았는데요."

그때까지만 해도 특별히 엄마들과의 나쁜 경험이 없었던 나는 이렇게 말했다.

"그렇죠? 제 생각도 그래요. 전 조리원에서 마음 맞는 육아 동지를 꼭 만날 거예요."

어딜 가도 친구를 꼭 만드는 슈퍼 핵인싸 그녀는 남편의 경고는 잊은 채 조리원 입소 직후 자신의 기질을 유감없이 드러냈다. 그 결과 (적어도 그때는) 마음이 맞는 다섯 명 멤버로 구성된 조동 모임이 결성되었다. 단톡방 이름은 '위풍당당 오인방'이었다.

하지만 남편의 예언은 현실이 되었고, 가을 엄마는 그녀들에게 위풍당당하게 뒤통수를 맞았다. 그녀 역시 심각한 대인기피증과 우울증으로 한동안 마음 앓이를 해야만 했다.

위풍당당 오인방은 처음에는 무탈하게 잘 지냈다. 가을 엄마는 그중 나이가 같은 채빈 엄마와 절친급 우정을 나누게 되었다. 채빈 엄마는 조리원에서부터 가을 엄마에게 적극적으로 다가왔다.

그 둘의 주도하에 조동 오인방은 서로의 집을 오가며 공동육아를 했다. 이들에게 산후 우울은 먼 나라 이야기였다. 육아의 고단함과 스트레스도 그녀들과 함께라면 모두 사라지는 것 같다며, 가을 엄마는 엄마들 모임을 예찬했다. 지금은 그 모임이 생애 최악의 사건으로 기억될 뿐이지만……

사건의 발단은 이렇다.

집집마다 돌아가며 공동육아를 했고, 다른 집에 방문할 땐 다같이 나눠 먹을 수 있는 간단한 간식이나 과일을 사서 갔다. 헤어질 때가 되면 아이들이 쓴 이불이나 그릇도 대충 정리해주고 나왔다. 다들 아이 키우기도 벅찬 사정은 마찬가지니 아무리 남의 집에 초대받았다 해도 정리는 해주고 나와야 한다는 것이 그녀들의 마인드였다. 이렇게 서로 배려했기에 모임도 별 탈이 없었다. 당연히 오래갈 우정이라고 생각했다.

사건이 발생한 날은 가을 엄마 집에서 모임을 한 날이었다. 평소와는 다르게 엄마들이 자기가 쓴 컵은 물론 아이들 기저귀도 쓰레기통에 넣지 않고 돌아갔다. 그녀들이 떠나고 난 후 집은 쓰레기장이라고 해도 될 만큼 엉망이었다. 마치 일부러 작정하고 어질러 놓은 듯했다. 그날따라 유난히 보채는 아이를 업고 집 정리를 하고 있을 때 채빈 엄마에게 메시지가 왔다.

"정리를 못 도와주고 와서 미안하네……. 힘들지?"

"괜찮아. 후딱 끝내고 쉬어야겠다."

"사람들 진짜 너무해. 기저귀는 치우고 가야 하는 거 아니야?"

우는 아이를 업고 유난히 어지럽혀진 집을 치우느라 힘든 와중이었다. 마음 헤아려주는 채빈 엄마가 고마웠던 가을 엄마는 큰 생각 없이 이렇게 대답했다.

"그러게, 똥기저귀는 좀 버려주고 가지."

집을 대충 치우고 누워 쉬다가 단톡창을 열었다. 보통 집에 돌아가면 "우린 잘 도착했어요. 집에 초대해줘서 고마워요"와 같은 의례적인 인사를 하는데 그날따라 단톡창이 조용했다.

그래서 가을 엄마가 먼저 메시지를 남겼다.

"다들 잘 들어가셨죠? 오늘도 역시나 즐거웠어요."

4, 3, 2, 1, …….

메시지에 1이 없어졌는데도 아무도 답이 없었다.

'다들 바쁜가 보네……. 아이 재우는 시간인가 보다. 나중에 톡 남기겠지.'

평소에는 쉴 새 없이 소통하는 단톡방이었지만 이런 날도 있지 하며 대수롭지 않게 생각했다.

하지만 육퇴 후에도, 다음 날 아침에도 단톡방은 조용했다. 그제야 뭔가 불길한 느낌이 든 가을 엄마는 채빈 엄마에게 전화를 걸었는데, 받지 않았다. 다른 엄마들도 마찬가지였다. 필시 뭔가 잘못된 것 같았다. 무슨 일이 일어난 걸까? 예고도 없이 벌어진 황당한 상황에서 가을 엄마는 어쩔 줄 몰랐다. 살면서 이런 일은 처음이었기에 짐작조차 할 수 없었다. 상상이 가는가? 잘 놀고 웃으면서 집으로 돌아간 친구 넷이 한꺼번에 절연이라도 한 듯 연락을 끊으면 어떤 기분일지. 게다가 절친이었던 채빈 엄마까지 연락이 되지 않았다. 이유를 모르니 불안감은 더 커져갔다.

그렇게 1년보다 더 긴 한 달이 지난 어느 날이었다. 아이를 유모차에 태우고 집 근처 공원에서 산책을 하다 멤버 중 한 명인 수아 엄마와 마주쳤다. 분한 마음에 못 본 척 피할까도 했지만 가을 엄마는 용기를 내어보기로 했다. 사실 용기보단 오기에 가까웠다.

"수아맘, 오랜만이에요. 우리 얘기 좀 해요."

그녀는 잠시 멈칫했지만 그러겠다고 했다. 둘은 벤치에 나란히 앉았다.

"도저히 이해가 안 가서요. 왜 갑자기 나를 피하는 거예요? 내가 뭐 잘못했어요?"

"그게……. 아, 모르겠다. 나한테 들었다고 하지 마세요."

수아 엄마는 그간 있었던 일을 말해주었다. 요약하자면 이렇다.

가을네서 모이기 며칠 전에 채빈 엄마가 가을 엄마만 빼고 집으로 초대해서 선물도 주고 식사를 대접했단다. 그 모임에서 가을 엄마에 대한 험담과 이간질을 했는데 그 방법이 워낙 미묘하고 고단수라 대부분 험담으로 생각을 못 했다 한다. 예를 들면 이런 식이었다.

"수아맘, 가을맘이 아래위로 훑어볼 때 속상했죠?"

"그랬어요? 전 몰랐는데요?"

"아⋯⋯. 내가 괜한 소리를 했나 봐요. 가을맘이 워낙 있는 집 사람이라 그런지, 우리 같은 평범한 사람은 좀 무시하는 것 같지 않아요?"

"그런 생각은 안 해봤는데요."

"왜⋯⋯, 다른 집에 놀러 갈 때마다 매번 두 손 가득 뭐 사 오잖아요. 저만 그게 불편한가요?"

"좋긴 한데, 좀 부담스러울 때도 있긴 했어요."

"거봐요. 왠지 모르게 똑같이 해야 한다는 부담감이 생기잖아요. 자기처럼 교양 있는 사람 보고 배우라는 것같이 느껴지기도 하고. 뭐⋯⋯, 내가 오해하는 걸 수도 있고요."

"그런가⋯⋯?"

"아, 다들 목요일에 가을맘네 갈 거죠? 시댁에서 집 사줬다고 어찌나 자랑을 하던지. 부러워요. 호호호."

"우리한테는 그런 말 안 하던데. 둘은 친하니까 그런 이야기도 하나 봐요?"

"가을맘이 저한테는 별별 얘기 다 해요. 제가 차마 다 이야기할 순 없지만요. 암튼 겉과 속이 다르다는 것만 알아두세요."

악마의 편집이 따로 없다.

그녀들의 마음속에는 채빈 엄마의 험담과 이간질이 이미 뇌 속 깊숙이 입력되었다. 그 후 가을 엄마가 하는 모든 말과 행동에서 채빈 엄마가 내뱉은 험담과 일치하는 부분을 찾으려 애썼을 것이다. 뒷담화와 세뇌가 이래서 무섭다. 그럴듯한 이야기를 지어내어 흘리고, 사람들이 여기에 휘둘리며 동조하면 지어낸 이야기는 금세 사실이 된다. 그 자리에 있던 사람들 일부는 진위도 판단하지 않은 채 채빈 엄마 말을 믿었을 것이고, 다른 일부는 이 상황이 채빈 엄마의 여론질이라는 것을 눈치챘음에도 자신이 따돌림의 표적이 되지 않기 위해 방관했을 것이다.

"그게 다가 아니에요." 수아 엄마는 남은 이야기를 전했다.

'그러게, 똥기저귀는 좀 버려주고 가지.'

채빈 엄마는 이 부분만 캡처해서 새 단톡방에 공유했다.

"거봐요. 제 말이 맞죠? 겉과 속이 다른 거. 바쁘면 그냥 올 수도 있는 건데. 게다가 자기 집에 초대했으면 당연히 자기가 치워야죠. 손님이 치워야 한다는 생각 자체가 저희를 무시하는 것 같아요."

원래 아이 데리고 남의 집에 놀러 가면 적당히 정리하고 오는 게 그들의 루틴이었음에도, 다른 엄마들은 이미 채빈 엄마의 이간 질로 정상적인 판단을 할 수 없는 상태였다.

사람들은 처음에는 채빈 엄마 말만 믿고 가을 엄마를 따돌렸지만 갈수록 채빈 엄마가 이상하단 걸 눈치챘고, 지금은 채빈 엄마와도 연락하지 않는다고 했다. 뒷담화에 휘둘린 게 미안했지만 아이 키우느라 정신이 없어 연락을 못 했다고 말했다.

수아 엄마처럼 따돌림에 동조한 사람은 보통 자기도 어쩔 수 없었다고 생각하며 타인의 상처에 큰 책임감도, 죄책감도 느끼지 않는다. 동조하는 사람이 없다면 집단 따돌림이 불가능한데도, 그들은 스스로는 책임이 없다고 생각한다. 결국 당한 사람만 상처받을 뿐이다. 실망과 배신감에 가을 엄마는 꽤 오랫동안 우울증에 시달렸다.

여기서 채빈 엄마와의 악연이 끝이면 좋으련만 아직 스토리가 더 남아 있다.

그로부터 1년 후 가을 엄마는 끔찍한 악몽에서 아주 조금씩 벗어나고 있었다. 그러던 중에 채빈 엄마가 연락을 해왔다.

"가을맘. 그때 연락 안 되어 속상했지? 내가 다 설명할게. 한 번만 만나줘."

"설명 안 해도 돼. 연락하지 마."

"무슨 말을 들었는지 모르지만 이간질이야. 그런 말에 속지 말고 한 번만 만나줘. 나올 때까지 기다릴게."

정말 오해가 있는지 확인하고 싶었던 가을 엄마는 결국 채빈 엄마를 만나러 나갔다.

가을 엄마가 먼저 말을 꺼냈다.

"내가 언제 사람들을 무시하고, 시댁에서 집 사줬다며 자랑을 했지?"

"(시치미 떼며) 왜? 누가 그렇대?"

"네가!"

"거봐. 뭔가 오해가 있을 것 같았어. 네가 먼저 내 뒷담화를 하고 다녔다 하더라고. 그래서 속상해서 더 이상 너랑 연락할 수 없었어. 너랑 그렇게 친했는데……. 너한테 확인도 안 해보고 사람들 말만 믿고 너를 밀어내서 미안해. 내가 정말 잘못했어. 이제 정신 차렸어. 우리 다시 예전처럼 지냈으면 좋겠어."

"내가 먼저 네 뒷담화를 했다고? 그건 그렇고 단톡방 새로 만들어서 내가 보낸 메시지 캡처해서 올린 건 누군데?"

가을 엄마는 최대한 감정을 삭인 채 담담하게 물어봤다.

채빈 엄마는 억울하다는 표정으로 잠시 머뭇거리더니, 이내 어이없다는 비웃음을 지으며 빌런의 본색을 드러냈다.

"야, 너야말로 왜 이래? 미안하다는데 뭘 자꾸 따져? 난 그냥 그때는 네가 싫었어. 만나다 보면 싫을 수도 있지, 그게 죄야?"

"싫으면 그렇게 사람에 대한 최소한의 예의도 안 지켜도 되는 거야? 왜 또 찾아온 거야?"

"야, 오버하지 마. 다른 엄마들도 내가 슬쩍 흘리기만 했는데 얼씨구나 더 신나서 너 씹어대더라. 사람 다 그래. 고상한 척하지 마. 내가 그래서 네가 싫은 거야. 가식 떨지 마. 너만 특별한 줄 알지? 너 같은 사람들 때문에 괴로운 사람도 좀 생각해."

더 이상 듣고 있을 필요가 없다고 생각한 가을 엄마는 자리에서 일어났다. 집에 오니 채빈 엄마에게 또 메시지가 와 있었다.

"내가 말이 심했지? 사과하려고 만났는데……. 정말 미안해. 화풀리면 연락 줘."

가을 엄마는 채빈 엄마를 바로 차단했다. 그동안 차단하지 않은 이유도, 만나러 간 이유도 인간에 대한 최소한의 믿음이 있었기 때문이었다. 그 믿음마저 사라지게 한 사람은 다름 아닌 아이를 낳고 처음으로 친구라고 여긴 사람이었다. 드물지만 채빈 엄마처럼 마음에 병이 든 사람들이 있기에 엄마들과의 만남에서 비극을 경험하는 사람이 생기는 것이다.

친한 친구가
적으로 돌변하는 이유

학교, 직장, 엄마들 모임을 떠올려보자. 아래에 해당하는 친구를 만난 적이 한 번은 있지 않은가?

- 친구 하자고 먼저 다가와놓고 갑자기 손절하는 친구
- 어제까지 절친이었는데 갑자기 내 안티카페 회장이 된 친구
- 내 뒷담화하고 다니더니 다시 다가와 친하게 지내자는 친구
- 단둘이 있을 때만 잘해주고 다른 사람 앞에선 무시하는 친구

인간관계의 독특한 점은 가장 친한 친구도 하루아침에 적으로 돌아설 수 있다는 것이다. 왜일까? 크게 세 가지 이유가 있다.

1. 가까운 사이에서 더욱 질투심을 느낀다

질투심은 여자들 관계에서 흔하게 발생하는 부정적 감정이다. 나는 안 그렇다고 해도 소용없다. 사실이니까. 남자도 질투는 하지만, 여자에게 질투의 힘이 더 크게 작용한다. 무리를 짓는 여자들의 관계 심리학을 다룬 책『여자의 인간관계』에 따르면, 과거에는 여성의 지위가 남성의 선택에 따라 좌우되었는데, 시대가 바뀌어 여성의 사회적 활동이 당연해진 지금도 여전히 그 특징은 일부 남아 있다. 저자는 인정하기 싫지만 '여자 팔자는 뒤웅박 팔자'라는 이야기가 여전히 어느 정도는 유효해 보인다고 말한다. 어떤 여성이 선택받았다는 것은 다른 여성이 선택받지 못했다는 걸 뜻하며, 따라서 선택받지 못한 여성은 마음의 상처를 입고 선택받은 여성에 대해 시기와 질투를 하게 된다. 개인적으로나 사회적으로 나은 환경에서 성공한 여성은 그렇지 못한 여자들의 시기와 공격의 대상이 된다.

그런데 여기서 주목해야 할 점은, 인간은 아무에게나 질투심을 느끼지 않는다는 것이다. 인간은 가까운 사람에게 질투심을 느낀다. 채빈 엄마도 가을 엄마가 가까운 사이였기 때문에 더 큰 질투심을 느낀 것이다. 질투심은 상대보다 자신이 못났다는 데서 오는 감정이므로, 느끼는 사람 입장에서는 굉장히 괴로운 감정이다. 괴로운 감정을 제거해서 다시 행복해지고 싶은 본능은 상대를 향한 공격으로 이어진다.

'가을 엄마의 행복은 나의 고통이고, 가을 엄마의 고통은 나의 행복이야. 지가 아무리 잘나봤자 따돌림당하면 고통스럽겠지.'

채빈 엄마의 이런 속마음이 행동으로 드러난 것이 뒷담화와 따돌림이다. 그녀는 가을 엄마가 힘들어하는 걸 보면서 우월감을 느꼈을 것이다.

'나보다 더 나은 사람을 통제하고 고통스럽게 할 수 있는 능력이 내게 있어. 결국 내가 더 위야.'

이렇게까지 악한 마음을 가진 사람이 정말 있는지 반문하는 사람도 있다. 남이 보기엔 악해 보이지만, 본인은 악하다고 생각하지 않기 때문에 이렇게까지 하는 것이다. 스탠퍼드대학교 심리학과 자밀 자키 교수는 『공감은 지능이다』에서 남에게 해를 끼치는 사람에 대해 이렇게 말했다.

"남에게 해로운 일을 하는 사람들은 자신을 못 견디게 되는 상태를 피하고자 자신에게 피해를 입은 사람들을 비난하거나 비인간화하는 이른바 '도덕적 분리' 상태로 넘어간다. 1960년대에 한 무리의 심리학자들은 실험 참가자들에게 다른 사람에게 반복적으로 충격을 가하라고 요구했다. 이에 참가자들이 보인 반응은 그 충격이 사람을 아프게 한다는 사실을 부인하거나 피해자가 그리 호감이 가지 않는 사람이라고 생각하는 것이었다."

일반적으로 인간은 타인에게 피해를 끼치려는 마음을 스스로 제재하면서 억제한다. 하지만 도덕적 분리 상태가 되면 비도덕적인 행동도 쉽게 하게 된다. 양심의 가책이 없는 상태가 되기 때문이다. 그래서 따돌림을 주도하는 사람은 일반적인 상식으론 도저히 이해가 되지 않는다.

채빈 엄마의 이간질에 다른 엄마들이 쉽게 휘둘린 것도 비슷한 맥락에서 볼 수 있다. 같은 무리 안에서 친하게 지냈기 때문에 질투심을 느꼈던 것이다. 방관하고 동조한 사람 중 일부는 채빈 엄마가 가을 엄마를 질투해서 이간질한다는 걸 눈치챘을지도 모른다. 그럼에도 잘난 가을 엄마가 상처받는 모습을 보며 자기들도 내심 기뻐했을 것이다.

2. 친한 사이일수록 약점을 잘 안다

질투심은 누구나 느낄 수 있지만, 질투심을 드러내 상대를 곤란하게 하는 것은 다른 문제다. 우리는 보통 특정인에게 질투를 느낀다고 해서 바로 행동으로 옮기진 않는다. 섣불리 행동했다가 자신이 되레 공격당할 수가 있기 때문에, 속으로만 생각하는 선에서 그친다. 하지만 상대가 만만해 보이면 서서히 경계를 푼다. 고지식할 정도로 체면을 중요하게 여기는 사람도 공격 대상이 될 수 있다. 체면을 중요하게 생각하는 사람은 뒷담화와 은밀한 따돌림으로 공격받더라도 똑같이 비열하게 행동하지 않으려 한다. 그런 점을 잘 알기에 오히려 공격 대상이 되기 쉽다.

3. 친하니까 소유하고 싶다

궁극적인 이유다. 아이러니하게도 질투하는 동시에 소유하고 싶어 하고, 자신만을 바라봐주지 않으면 거절당했다고 생각하는 여자들이 있다. 채빈 엄마도 가을 엄마와 단짝처럼 친하게 지내고 싶었을 것이다. 하지만 가을 엄마와 친하게 지내고 싶어 다가오는 엄마가 많았고, 가을 엄마가 채빈 엄마와 가장 친했지만 다른 엄마들과도 두루두루 친하게 지내니 자기가 버림받을지 모른다는 생각에 불안했을 거다. 처음에는 가을 엄마에게 은근슬쩍 다른 엄마 험담을 하며 이간질하려고 했으나 가을 엄마가 휘둘리지 않자 자존심 타격을 입고 적으로 돌아섰다.

'내가 가질 수 없으면 망가뜨린다.' 막장 드라마에서 자주 볼 수 있는 이것이 채빈 엄마의 오래된 인간관계 패턴이었을 것이다. 이런 사람의 가장 큰 특징은 시간이 흐른 후 다시 관계를 회복하고 싶어 한다는 점이다. 마치 예전에 헤어진 연인과 다시 만나고 싶어 하듯. 이들은 동성의 친구 관계조차 독점적인 관계로 생각해서 지나치게 많은 의미를 부여한다.

꼭 어린 시절 여자 친구들과의 관계가 그대로 재현된 것만 같다. 학창 시절을 회상해보면 채빈 엄마처럼 친구에게 집착하며 소유하려 들고 자기 마음을 받아주지 않으면 한순간에 원수로 돌아서는 친구가 있었다. 그때는 미성숙한 아이여서 그랬다 해도, 성인이 된 후에도 그 방식대로 인간관계를 맺으려 하니 문제인 것이다. 상대방이 자신보다 우월하다는 생각에 깎아내리고 싶고, 동시에 상대방이 자신을 무시하거나 떠날까 봐 불안해한다. 그래서 그 불안을 해소하기 위해 결국 자신이 상대방을 먼저 따돌림으로써 불안을 해소한다.

채빈 엄마 같은 사람을 어떻게 피할 수 있을까? 사람 보는 안목을 기르는 수밖에 없다. 이들의 특징을 잘 기억해두고 가능한 안 엮이는 게 최선이다.

- 너무 적극적으로 접근한다.
- 자신이 피해자인 듯, 험담이 아닌 척 위장하며 타인을 험담한다.
- 상대의 반응을 슬쩍 떠보며 주변인에 대해 넌지시 부정적인 말을 던진다.
- 걱정을 가장해서 당신을 비난한다.
- 칭찬 같지만 듣고 보면 욕이랑 다를 바 없는 말을 자주 한다.
- 기분 좋을 때와 안 좋을 때의 행동이 크게 다르다.
- 위에 나온 행동들이 일회성이 아니라 수차례에 걸쳐 지속된다.

여자들은 왜
은밀하게 공격하는가

여자들은 남자들처럼 대놓고 주먹다짐하며 공격성을 드러내는 경우는 많지 않다. 대신 그것보다 더 은밀하고 교묘한 형태로 공격성을 드러낸다.

여자들은 왜 은밀한 따돌림을 통해 친한 친구를 괴롭히는 걸까? 여성들의 대체 공격에 관한 강연을 많이 하는 미국 작가 레이철 시먼스는 『소녀들의 심리학』에서 이렇게 말했다.

"소녀들은 경쟁심, 질투, 분노 같은 욕구와 욕망을 억제하고 억압받는 문화에서 성장한다. 그 문화를 규정하는 핵심 개념이 바로 '착한 소녀'다. (……) 분출구를 잃은 소녀들의 분노는 가까운 친구들을 은밀하게 공격하는 형태로 왜곡되어 나타나며, 소년들의 몸에 남는 상처보다 더 깊고 오래가는 상처를 마음에 남긴다."

아궁이에 불을 피우면 굴뚝 없다고 연기 안 나는 게 아니다. 오히려 엉뚱한 곳에서 연기가 나게 된다. 한마디로 여자도 남자와 같은 공격성이 있는데 그 공격성을 직접 표현하지 못하는 문화 속에 성장하면서 더 은밀한 형태로 나타나게 된 것이다.

학창 시절에 남자아이들은 친하지 않은 아이를 놀리고 따돌리는데, 여자아이들은 가장 친한 친구 중 한 명을 타깃으로 삼는 경향이 있다. 남자아이들은 대놓고 놀리거나 물리적인 폭력을 행사하는 데 반해, 여자아이들은 놀이에서 배제시키거나 갑자기 점심을 같이 먹지 않거나 자기들끼리 모여 더 크게 웃으며 상대방을 주눅 들게 하는 식으로 괴롭힌다. 커가며 도덕적으로 성숙해지면서 대개는 그런 행동이 올바르지 않다는 것을 깨닫고 안 하지만, 안타깝게도 도덕성과 인격이 성장하지 못한 채로 겉만 어른이 되는 경우도 있다.

내가 본 바로는, 어른이 되어서도 여전히 여론을 형성해 집단 따돌림을 주도하는 사람은 공통적으로 자존감이 굉장히 낮다. 자존감이 낮으니 다른 사람을 쉽게 싫어한다. 원래 자신을 싫어하는 사람이 남도 싫어하기 마련이다. 상대가 먼저 자신에게 무례한 언행을 했다며 그 모욕을 갚아주기 위해 공격하기도 한다. 자존감이 낮은 사람은 사소한 일에도 큰 수치심과 모욕감을 느끼는데, 또 미움받을 용기는 없어서 대놓고 싫어하는 내색도 하지 못한다. 그래서 앞에서는 잘해주는 척하면서 뒤에서는 험담을 해서 주변 사람으로부터 멀어지게 만든다.

버림받을 것에 대한 두려움과 불안이 너무 큰 나머지 상대방을 먼저 고립시키기도 하고, 상대방이 자신보다 우월해 보일 경우 자기 열등감을 해소하기 위해서 공격하기도 한다. 채빈 엄마처럼 보통 두 가지 이유에 모두 해당하는 경우가 많다.

이유가 무엇이든 본인이 생각해도 그 이유가 합당하지 않으니 일대일로 시시비비를 가리려 하지 않는다. 그래서 집단의 힘을 이용해 누군가를 짓밟으며 자신의 낮은 자존감을 부풀리려고 한다. "내겐 다른 사람을 괴롭히고 거기에 동조해줄 사람들이 있어. 난 힘이 있어"라는 그릇된 우월감으로 일시적으로나마 자신의 열등감을 해소하려 하는 것이다.

여론을 조성해서 표적으로 삼은 사람을 괴롭히는 이유는 직접적으로 감정을 표출하면 얻는 것보다 잃는 것이 많기 때문이다. 여자들은 강한 여자를 보면, 자신도 언젠가 그녀의 희생자가 될 수 있다고 생각해 위협감을 느낀다. 그래서 같은 무리 내의 A와 B 사이에 갈등이 생겼을 때, B가 잘못했음에도 A가 B에게 공개적으로 화를 내면 대다수는 B를 불쌍하게 여긴다. 본능적으로 약한 사람에게 연민을 느끼고 강한 사람에게 적의를 품기 때문이다. 관계를 중시하는 성향이 강할수록, 상황을 객관적으로 바라보지 않고 약자에 대한 무조건적인 지지를 보인다.

보통 여자들이 관계를 더 중시하니 남자들보다 그런 경향이 강하다. 본능적으로 이러한 사실을 알기에 여자들은 직접적으로 미움을 표출하지 않고 은밀한 따돌림을 통해 상대를 공격을 가하는 것이다.

결국 이런 상황을 궁극적으로 해결하려면 가해자가 잘못을 깨닫고 스스로 바뀌어야 하는데, 현실적으로 불가능한 얘기다. 남의 말에 잘 휘둘리는 동조자에게 어느 날 갑자기 소신과 줏대가 생기기를 기대하는 것도 어렵다. 그러니 보다 현실적인 대안은 어른이 되어서도 여전히 질 낮은 관계력을 휘두르는 여자들의 심리를 파악하고, 여기서 벗어나는 것이다.

관계력이
무기다

피해자가 되지 않기 위해서는 관계력이 중요하다. 긍정적인 관계력이 있는 사람은 관계 내에서 공감, 존중, 배려를 중요하게 여긴다. 이들은 좋은 친구를 만들 줄 아는 능력과 적을 만들지 않는 능력을 갖고 있다. 이 덕목을 지닌 사람은 과도한 자랑으로 친구를 적으로 돌리지 않고, 지나친 질투로 친구와 멀어지지도 않는다. 친구에게 기쁜 일이 생기면 진심으로 축하해줄 줄 안다.

하지만 인생을 살다 보면 나를 적대시하며 해를 입히려는 사람을 만나기 마련이다. 이때 좋은 친구들은 적의 공격으로부터 나를 지키는 방패가 되어준다. 예를 들면, 누군가가 나에 대해 험담을 하고 좋지 않은 소문을 내고 다녀도 친구들은 그 말에 쉽게 휩쓸리지 않는다. 누군가가 따돌리려고 해도 나를 옹호하고 지켜주는 사람이 많기 때문에 타격이 크지 않다.

무리 내에서 갈등이 생겼을 때 관계력이 뛰어난 사람의 진가가 더욱 빛을 발한다. 반면 평소에 법 없이도 살 정도로 선한 사람이라고 해도, 관계력이 부족하다면 험담과 따돌림 등의 불미스러운 상황이 발생해도 옹호해주며 지지해줄 사람이 없어 굉장히 힘들수 있다.

그러니 주변에 나를 지지해줄 만한 친구는 있어야 한다. 나에 대해 잘 모르는 사람들이 먼저 나서서 내 편을 들어주지 않는다. 내가 아무런 잘못이 없다는 것을 안다 해도 선뜻 나서서 도와주는 건 쉽지 않다. 괜한 일에 휘말려 자신들마저 피해를 볼까 봐 걱정되기 때문이다. 하지만 신뢰를 나눈 사람들은 어떻게든 나를 보호해줄 것이다. 그러기 위해선 내가 먼저 타인에게 공감하고 배려하는 마음을 보여야 한다. 좋은 사람들과의 관계에서 공감과 배려는 반드시 되돌아온다. 사람과 사람 사이에 흐르는 공감과 배려는 신뢰가 되어 차곡차곡 쌓인다는 믿음을 갖고 내 옆에 있는 사람들에게 진심을 전해보자. 내가 곤경에 빠졌을 때 누구보다 나를 지지해줄 사람이 그들이다.

나쁜 관계력이
따돌림에 이용되는 과정

우선 따돌림을 주동하는 엄마들이 나쁜 관계력을 어떻게 활용하는지 그 과정을 살펴보자. 다섯 단계로 나누어보았다.

1. 자기편을 모은다

자존감이 낮은 사람은 불안도가 높아서 자기편을 만들어 자신과 뜻이 맞지 않은 사람을 배제하려는 습성이 있다. 그런 습성이 강한 사람은 부자연스러울 정도로 타인과 친밀한 관계를 형성하려

한다. 자존감이 높은 사람은 억지 친밀감을 만들어내려 하지 않는데, 자존감이 낮은 사람은 눈에 띄게 친절하고 적극적으로 관계를 만들어 나간다. 그러니 지나치게 환심을 표하며 다가오는 사람은 오히려 경계해야 한다.

2. 표적을 정한다

주동자의 적이 되는 사람은 주로 열등감을 자극하거나 심기를 건든 사람이다.

미모가 뛰어난 여자나 자신의 의견을 당당하게 표현하는 여자는 표적 명단에 일 순위로 이름을 올리게 된다. 연예인이나 셀럽처럼 자신들의 삶과 동떨어진 여자가 화려하고 당당하면 동경하지만, 자기 주변에 있는 여자가 이런 특징을 지니고 있으면 상대적으로 자신이 초라해 보여 열등감을 느낀다.

은따 주동자들은 아주 사소한 것에도 심기가 불편하다. 특히 자신보다 나을 것이 없는데도 행복해 보이는 사람의 존재는 그야말로 눈엣가시다. 마음이 삐뚤어진 사람은 누구든 표적으로 삼아서 자신의 불행을 전염시키려 한다. 가령 겉으로 보기에 내세울 것 없지만 항상 밝고 긍정적인 사람이 있다고 치자. 그 긍정과 밝음에 질투를 느껴, 예쁜 미소를 슬픈 울음으로 바꾸기 위해 상대를 괴롭힌다.

3. 서두르지 않고 때를 기다린다

이들은 서두르지 않는다. 상대의 경계심을 완전히 무너뜨리고 무방비 상태일 때 공격을 개시한다. 속으로는 칼을 갈고 있으면서 겉으로는 여전히 상대에게 애정이 있는 척, 상대를 인정하는 척 연기한다. 이들은 상대를 궁지로 몰아세우기 1분 전까지도 따뜻한 미소와 겸손함을 보인다. 그렇게 상대의 경계심이 사라졌을 때 공격해야 상대가 더 혼란스럽고 우왕좌왕한다는 걸 안다. 이러한 교묘한 수법은 실패하는 법이 없다. 혼란스러운 상대는 이들이 베풀었던 친절함을 기억하며, 자기에게 문제가 있어서 화를 입었다고 자책하기 때문에 복수는 생각도 않는다. 오히려 반성만 할 뿐.

엄마들 중에도 이런 사람이 많다. 어제까지만 해도 아이들과 키즈카페도 가고 맛있는 음식도 사 먹고 즐겁게 웃으며 헤어졌는데 다음 날부턴 상대 엄마가 만나도 본체만체하고, 다른 엄마들을 모아 자기 뒷담화를 하고 다닌다. 그렇게 충격을 받으면서도 문제의 원인을 자신에게서 찾으려 한다. 며칠 동안 상대 엄마에게 자신이 무엇을 잘못했는지 머릿속 비디오를 돌려보고 또 돌려보며 상대방이 기분 상했을 만한 일이 있었는지 살핀다. 최근 있었던 일을 되감기 해봐야 소용없다. 사람은 그렇게 쉽게 하루아침에 돌아서지 않는다. 상대는 이미 오래전부터 때를 기다리고 있었던 것이다.

4. 질투를 위장한다

만약 당신의 화목한 부부 사이를 누군가가 질투한다고 하자. "저 엄마가 남편이랑 사이가 좋아서 내 기분이 더러워. 그러니까 다 같이 따돌리자"라고 직접 말할 사람은 없다. 자기가 질투심을 느낀다는 것은 자신의 열등함을 인정하는 꼴이니까. 그들은 대신 언뜻 합당해 보이는 명분, 공분을 살 만한 구실을 찾는다. 질투를 위장하는 가장 좋은 법은 상대를 비판할 수 있는 근거를 찾아 끌어 내리는 것이다. 가장 잘 먹히는 방법은 인격적인 결함이 있는 사람 으로 몰아가는 것이다. 예를 들어 부자에겐 '가난한 사람을 무시한 다', 아름다운 사람에겐 '자기가 제일 예쁜 줄 알고 오만하다', 긍정 적인 사람에겐 '위선적이다'라는 오명을 씌우는 것이다.

단점 없는 사람은 없다. 털어서 먼지 하나 안 나는 사람은 없으 니, 대수롭지 않은 단점을 찾아내는 건 쉬운 일이다. 문제는 이런 단점이 여러 입을 거치며 큰 단점으로 부풀려진다는 거다. 그 단점 을 비난하며 자신의 진짜 의도인 질투심과 열등감을 숨긴다. 만일 상대를 비방할 수 없는 상황이라면 오히려 부자연스러울 정도로 과도하게 띄어주며 칭찬을 한다. 이것 역시 질투의 또 다른 표현이 다. 그러면 또 그렇게 칭찬했을 때 보이는 미소를 '오만함'이라고 꼬투리 잡을 것이다.

5. 조력자와 함께 작전을 개시한다

주동자는 혼자서 괴롭히지 않고 여러 명의 조력자를 끌어모은다. 개인적으로 연락해서 친하게 지내고 싶다는 마음을 표현하고 저 사람이 내 조력자가 될지 말지를 탐색한다. 만나서 밥을 사거나 선물을 주면서 자신에 대한 호감도와 충성도를 높이려고 한다. 어느 정도 자기편이 만들어지면 단톡방을 따로 만든다.

"저 사실 할 말 있어요. 뒷담화처럼 들릴까 봐 이런 얘기는 안 하려고 했는데, 글쎄 세준맘이 이런 말을 하더라고요. 아무래도 다들 알아야 할 것 같아서 어렵게 이야기 꺼내요"라며 뒷담화가 아니라는 뒷담화를 시도한다. 이 중 정신이 말짱한 사람이 "그런 문제가 있으면 우리끼리 뒤에서 얘기하지 말고 당사자랑 직접 얘기해봐요"라고 이의를 제기하면 보통 이렇게 반응한다.

"상처받을까 봐 직접 말은 못 하겠어요. 속상하지만 그냥 제가 참을게요."

피해자 코스프레를 하며 동정표를 얻으려 하거나 표적을 이의제기한 사람 쪽으로 바꾼다. 보통은 남의 일에 끼어들었다가 이런 식의 화를 당하고 싶지 않아 모른 척 방관하게 된다.

그나마 누구 한 명이라도 뒷담화에 브레이크를 밟아주면 멈칫하는데, 모두가 뒷담화에 휩쓸리면 천군마마를 얻은 듯 신나서 얄미운 짓을 하기 시작한다. 보란 듯이 자기들끼리 브런치 먹고 키즈카페에 간 사진을 SNS에 올리고 카톡 프로필 사진도 바꾼다. 상태

메시지는 "우리 우정 영원히".

어느 날 주변 사람들이 당신에게 서늘한 냉기를 풍긴다면 이미 그녀의 작전은 시작된 것이다. 어찌 보면 여자들 싸움은 평판 싸움이다. 지나치게 친절하고 잘 웃고, 남에게 잘 맞춰주는 여자를 조심하라. 친절해 보이지만 실은 가장 파워 있는 사람일지 모른다. 자신의 감정을 티 내지 않는 건 고수만 할 수 있는 일이다.

물론 보통은 이런 치사한 행동은 하지 않는다. 내가 보아온 대부분의 여자들, 특히 엄마들은 불편한 점을 부드럽게 돌려서 표현하거나, 거리를 두고 아예 그 사람과 마주치지 않으려 한다. 즉, 상대방이 싫어도 본인 선에서 끝내지, 다른 사람까지 끌어들여 따돌리지는 않는다. 동조자는 어떤가? 분별력이 있는 사람은 이간질에도 쉽게 놀아나지 않으며 따돌림에 동조하지 않는다. 분별력이 부족한 사람이 무리에 휩쓸린다. 게다가 평판이 평소에 좋지 않다면, 평소 타깃이 된 사람에게 안 좋은 감정이 있었거나 열등감을 느꼈다면, 기회는 이때다 싶어 가담하게 된다.

사실 여자는 정도 차이는 있을지언정 누구나 이런 능력을 지니고 있다. 유치원만 가봐도 안다. 여자아이들이 얼마나 자신의 편을 만들기 위해 노력하는지, 그리고 마음에 들지 않는 친구를 어떻게 벌 주는지. 역할놀이에 끼워주지 않거나 다른 친구들에게 "얘랑 놀지 마"라는 말로 친구들 사이에서 자신의 힘을 행사한다.

다행인 건, 그래도 모든 엄마가 이런 방식으로 인간관계를 맺는 것은 아니라는 점이다. 나도 살아오면서 이런 식으로 관계를 맺는 사람을 몇몇 봤지만, 신뢰와 진실로 맺어진 관계가 그보다 더 많았다. 이런 식의 관계는 건강하지 않다는 것을 인식하고, 그런 관계에 속해 있다면 조속히 벗어나야 한다는 것만 명심하자.

선한 관계력을 키우는 법

자기편을 만드는 능력이 부족하더라도 인간관계에 집착하지 않으면 크게 피해 볼 일은 없다. 하지만 자기편 만드는 능력이 부족함에도 인간관계에 많은 신경을 쓰는 사람은 인생이 고달플 수 있다. 이런 사람은 갈등이 생겼을 때 자기편을 들어주는 사람이 없다고 생각해 자기 의견도 제대로 표현 못 하고 타인에게 끌려다닌다. 그런 사람들을 위해 선한 관계력을 키우는 데 도움이 되는 세 가지 팁을 제시한다.

1. 결이 맞는 사람들과 만난다

끼리끼리는 과학이다. 뒷담화 좋아하고 편 나누기 좋아하는 사람이 다수인 집단에서는 도덕성이 높은 사람이 오히려 빌런이 된다. 모이면 남 얘기하는 게 낙인 무리에서 혼자 "우리 뒷담화하지 맙시다"라고 얘기하면 "와, 재수 없네"라는 반응만 돌아올 것이다.

반대로 상호 간 배려와 매너를 중요하게 여기는 집단에서는 자기 의견을 필터 없이 말하는 사람이 배제된다. 유대감을 쌓으려고 다른 사람의 사생활을 흘리거나 다른 사람을 깎아내리는 말을 한다면 그 집단에서 배제될 가능성이 크다. 그래서 내 성향과 맞는 집단에 있어야 안전하다. 자신의 가치관을 가르치려 들 필요도 없고, 그들의 잘못된 점을 비난하며 시간을 허비할 필요도 없다. 나와 맞지 않은 무리라는 생각이 들면 조용히 떠나자. 그리고 나를 인정해주고 존중해주는 사람들과 좋은 관계를 맺어 나가면 된다.

2. 비호감 요소를 줄인다

반복적으로 따돌림을 당한다면 나 자신에게 원인이 될 만한 부분이 없는지도 객관적으로 살펴봐야 한다. 따돌림을 정당화할 수는 없지만, 소외되는 일이 반복적으로 일어난다면 본인이 빌미를 제공하고 있을 수도 있다. 비호감 요소가 많으면 표적이 되기 쉽고, 표적이 되었을 때도 자신을 방어해주는 사람보다 동조하는 사람이 많을 수밖에 없다. 그래서 공격받을 빌미를 제거하는 것이 중요하다. 엄마들 사이에서 비호감이 되는 요소는 대개 이렇다.

- 자랑이 심하다. 특히 자식 자랑은 치명적이다.
- 은연중에 자신은 남과 달리 특별하다는 식의 오만함을 풍긴다.
- 자기 말만 많이 하고 남의 얘기에는 관심이 없다.

–말투에 배려가 없고 선을 넘는 말을 많이 한다.

–남들이 자신을 싫어하는 이유가 자신을 질투해서라고 생각한다.

자기중심성이 강한 사람은 자신을 객관화해서 볼 줄 모른다. 이들은 자녀가 친구들에게 소외당해도 "네가 잘나서 질투하는 거야"라며 잘못된 조언을 한다. 물론 실제로 질투받는 경우도 있을 것이다. 하지만 현명한 사람은 타인의 질투를 유발하지 않기 위해 노력한다. 그러니 자기 언행을 주의 깊게 관찰해보는 게 우선이다. 인간은 자신의 삶을 가장 중요하고 특별하게 여기며, 타인을 위한 관객이 될 생각은 추호도 없다. 만약 자신이 너무 잘나서 질투를 받는다고 생각한다면, 잘난 점을 적당히 감추는 법을 배우자. 불꽃이 너무 강하면 주변이 타들어간다. 사람들은 자신이 타들어가지 않기 위해 불꽃을 피하거나 아예 불꽃을 꺼뜨리려 할 것이다. 그러기 전에 스스로 그 강한 불꽃을 조절해야 한다.

3. 타인에게 관심을 갖고 귀를 기울인다

자신만 중요하다는 생각을 멈추고 타인에게 관심을 가지면 비호감에서 호감으로 바뀔 수 있다. 가장 쉬운 방법은 타인의 이야기를 잘 들어주는 것이다.

내 이야기를 많이 했을 때 기가 빨리는지, 남의 얘기를 많이 듣고 왔을 때 기가 빨리는지 생각해보라. 듣는 행위는 수동적인 행위임에도 남 이야기만 듣고 오면 기가 더 빨린다. 그러니 누군가를 만나서 자기 자랑 혹은 하소연만 주구장창 하고 오면, 앞에서는 티 내지 않겠지만 다음부터 당신을 만나고 싶어 하지 않을 것이다.

반대로 사람들은 자신의 이야기를 잘 들어주는 사람에게 호감을 느낀다. 이때 그저 녹음기처럼 듣고만 있는 것이 아니라 상대의 말에 적절히 공감하는 리액션을 곁들이면 관계에 신뢰와 애정이 싹튼다. 상대의 고민을 별일 아닌 것처럼 치부하거나 말을 끊고 충고하는 행위는 관계를 단절시킨다. 사람은 자신의 자존심을 상하게 하는 사람을 존중하지 않으며, 존중하지 않는 사람을 공격하는 것에는 양심의 가책을 느끼지 않는다. 하지만 자신의 이야기에 진심으로 공감해주고 존중해주는 사람에겐 신뢰를 갖기 때문에 다른 사람이 악의적으로 이간질을 한다고 해도 쉽게 휩쓸리지 않는다.

따돌림 극복 방법
일곱 가지

당신이 가해자, 피해자, 동조자가 되지 않을 수 있는 방법, 설령 되더라도 잘 극복해낼 수 있는 방법을 이야기해보겠다.

1. 평판을 지키고 표적이 되지 말 것

우선 예방이 중요하다. 누울 자리 보고 다리 뻗는다는 속담이 있다. 평소 자기 이야기를 많이 하는 사람이라면 따돌림의 표적이 될 가능성이 높다. 말이 많으면 말실수를 할 가능성도 많고 그만큼 약점 잡히기도 쉽다. 이들은 자신에게 해가 될 사람인지 아닌지도 못 알아보고 속을 드러냈다 당하는 경우가 많다. 그러니 말을 아끼고 평판을 지켜라. 침묵은 신비로운 분위기를 풍기고, 깊이를 알 수 없는 신비함은 약간의 카리스마도 만든다. 깊이를 알 수 없기에 함부로 공격하지 못한다.

2. 험담 당사자에게 직접 이야기할 것

누군가 악의적으로 나와 내 가족에 관한 험담을 하고 다니는 것을 알았다면 가만히 두고만 있어서는 안 된다. 직접 연락해서 그만두라고 해야 한다. 물론 처음에는 그런 적 없다고 잡아떼겠지만 속으로는 두려움을 느끼고 그만둘 것이다. 그럼에도 계속된다면 법적 대응을 하는 것도 방법이다. 단, 침착하고 차분하게 증거를 모아서 접근해야 한다. 증거가 없다면 괜히 피해망상을 가진 사람으로 오해받을 수도 있다. 이때도 나를 지지하는 엄마 친구가 있다면 증거 수집에 도움을 줄 것이다.

3. 연대 의식을 심어줄 것

따돌림의 발단은 험담에 대한 고자질인 경우가 많다. 가령 A와 B가 평소 친하게 지내며 같은 무리 사람들에 대해 험담을 많이 했다. 만나서는 물론 카톡으로도 험담을 주고받았다. 그런데 A가 그동안 B가 해온 험담을 다른 엄마들에게 고자질했다. B는 뒤늦게 이 사실을 알고 해명하려 했으나 사람들은 B의 말을 믿지 않는다. B는 혼자만 당하려니 억울하지만 어쩌랴. 그러니 A 같은 사람에게는 제대로 연대 의식을 심어줘야 한다. "당신도 같이 험담했잖아요"라는 말은 별 효력이 없다. 대화 내용이 담긴 메시지를 캡처하여 증거로 남겨놓고, A에게 보내주며 한마디 남겨라.

"내일까지 모든 상황을 해결해놓길."

4. 복수하려면 철저하게 계획할 것

똑같이 되갚아주고자 하는 엄마들도 많은데, 그러지 말자. 『군주론』을 쓴 마키아벨리는 "상대를 해하고자 할 때는 상대의 복수를 두려워할 필요가 없는지 먼저 살펴야 한다"라고 말했다. 만약 복수하고 싶으면 드라마 〈더 글로리〉의 문동은 급으로 철저하게 준비해야 한다. 그렇지 않으면 역공격만 당할 뿐이다. 타인의 마음을 조종해서 여론을 형성하고 누군가를 공격하는 기술은 하루아침에 터득되는 게 아니다. 대개는 아주 어린 시절부터 많은 경험을 통해 체화했기에 어른이 되어서도 같은 행동을 하는 것이다.

한 번이 무섭지 두 번은 안 무섭다. 어릴 때 친구를 조종하고 휘두른 경험이 그 아이 인생에 잘못된 깨달음을 주었을 것이다.

'아! 인간은 이토록 쉽게 남에게 속고 배신도 하는구나. 이들을

조종하면 내가 원하는 건 뭐든 얻어낼 수 있겠어.'

이런 인생관으로 평생을 살아왔으니, 되갚아주려는 사람에게 당하지 않는 법에 관해서도 시나리오별 대책이 있을 것이다. 이들은 자신이 가해자이면서 피해자로 보이게 하고, 피해자를 가해자로 모는 데 탁월한 재주가 있다. 그러니 섣불리 되갚아주려는 생각은 더 큰 위험으로 되돌아올 수도 있다는 것을 염두에 두자.

5. 무시할 것

대놓고 그만하라고 할 자신도 없고, 법적 대응을 하기엔 일이 커질 것 같다. 하지만 너무 억울해서 진실을 밝히고 싶다는 생각이 들 것이다.

그러나 발타자르 그라시안도 말했다. 무시하는 게 가장 훌륭한 대처법이라고. "당신에 대한 헛소문을 잠재우는 가장 효과적인 방법은 그것에 대해서 못 들은 척하는 것이다. 맞서 싸우고 반론을 제기할수록 사람들은 오히려 당신을 믿지 않고, 당신을 비방한 상대는 교묘한 만족감을 느낄 것이다."

그러니 억울해도 그냥 철저하게 무시해라. 시간 지나면 다른 먹잇감을 찾으러 간다. 그들의 관심은 오래 지속되지 않는다. 당신한테 특별한 악감정이 있어서 따돌리는 것이 아니라, 그들의 성정이 본디 탁하고 악해서 그런 것이다. 다행인 점은 이런 부류는 쉽게 싫증을 낸다는 것이다. 그래서 실컷 욕하고, 질린다 싶으면 당신은 잊어버리고 또 다른 희생양을 찾는다. 그러니 고통과 모욕감이 평생 갈 거라 생각하며 괴로워 말길. 따돌림당했다는 사실에 주눅 들필요도 없다. 정작 주눅 들어야 하는 사람은 나이 들어서도 미성숙하게 누군가를 따돌리는 사람이다.

6. 초연할 것

학교 폭력처럼 신체적 외상을 입는 것도 아니고, 엄마들 모임이 학교처럼 빠져나오기 힘든 곳도 아니다. 그런데도 힘든 이유는 '나는 꼭 그 무리에 들고 싶었는데 소외되었다'라는, 소속되고 싶은 강한 심리 때문이다. 그러니 소속되고픈 욕망을 내려놓으면 따돌림 문제를 생각보다 쉽게 해결할 수 있다. 내가 잘 지내고 싶은 마음이 전혀 없는 무리는 나를 따돌릴 수 없다.

갑자기 편을 모아서 따돌리기 시작하면 이렇게 생각해라.

'잘됐네! 그렇지 않아도 어울려 다니기 싫었는데, 고맙군.'

지혜로운 사람은 타인의 정서적인 공격 앞에 초연한 마음으로, 태연하게 행동한다.

스스로 격정을 잠재우고 분노를 통제하자. 양서를 읽거나 영화를 보며 마음을 다잡자. 방관자와 동조자 앞에서도 조심하자. 그들 앞에서 지금 상황이 힘들다며 슬픈 표정을 짓는다면 아주 잠시 동정은 하겠지만, 이내 우습게 여길 것이다. 그러니 어떤 경우에도 그들 앞에선 감정적으로 흔들리는 모습을 보이지 말자.

7. 혼자가 되는 것을 두려워 말 것

엄마들과의 갈등과 따돌림으로 힘들어하는 엄마에게 꼭 해주고 싶은 말이 있다. 모든 일에는 양면성이 있다는 것이다. 날카로운 식칼도 날을 잡으면 손에 상처가 나지만 손잡이를 잡으면 훌륭한 요리 도구가 된다. 나쁜 인간관계를 겪고 나면 사람 보는 안목이 생기고, 그런 관계에 휘말리지 않을 통찰력도 얻게 된다. 무엇보다 자신을 돌아보는 계기가 될 수 있다.

한 엄마는 내게 이런 말을 했다. "몇 년간 친하게 지낸 엄마들에게 하루아침에 따돌림을 당해 힘든 시간을 보내고 있습니다. 하지만 이 일을 계기로 저를 돌아보고 반성하고 있어요. 저는 늘 다른 엄마들을 질투하고, 주동해서 따돌리고, 나쁜 소문도 내고 다녔거든요. 그러다가 결국 제가 따돌림을 당하게 되었고요. 그동안 제 행동에 얼마나 문제가 많았는지 깨닫게 되었어요. 모두 인과응보 같아요."

사람이 자신을 돌아본다는 게 쉽지 않은 일인데, 이런 이야기를 들려주는 엄마들이 생각보다 많다. 사실 따돌림의 특징 중 하나가 가해자가 피해자가 되고, 피해자가 가해자가 된다는 점이다. 이 악순환을 멈추기가 쉽지 않다. 하지만 피해자가 되는 경험을 통해 자기 잘못을 돌아보는 계기가 되었다면 부정적으로만 생각할 일은 아니다.

문제는 이런 피곤한 여자들 무리에서 끝까지 버티고 싶어 하는 사람도 있다는 것이다. "엄마들 무리에서 따돌림을 당하고 있는데요. 어떻게든 다시 잘 지내보고 싶어요. 방법이 없을까요?"라는 질문을 정말 많이 받았다.

"그 이유가 뭐죠?"라고 물으면 대부분 비슷한 대답을 한다.

"아이들도 같은 어린이집을 다니고 있고, 그 사람들 아니면 친구가 없어요."

본인이 더 잘 버틸 수 있는 걸 선택하면 된다. 무리 속에서 괴로울 것인가, 나 자신과 잘 지내며 혼자 외로울 것인가.

나라면 가학적인 괴로움보다는 건강한 외로움을 선택하겠다. 나를 잃어가면서까지 지켜야 할 관계는 없기 때문이다.

인간은 혼자 잘 지낼 줄 알아야 타인과도 잘 지낼 수 있다. 타인과의 관계가 힘든 사람은 의존적 성향이 짙다. 의존적인 성격은 인간관계에 지나치게 집착하게 하고, 관계를 잃을까 봐 모든 걸 타인에게 맞춘다. 결국 관계에서 내적 힘의 균형이 어느 한쪽으로 쏠리고 만다. 내적 힘이 부족하면 무리에서 쉽게 희생양이 된다.

"아이들을 기관 보내고 나서 하루가 멀다 하고 차 마시고 브런치 먹고 수다를 떨었는데 이제는 그럴 사람이 없어서 외롭고 힘들어요."

어떤 엄마는 갑자기 남자 친구와 헤어진 것처럼 상실감을 느낀다고 했다. 이유는 외롭고 심심해서란다.

이참에 외로움과 친해지는 경험을 해보길 바란다. 의존성에서 벗어날 기회다. 혼자만의 시간을 보내며 책도 읽고 운동도 하고 영어 공부도 하며 자기에게 집중하는 시간을 보내는 것이다. 몸도 마음도 더 튼튼해질 것이다.

『고독의 힘』을 쓴 원재훈 작가는 "고독은 위로고 위안이고 치유"라고 했다. 작가는 고독한 시간을 갖고 견뎌낸 사람은 삶과 죽음에 대한 태도까지 달라질 수 있다고 말한다. 고독을 겪어내고 나면 관계에 연연해하지 않게 되고, 단절과 소외에서 오는 상처마저 별것 아닌 것으로 받아들일 수 있다. 혼자서도 충분히 행복하고 의미가 있기 때문이다. 평생 혼자 있으라는 얘기가 아니라, 고독이 찾아온 그 시기를 잘 버텨낼 줄 알아야 한다는 뜻이다.

시인 보들레르는 "혼자 있을 줄 모르는 불행이라니!"라며 고독하지 못해 불행해지는 것을 안타까워했다. 고독을 통해 타인이 아닌 나 자신과의 관계에 더욱 애정을 쏟자. 혼자서도 잘 지낼 수 있는 홀로서기 근력을 키운다면 훨씬 더 자유롭고 주체적인 삶을 살 수 있는 동력이 될 것이다.

홀수의 저주는 대물림되지 않는다

지인이 딸아이 친구 문제로 고민 상담을 해왔다. 셋이 무리 지어 다니는데 둘이 더 친해져서 자기가 소외될까 봐 딸아이가 크게 걱정한단다. 흥미로운 건 엄마도 같은 고민을 한다는 것이었다.

"저도 어릴 때부터 친구 셋이 친하면 항상 혼자 남겨질까 봐 불안해했는데 딸도 그런 고민을 하니 걱정이 커요. 고민이 현실이 되어 결국 항상 혼자 남겨졌거든요. 홀수의 저주도 대물림될까요?"

홀수의 저주란 모임이 홀수 인원으로 구성되면 한 명이 소외된다는 데서 만들어진 말이다. 홀수, 특히 셋이 모이면 이런 불편한 상황이 빚어지는데도 주변을 둘러보면 셋으로 구성된 모임이나 친구 관계가 꽤 많다. 왜일까?

둘이서만 놀면 좀 심심하고, 넷이 놀면 두 명씩 갈라져 놀게 되고, 다섯은 너무 많아서 같이 몰려다니기 힘들기 때문 아닐까. 결국 셋이 노는 것이 가장 이상적인데, 동시에 균형감이 가장 적은 관계이기도 하다. 무리 내에서 균등하게 친하기 쉽지 않으니 누군가는 혼자 남게 될 확률이 있다.

초등학교 체육 시간에 선생님이 부르는 숫자에 맞춰 모이는 게임을 할 때마다 은근히 스트레스를 받았던 기억이 난다. 나를 포함 셋이서 친했는데, 선생님이 '둘'이라고 외치면 누구를 선택할지 고민하는 사이 나머지 두 친구가 이미 짝을 이루고 나는 홀로 남겨졌다. 서로 배려하는 사이에서는 이번엔 이 친구와 한 번, 다음엔 저 친구와 한 번 짝을 하며 관계를 잘 유지하기도 했고, 안정감을 느낄 수 있는 다른 친구를 사귀기도 했다.

친구 관계에 유난히 민감하거나 불안도가 높은 사람은, 아무도 따돌리지 않는데도 스스로 따돌림을 당했다고 오해하기도 한다. 달리 생각해보면 그저 마음 맞는 두 명이 더 친해진 것일 뿐이다. 그 과정에 나머지 한 명에 대한 배려가 부족한 경우가 있지만 이를 두고 따돌림이라 할 수는 없다. 지속적인 험담, 투명 인간 취급하기, 한 명만을 제외하고 과도하게 친밀함 과시하기 등의 고의적인 요소가 없다면 따돌림은 아니다.

오히려 모든 사람이 똑같이 친하게 지내야 한다는 믿음 자체가 개인의 자유를 존중하지 않는 위험한 생각이다. 누구에게나 더 가까워지고 싶은 사람과 덜 가까이 하고 싶은 사람이 있고, 그것 역시 존중받아야 할 개인의 자유다.

아이에게도 알려줘야 한다. 모두 똑같이 친하게 지낼 수 없는 것이 인간관계라고. 그리고 시간이 흐르거나 상황이 바뀌면 관계의 양상 역시 얼마든지 달라질 수 있다고.

어린 시절 맺은 인간관계는 성인이 되어서도 영향을 미친다. 이때 제대로 대처하는 법을 터득하지 못하면 어른이 되어서도 평생 인간관계 때문에 고통받는다. 안타깝지만 인간관계는 내 마음처럼 되지 않는다. 나도 그렇다. 더 오래 알고 지냈어도 새로 알게 된 사람에게 마음이 더 끌릴 때도 있고, 상대방이 나와 가까워지고 싶어 하는 마음을 알면서도 나는 그런 마음이 안 들 때도 있다. 반대의 경우도 마찬가지로 존재한다. 조금 서운하지만 그게 세상 이치라는 것을 받아들이면 삶이 편하다. 내가 전전긍긍한다고 해서 달라질 일이 아니다.

"홀수의 저주도 대물림될까요?"라는 고민에 나는 이렇게 답해
주었다.

"세상은 넓고 친구는 많아요. 그러니 불안해하지 마세요."

엄마도 자녀도, 두려워 말길. 홀수의 저주는 대물림되지 않을 것
이다.

7장

방어기제를 알면
관계 해결의 실마리가
보인다

사람 간의 만남은
방어기제 간의 만남

모든 사람은 저마다 방어기제를 가지고 있다. 사람은 자아가 위협받는 상황에서, 무의식적으로 자신을 속이거나 상황을 다르게 해석하여 상처로부터 스스로를 보호한다. 이것이 방어기제다. 방어기제는 외부의 감염이나 질병으로부터 우리 몸을 지켜주는 면역체계와도 같다. 쉽게 말해 불안한 상황에서 자신을 지키는 자동장치다. "한 사람의 성격은 그가 주로 사용하는 방어기제 레퍼토리의 총합이다"라는 말이 있듯, 사람마다 성격이 다른 것은 그가 주로 사용하는 방어기제가 다르기 때문이기도 하다.

예를 들어 다툼 후에 즉각 말로 해결하려는 방어기제가 발동되는 사람이 있는 반면, 시간을 두고 생각하려는 방어기제가 발동되는 사람이 있다. 옳고 그름의 문제가 아닌 각자 방어기제의 차이라는 것을 인식하면 갈등을 해결할 실마리도 더 쉽게 찾을 수 있다.

내 남편의 경우 마음이 고될 때 혼자만의 시간을 충분히 갖고 생각을 정리한다. 문제가 생기면 즉각 해결하는 유형인 나는 결혼 초반에는 "대체 왜 그래요? 얘기를 해야 알죠. 말해봐요" 하고 재촉할 때가 많았다. 갈등이 생기면 대화로 해결하는 것이 옳다고 생각한 나는 침묵하는 남편을 보고 갈등을 회피한다고 생각하며 원망한 적도 있었다. 그러면 남편은 한발 물러섰고, 답답한 나는 더 다가갔다. 서로의 방어기제를 이해하지 못하니 다툼이 생기면 쉽게 해결되지 않았다. 그러나 몇 년의 결혼 생활 끝에 우리는 서로의 방어기제가 다르다는 걸 이해했고, 이제 남편은 갈등이 생기면 말로 표현하려 노력하고 나는 남편이 입을 닫아도 시간을 두고 기다려줄 수 있게 되었다.

나의 오랜 벗인 한 친구는 불쾌한 상황에서 농담을 잘 건넨다. 이를테면 다른 친구가 "너 요즘 살쪘어? 뚱뚱해 보인다"라고 선 넘는 말을 해도 "너 오늘 렌즈 안 끼고 왔구나. 요즘 살 빠졌는데"라며 장난스레 웃으며 받아친다. 친구는 기분이 나빠도 유머라는 방어기제를 사용하여 공격성을 누른다.

반면 미성숙한 방어기제를 사용하면 자기 자신에게뿐 아니라 관계에도 치명적인 악영향을 미친다. 엄마들의 관계에서도 미성숙한 방어기제로 인해 관계에 금이 가는 경우가 비일비재하다. 방어기제는 말 그대로 스트레스 상황에서 자신을 방어하기 위한 무의식적인 반응이지만, 상대방 입장에서는 자신을 공격하는 행위로도 보일 수 있기 때문이다.

서로의 방어기제를 이해하면 불필요한 오해를 줄일 수 있다. 상대의 비난과 공격이 실은 불안한 자신을 보호하려는 행동임을 안다면, 상대를 보다 잘 이해하고 대처할 수 있게 되고 관계에 금이 가는 일도 줄일 수 있다.

르상티망이 문제다

엄마들이 만나면 서로의 일상뿐 아니라 다양한 주제에 관한 이야기를 나눈다. 이번 휴가는 어디로 갔는지, 어떤 호텔에 묵었는지, 아파트 시세가 어떤지 등에 관한 이야기를 할 때도 많다. 그러다 보니 자연스레 각 가정의 재력 수준이나 씀씀이가 드러나게 되는데 이때 엄마들의 반응도 다양하다. 가령 평소 친한 엄마가 고급 휴양지의 스위트룸에서 여름휴가를 보냈다는 이야기를 했다고 가정해보자.

A는 감탄사를 연발하며 부러워하고 동경한다. 자기도 그 휴양지를 다녀오면 행복해질 것만 같다. 무리해서라도 그 휴양지를 가

려고 예약한다. 반대로 B는 쿨한 표정을 지으며 이렇게 말한다. "아는 사람이 거기 가봤는데 생각보다 별로래. 그래서 난 안 가려고." A와 B가 보이는 반응은 르상티망에 사로잡힌 자들이 이를 해소하기 위하여 보이는 전형적인 반응이다.

철학자 니체에 의하면 르상티망은 '약한 입장에 있는 사람이 강자에게 품는 질투, 원한, 증오, 열등감 등이 뒤섞인 감정'이다. 이런 르상티망에 사로잡힌 사람은 대체로 다음 두 가지 방식 중 하나로 그 상황을 해결하려 한다.

첫째, 르상티망의 기준이 된 가치기준에 예속, 복종한다. A처럼 타인에 대한 부러움을 해소하기 위해 예정에 없던 고급 휴양지를 무리해 예약해서, 자신이 더 이상 부러워하지 않아도 되는 상황으로 만든다.

둘째, 르상티망의 원인이 된 가치판단을 뒤바꾼다. B처럼 고급 휴양지에 대한 가치를 주관적인 해석으로 평가절하해서, '못' 가는 게 아니라 '안' 가는 상황으로 만든다. 마치 손이 닿지 않아 포도를 못 먹게 된 여우가 '저 포도는 어차피 시어서 맛이 없을 거야'라며 정신 승리를 하는 것과 비슷하다.

엄마들의 르상티망 리스트

일상에서도 자신이 갖지 못한 것을 평가절하하는 방식으로 르상티망을 해소하는 사례를 많이 볼 수 있다. 그중 가장 흔한 것이 바로 가진 자와 뛰어난 자에 대한 악감정이다.

'돈보다 건강과 행복이 중요하다.'

'부자는 인성이 좋지 않다.'

위의 말에는 '부자는 건강하지 않으며, 행복하지 않다. 게다가 인성도 좋지 않다. 그러니 나는 부자를 부러워하지 않는다'라는 의미가 담겨 있다. 하지만 무의식에는 '부자가 부럽다. 하지만 나는 어차피 부자가 될 수 없다. 그래서 괴롭다. 차라리 부자를 폄하하자. 그러면 상처받지 않아도 된다'라는 열등감이 자리 잡고 있다.

돈과 건강, 돈과 행복, 돈과 인성은 상반되는 가치가 아니다. 노력 여하에 따라 얼마든지 동시에 가질 수 있다. 그럼에도 어떻게든 돈의 가치를 평가절하해 스스로를 위안하는 것이다.

나는 '부' 자체는 선을 위한 좋은 수단이 될 수 있다고 생각한다. 부를 얻기 위해 노력하는 과정에서 자신도 발전하고, 시대의 발전에도 기여할 수 있다. 돈으로 시간을 사서 더 중요한 가치에 집중할 수도 있다. 예를 들면 주부에게 간절한 것 중 하나가 휴식이다. 휴식을 위해 집안일을 도와줄 사람을 고용할 수 있다면, 그만큼 더 쉴 수 있고 가족들과도 편안한 시간을 보낼 수 있다.

내가 이런 가치관을 갖게 된 배경에는 학창 시절 담임선생님의 영향이 컸다. 선생님은 20평 아파트에 살지만 주 2회 가사도우미의 도움을 받는다고 했다. 직장 다니며 집안일까지 다 하면 자기 몸이 너무 혹사되기에, 돈의 도움을 받아 자신에게 휴식을 선물한다는 것이다. 선생님은 형편이 넉넉하지 않아 외식비를 줄여서 가사도우미의 도움을 받지만 너희는 꼭 부자가 되어 돈으로 시간을 살 수 있는 사람이 되라고 말씀하셨던 게 아직도 귀에 생생하다.

돈으로 행복을 사는 사람도 있다. 나도 한창 일을 하느라 바쁠 때, 집안일을 할 여유가 없어 가사도우미의 도움을 받은 적이 있다. 도우미 아주머니는 내가 꿈도 못 꿀 명품 가방을 들고 다니고 얼굴에도 귀부인과 같은 윤기가 흘렀다.

"놀면 뭐 해? 남는 시간에 운동 삼아 몸도 움직이고 돈도 버는 거지." 대화를 나눠보니 취미 삼아 가사도우미 일을 하면서 사고 싶은 것도 사고 마사지도 받고 해외여행도 다닌다고 했다. 너무 멋지지 않나? 지금도 가끔 연락을 주고받는데, 여전히 열심히 일하고 행복을 누리며 산다고 한다. 자신의 부유함을 과시하며 타인에게 상처 주지만 않는다면, 부는 악이 아닌, 행복과 자유를 이루게 해주는 좋은 수단이다.

여자들은 미모나 명품에 관해서도 르상티망을 느낀다.

"다 고친 거래. 고치면 누구나 저 정도는 되지."

고친다고 누구나 김희선, 송혜교가 되는 것은 아니다. 알면서 왜 그러나!

"사람이 명품이어야지 가방이 명품이면 뭐해."

사람도 명품이고 가방도 명품인 사람 많다. 반대로 가방도 짝퉁이고 사람도 짝퉁인 경우도 많다.

엄마들의 르상티망은 종종 상대 아이를 질투하는 데서 발현되기도 한다.

"아이한테 공부 엄청 시키나 봐요. 요즘은 공부 잘하는 애보다 사회성 좋은 애가 더 성공한대요."

공부를 잘한다고 사회성이 안 좋은 것도 아니고 공부를 못한다고 사회성이 좋은 것도 아니다. 실제로는 학업과 사회성 사이에 상관관계가 없음에도, 학업능력이 뛰어난 것은 사회성이 좋지 않은 것이라고 폄하하며 자신을 위안하는 방어기제를 펼친다.

시기심을 인정하라

이 모든 것이 결국 갖지 못해 괴롭고 불편한 마음을 벗어나기 위해, 못 갖는 것의 가치를 평가절하함으로써 심리적 균형을 되찾으려 하는 방어기제다. 일시적으로나마 부정적 감정이 해소되기에 배가 아파 끙끙 앓는 것보다는 나을지도 모르겠다. 하지만 이런 마음을 말이나 행동으로 드러내는 것은 타인의 감정을 상하게 하고 관계에도 부정적인 영향을 미친다. 무엇보다 자신에게 해롭다.

차라리 자신의 욕구를 외면하지 말고 찬찬히 들여다보고, 그 욕구를 긍정적인 방향으로 표출해보자. 타인을 폄하할 게 아니라 자신의 열등감을 원동력 삼아 그 가치를 실현하기 위해 조금이라도 노력하는 게 자기 발전에도 좋다. 만약 노력해도 이루기 힘든 너무 원대한 욕구라 해도, 스스로를 너무 억압하지 않았으면 한다. 그 욕구를 인지한다는 것만으로도 자존감을 지킬 수 있다.

부러우면 지는 게 아니라 안 부러운 척하면 지는 거다. 내 아이가 잘되었으면 좋겠다는 마음, 남들보다 잘살고 싶다는 마음은 인간의 자연스러운 욕망이다. 내 안에도 이런 욕망이 있음을 알아차리고 그 욕망이 잘못된 것이 아닌 자연스러운 것임을 받아들인다면 오히려 마음에 여유와 관대함이 생긴다. 그리고 편안한 마음으로 자신의 성장에 투자한다면, 스스로 원하던 모습에도 더 가까워질 수 있다.

싸한 느낌이 든다면
수동 공격

적개심을 지닌 상대방에게 자신의 감정을 직접 표현하지 않고 간접적인 방식으로 표현하는 것을 수동 공격이라 한다. 예를 들어 명백히 화가 났는데도 인상을 잔뜩 쓴 채로 화나지 않았다고 하거나, 안 괜찮으면서 괜찮다고 한다. 물론 상대방을 배려해서 괜찮다고 하는 경우도 있지만, 수동 공격은 은밀하게 자신의 공격성을 드러내어 상대의 기분을 상하게 하는 것에 초점을 두고 있다. 사람들 앞에서 누군가의 약점을 은근히 드러내는 것도 수동 공격의 일종이다. 일부러 약속에 늦거나, 상대방을 화나게 하고 자신은 이유를 모르겠다는 듯 여유로운 표정을 짓는 것도 마찬가지다. 한마디로 수동 공격을 하는 사람은 앞에선 웃고 뒤에서는 골탕 먹인다. 겉과 속이 다르다.

보통의 사람들도 어느 정도의 수동 공격성은 갖고 있다. 적개심이 느껴지는 대상에게 직접 공격은 어렵고, 그렇다고 참고 넘어가고 싶지 않을 땐 간접적으로라도 공격하고 싶은 게 사람 마음이다. 큰 피해 주지 않고 자기 마음을 누그러뜨릴 정도로 적당히 사용하면 문제 될 건 없는데, 과하면 관계에 금이 가고 만다.

소희 엄마는 자기보다 두 살 많은 재석 엄마를 동경하는 동시에 시기심을 느꼈다. 재석 엄마는 소위 말해 다 가진 여자다. 돈 잘 버는 회계사 남편과 든든한 시댁, 그리고 화목한 가정에서 어릴 적부터 유복하게 자랐다. 배려와 매너를 갖추었고 다른 사람을 대하는 모습에서도 품격이 드러났다. 그녀와 친해지려고 소희 엄마는 공을 많이 들였다. 재석 엄마의 마음에 들기 위해 직접 생일 케이크도 만들어주고 재석이에게도 친이모로 보일 정도로 잘해줬다. 잘나가는 재석 엄마와 친해지면 자기도 잘나가는 사람이 될 것만 같았다.

하지만 소희 엄마의 마음속엔 재석 엄마를 향한 시기심이 늘 존재했다. 좋은 집, 좋은 남편 등 팔자 좋은 재석 엄마를 볼 때마다 세상이 불공평하다고 생각했다. 그러나 그 마음을 겉으로 표출하면 재석 엄마와 사이가 멀어질 것을 염려해 앞에서는 늘 "언니, 너무 부럽다. 언니는 복도 많고 마음씨도 착하고 최고야"라고 추켜세우며 자기 진짜 마음을 감췄다. 인간의 감정은 이렇듯 복합적이다. 좋아하고 동경하면서도 동시에 시기 질투를 한다.

그러나 소희 엄마는 자신의 질투심을 완전히 숨기지는 못했다. 그녀는 일부러 재석 엄마와의 약속을 번번이 어기는 것으로 자신의 시기심을 수동적으로 표출했다.

"언니, 이따 1시에 우리 집에 와. 내가 언니 주려고 맛있는 거 많이 만들고 있어."

재석 엄마가 약속 시간에 맞춰 소희네 가서 벨을 눌렀지만, 아무리 벨을 눌러도 문은 열리지 않았고 전화 연결도 되지 않았다. 하는 수 없이 다시 발길을 돌려 걸어서 30분 거리인 집으로 돌아가는 길이었다. 집 앞에 도착하니 그제야 소희 엄마에게 전화가 왔다.

"언니, 정말 미안해! 내가 깜박 잠이 들었지 뭐야."

"어쩐지 연락이 안 되더라. 이미 집에 도착했으니 다음에 봐."

"안 돼, 언니. 언니 주려고 맛있는 거 많이 했단 말이야. 언니가 안 먹으면 이거 다 버려야 해. 얼른 다시 와주라."

소희 엄마의 애교스러운 성화에 어쩔 수 없이 다시 그녀의 집으로 가고 있지만 왠지 느낌이 싸하다. 일부러 엿 먹이는 것 같다. 불행하게도 싸한 느낌은 거의 정확하다. 예상대로 소희 엄마는 또다시 문을 열어주지 않았다. 이상한 낌새를 눈치챈 재석 엄마는 그날 이후로 소희 엄마에게 거리를 두었다. 들려오는 소문에 의하면 소희 엄마가 이런 말을 했다고 한다.

"높은 콧대 한번 꺾어줘야지. 안 그러면 자기가 제일 잘난 줄 알거든. 매일 떠받들어주니까 자기가 진짜 공주인 줄 아나 봐."

그렇게 뒷담화했으면서도 그녀는 재석 엄마에게 이런 메시지를 보냈다.

"언니, 요즘 멀어진 것 같아. 서운한 게 있으면 우리 대화로 풀자. 연락 기다릴게."

과연 소희 엄마 같은 사람이 대화로 솔직한 속마음을 말할 수 있을까?

수동 공격을 하는 사람은 상대방이 모를 거라고 생각한다. 직접 상대에게 나쁜 말을 한 것도 아니니 자신이 잘못했다는 생각도 하지 않거나, 심지어 본인 스스로도 자각하지 못한 채 수동 공격을 하기도 한다. 처음에는 다른 사람들도 눈치채지 못하지만, 반복되면 알아채기 마련이고, 수동 공격을 일삼는 사람에게는 불신이 생길 수밖에 없다. 혹시 주변에 약속을 자주 어기고 핑계를 대거나 갑자기 연락이 안 되는 일이 잦은 사람이 있다면, 그 관계는 다시 생각해보길. 딱 집어 말하긴 그런데 어딘가 불편한 행동을 자주 한다면 수동 공격일 가능성이 크다. 단, 한두 번의 행동으로 수동 공격으로 판단해서는 곤란하다. 누구나 약속에 늦을 수 있고, 본의 아니게 상대에게 불편을 끼치기도 하니까. 사람의 행동을 판단할 때는 일관성과 지속성을 봐야 한다. "나는 몰랐어"라는 핑계로 자주 약속을 어기거나 관계에서 불편한 상황을 만든다면 그때는 수동 공격을 합리적으로 의심해보자.

말과 행동이 다르면 신뢰를 쌓을 수 없다는 것을 기억하고, 혹시나 수동 공격을 하고 있다면 당장 멈추자. 자신이 도저히 감당할 수 없는 관계라면 수동 공격 대신 차라리 그 관계에서 거리를 두는 것이 낫다.

책임 전가의 방어기제, 투사

투사는 스스로 인정하기 힘든 욕구나 충동의 원인을 타인이나 외부로 돌리는 것이다. 예를 들어 거짓말을 자주 하는 사람은 다른 사람이 거짓말을 해서 믿을 수 없다고 여긴다. 자신이 뒷담화를 많이 하는 사람은 상대방이 자신을 뒷담화하고 다닌다고 생각한다. 자신이 지닌 부정적인 감정을 상대에게 투사해서, 그 사람이 나를 싫어하기 때문에 나도 그 사람을 싫어한다고 믿기도 한다.

자기 내면을 잘 관찰하고 수용할 줄 아는 사람은 투사라는 방어기제에서 한 걸음 나와 자신의 감정을 들여다볼 수 있지만, 자기 자신을 모르는 사람일수록 투사를 할 가능성이 높다. 가장 큰 문제는 자신이 투사한다는 사실을 인정하지 못한 채 실제로 타인에게 문제가 있다고 믿어버린다는 것이다. 그러면 결국 관계는 파국으로 치닫는다.

시율 엄마와 하윤 엄마는 지역 맘카페에서 만났다. 두 사람이 동갑이고 아이들 나이도 같아서 급속도로 친해졌다. 그러던 어느 날 혜나 엄마도 함께 친하게 지내게 되었고, 이때부터 시율 엄마는 불안해지기 시작했다. 실제로 그렇지 않았음에도 하윤 엄마와 혜나 엄마가 자기를 빼고 따로 만나고, 둘이 더 친해지면 어쩌나 하는 생각에 불안해하기 시작했다.

사실 시율 엄마는 겉으로는 상냥하고 밝았지만, 학창 시절 믿었던 친구에게 배신당한 후로는 사람을 믿지 않는다. 얼굴은 웃고 있지만 마음은 늘 상대가 자신을 배신하지는 않을까 걱정했다. 상대방이 하는 모든 말을 꼬아서 받아들이고는 '왜 그렇게 말을 비꼬지?', '나를 우습게 보나?'라고 생각했다. 이렇게 상대방이 꼬였다고 믿는 사람들은 높은 확률로 자신이 꼬여 있는 것인데 이를 타인에게 투사한다.

시율 엄마는 실제로 확인한 바도 없으면서 하윤 엄마가 혜나 엄마에게 자신을 험담한다고 확신했다. 자신이 일정이 안 맞아 모임에 나가지 않았을 때도, 일부러 자기만 배제하려고 자신이 바쁜 시간에 만나기로 했다고 의심했다. 이런 식의 비합리적인 의심은 시율 엄마의 마음속에서만큼은 확고한 사실로 자리 잡았고 평소의 언행에도 불만과 피해의식이 고스란히 드러났다. 그러니 다른 엄마들도 점점 시율 엄마가 불편해졌고 슬슬 거리를 두기 시작했다.

부정적인 생각이 꼬리를 물자 괴로움에 가만있기가 어려워진

시율 엄마는 다른 사람들에게 하윤 엄마를 험담하고 다니기 시작
했다. 이 사실을 알게 된 하윤 엄마가 왜 그랬는지 물어보자 시율
엄마가 말했다.

"하윤 엄마가 먼저 제 욕을 하고 다녔잖아요."

이게 전형적인 투사다. 별다른 일 없었는데도 상대방이 자길 피
하고 오해한다는 생각이 들거나 자꾸만 남 탓을 하고 있다면 자신
의 감정을 들여다보자. 사소한 일에도 상대방이 자신을 거부한다
고 오해하는 것은 아닌지, 오래전 따돌림이나 배신당한 경험으로
인해 겉으로는 애정을 갈구하지만 속으로는 그들을 불신하는 것은
아닌지. 자신을 두렵게 하는 원인의 정체를 파악하고, 현재의 상황
과 연결 짓지 않는 연습을 하자. 내 문제를 관계에 끌어들이는 것
만 멈춰도 많은 것이 달라질 것이다.

죄책감을 덜기 위한 방어기제, 취소

아침에 등원 준비하느라 정신없는데 아이가 투정을 부리거나
늑장을 부리면 마음이 조급해지고 결국 화를 내게 된다. 그런 날
에는 아이의 서러운 눈동자가 종일 맴돈다. '그렇게까지 할 필요는
없었는데, 얼마나 속상했을까' 하는 미안한 마음에 하원하면 더 재
밌게 놀아주려 노력한다.

이렇듯 자신이 한 행동에 대한 죄책감을 덜기 위해 이미 했던 행동을 취소하고 속죄하는 방어기제를 '취소'라고 한다. 아이를 혼내고 난 후 더 잘해주는 것을 포함해 누군가에 대해 부정적인 감정을 가졌으면서 그 사람 앞에서 더 칭찬하는 것, 바람피우고 집에 와서 배우자에게 더 잘해주는 것, 먼저 시비를 걸고 사과하는 것 모두 취소에 해당한다. 이미 엎질러진 상황을 돌이킴으로써 죄책감을 줄이고, 관계 회복에도 도움이 되므로 취소는 잘만 사용하면 긍정적인 방어기제가 될 수 있다. 하지만 잘못된 행동에 대해 스스로를 용서하는 면죄부가 되어선 안 된다.

병재 엄마는 이혼하고 혼자 아이 둘을 키우느라 경제 사정이 넉넉지 않았고 심적으로도 힘들었다. 그래서 엄마들 모임에 나갈 여유조차 없었다. 그러나 평소 성격이 좋았던 그녀는 엄마들에게 인기가 많았다.

"밥은 우리가 사줄 테니 나와. 울적할 땐 바깥바람 쐬어야 해."

하지만 소은 엄마는 병재 엄마가 마음에 들지 않았다. 그래서 병재 엄마가 자리만 비우면 험담을 했다.

"만날 얻어먹기만 하고 참……. 성격이 좋은 건지 뻔뻔한 건지 모르겠다니까."

"나 같으면 자존심 상해서라도 안 나오겠다."

"주는 사람 따로 있고 받는 사람 따로 있다니까."

소은 엄마 말을 불편해하는 사람도 있고 동조하는 사람도 있었다. 나는 이 상황을 보며 깨달은 게 하나 있다. '돈 없으면 집에 가서 빈대떡이나 부쳐 먹어야겠구나. 호의를 베푼다고 다 받으면 안 되겠구나.'

어쨌든 특이한 점은 그렇게 험담을 하면서도 정작 병재 엄마에게 가장 많이 베푸는 사람도 소은 엄마였다는 거다.

'왜 저렇게 험담을 해놓고 앞에선 더 주지 못해서 안달이지?' 궁금했는데, 취소라는 방어기제가 작동된 게 아니었을까 싶다. 그러니 혹시 나 자신도 타인을 향한 부적절한 마음을 속죄하기 위해 진심 없는 친절을 베푸는 것은 아닌지, 이로써 스스로 면죄부를 주고 있는 건 아닌지 의심해볼 필요가 있다.

몸이 반응한다, 억압에 따른 신체화

정신적인 고통과 불안은 의식적으로 표출되지 않고 신체적 증상으로 나타나기도 한다. 스트레스를 받으면 속이 쓰리거나 머리가 아픈 것, 우울과 분노를 참다가 화병에 걸리는 것, 시험을 앞두고 배탈이 나는 것도 신체화라는 방어기제가 작동된 것이다. 정말 몸에 문제가 있어 아픈 것이 아니기 때문에 약물 치료도 별 효과가 없다. 신체화는 인간의 잠재의식이 조작한 증상이기 때문이다. 인간관계에서 스트레스를 받아도 이런 신체화 증상이 나타난다.

은혁 엄마는 평소에 말수가 적고 속을 잘 드러내지 않는 사람이다. 다른 사람이 잘되어도 딱히 질투하는 것처럼 안 보이고, 크게 관심도 없어 보인다. 그런데 어느 날, 평소 친하게 지내던 도윤 엄마가 학군이 좋은 지역으로 집을 사서 이사 간다는 소식을 들었다. 순간 부러움과 질투심이 일어났지만 속으로 '아냐, 다른 사람을 질투하면 못난 사람이지'라고 자책하며 자신의 감정을 눌렀다. 얼마 후 도윤 엄마의 SNS에서 새로 이사 간 동네와 그곳에서의 생활을 보고 또다시 질투심이 일어났지만 '부러우면 지는 거야. 나는 자존감도 높고 질투 같은 건 안 하는 사람이야'라는 마음으로 쿨한 척 자기 마음을 숨겼다. 하지만 이상하게 그 후로 원인 모를 소화불량 증세와 두통에 시달렸다. 병원에서 약을 지어서 먹어봐도 별로 나아지지 않았다.

　오랜 시간 동안 자신의 감정을 부정하고 억압하며 누른 것이 신체 증상으로 나타난 것으로, '사촌이 땅을 사면 배가 아프다'의 전형적인 사례다. 그런데 질투심을 느끼는 건 지극히 정상이니, 자기 감정을 억압할 게 아니라 있는 그대로 수용하는 편이 더 낫지 않을까? 여기에 진심 어린 축하까지 건넬 수 있다면 나는 더 품격 있는 사람이 될 것이고 관계에도 온기가 흐를 것이다.

　간혹 축하를 이상하게 하는 사람도 있는데, 이런 축하는 안 하느니만 못하다. 예를 들어 한강이 보이는 집을 산 친구 집에 놀러 가서 "딴 건 모르겠고 뷰 하나는 좋네"라고 하거나, 다이어트에 성공해서 예뻐진 친구에게 "옷은 잘 맞아서 좋겠네"라며 빈정거릴 거라면 입을 닫고 있는 게 낫다.

내 경우, 결혼 전에는 누군가를 향한 부러움이 열정의 에너지로 전환되곤 했다. 그때는 열정만 있음 뭐든 가능하다고 생각했다. 지금은? 열정을 불태우면 죽을지도 모른다. 육아도 적당히, 인간관계도 적당히, 뭐든 적당히 하며 힘을 좀 빼야 내가 살 것 같다.

'우와, 저렇게 사는 사람도 있구나. 부럽다. 근데 내가 이루기엔 좀 버겁겠군'처럼 현실을 인정하는 마인드로 나와 남을 분리해서 바라보면 마음이 평온해진다. 멋지고 좋은 것이라 해서 모두가 욕망하는 것은 아니다. 한강이 내려다보이는 멋진 집을 가진 친구, 규칙적인 운동과 건강한 식단으로 관리된 옆집 엄마의 몸매는 멋지긴 하지만 내가 욕망하는 것은 아닐 수 있다. 그저 주어진다면 마다할 리 없는 좋은 것임은 틀림없지만, 내가 노력을 기울여서 얻어야 할 만큼 간절히 원하는 것은 아닐 수 있다.

이런 마음에는 분수를 아는 마음과 내 현실에 만족하는 마음이 자리 잡고 있다. 이런 마음을 갖추면, 타인이 가진 것을 폄하하지 않고 인정해주는 여유로움이 생겨난다. 내가 원하는 것을 포기하고 패배자의 마인드로 발전 없이 사는 것과는 다르다. 할 수 있는 것과 없는 것을 구분하며 현실을 인정하고 마음을 비우면, 오히려 무리하지 않고도 할 수 있는 것들로 마음이 차곡차곡 채워진다. 열정은 옅어지더라도, 내면의 평온함은 진하게 차오른다.

두 얼굴의 방어기제,
보상과 동일시

"소영 엄마, 남편은 뭐 하시는 분이세요?"

"의사요."

"어머! 호호호. 이거 좀 드셔봐요. (급 친절 모드)"

"태리 엄마 남편은 뭐 하시는 분이세요?"

"회사원인데요."

"아, 그렇구나. 회사원도 뭐 괜찮죠."

가영 엄마가 다른 엄마들을 만나면 꼭 물어보는 세 가지가 있다. 남편 직업과 출신 대학, 사는 아파트가 전세인가 자가인가, 시댁이 얼마나 부유한가. 나긋나긋하고 교양 있는 말투로 물어봐서 대부분의 엄마들은 홀린 듯 대답을 해준다. 그녀는 다른 사람의 남편과 시댁 이야기는 그렇게 궁금해하면서 정작 자기 자신과 친정에 관한 이야기는 일절 하지 않는다. 물어봐도 교묘하게 질문을 피한다. 처음엔 너무 당당하게 물어봐서 가영 엄마가 좋은 가문 출신의 엘리트인 줄 알았다. 그런데 알고 보니 그녀는 매우 열악한 환경에서 성장했다고 한다. 그런데 왜 그렇게 다른 사람의 집안, 학벌, 경제 사정을 따지는 걸까?

사실 그녀는 자신을 둘러싼 가난한 환경이 너무 싫었다. 그녀는 바람대로 재력 있는 집안에서 자란 명문대 출신의 남편과 결혼

했다. 겉으로는 번듯해 보였다. 그녀가 원하던 것도 바로 그런 거였다. 겉으로 번듯해 보이는 것. 남편의 학벌과 시댁의 재력이 그녀의 자존감을 대변하는 것이었다. 하지만 그녀가 가지지 못한 것이 딱 하나 있었으니 바로 남편의 직업이었다. 그녀는 남편의 직업이 전문직이 아닌 평범한 회사원이라는 게 늘 불만이었다. 그래서 전문직 남편을 둔 엄마들과 열심히 교류하며 인맥을 형성해 나갔다. 자녀가 소위 잘사는 집 아이와 친구가 되었다는 생각에 뿌듯했다. 조건이 괜찮은 엄마와는 친하게 지내고, 그녀의 기준에 미치지 못하는 사람에게는 관심을 주지 않았다. 이를테면 문화센터에서도 고가의 브랜드 옷을 입은 아이 엄마에게만 적극적으로 다가가 친분을 쌓았고, 수수한 차림의 엄마가 말을 걸면 관심 없는 표정과 단답형으로 대응하면서 싫은 내색을 했다.

특정 부분에 열등감이 있는 사람은 열등한 모습을 들키고 싶지 않아 그 부분에 더 많은 우월성을 추구하기도 한다. 그럼으로써 열등감으로 인해 생기는 상처와 고통에서 벗어나려 한다. 이러한 방어기제가 바로 '보상'이다. 보상은 심리학자 아들러에 의해 제시된 개념인데, 아들러는 인간은 천성적으로 어느 정도의 열등감을 지니고 있다고 보았다. 실제로 보상은 열등감을 극복하고 자아실현을 하게 하는 긍정적인 원동력이 되기도 한다.

가난에 상처가 있는 사람이 부자가 되기 위해 열심히 노력하고, 외모에 열등감이 있는 사람이 유머와 친절함을 발휘해 멋지고 아름다운 애인을 사귀는 것도 보상 방어기제다. 하지만 욕구 불만족의 정도가 너무 심해지면 과잉 보상이 나타난다. 안전감을 느끼지 못하는 사람은 과도하게 안전감을 추구하고, 사회적 욕구가 충족되지 않은 사람은 사랑과 인정받기를 갈구하며 강렬한 질투에 휩싸인다. 가영 엄마의 모습도 어린 시절 경제적 결핍과 남편의 직업에 대한 과잉 보상으로 인한 것이 아닐까 싶다.

가영 엄마에게 작동된 또 다른 방어기제가 있는데, 바로 '동일시'다. 동일시는 영향력 있는 대상을 닮아가려고 하는 것을 말한다. 긍정적인 대상과 동일시하는 경우도 있지만, 공격자와의 동일시를 통해 자신이 겪었던 불안한 감정을 줄이려고도 한다. 가령 폭력적인 아버지 밑에서 자란 아들이 아버지를 닮아가는 것도 동일시의 예다. 학대자와 정서적 유대를 형성하고 그들의 부정적인 특성과 행동을 따라 하는 것이다.

가영 엄마의 경우 경제적으로 풍요로운 여자들을 동일시했다. 그러면서 자신이 가난했던 시절 두려워했던 일부 부자들의 부정적인 측면, 즉 가난한 사람을 무시하는 특성 역시 동일시하며 자신이 느꼈던 불안과 두려움을 극복하려 했다. 그렇게 하면 자신이 늘 꿈꾸어왔던 럭셔리한 모습이 될 것만 같았다. 과연 그럴까?

"나는 소유로 럭셔리를 판단하지 않아. 가장 부유한 삶은 이야기가 있는 삶이라네. 스토리텔링을 얼마나 갖고 있느냐가 그 사람의 럭셔리지."

고 이어령 선생의 말이다. 결핍의 구멍이 너무 크면, 혼자만의 힘으로는 그 빈 공간을 채울 수 없어 허세와 허영심으로 그 공간을 채우려고 한다. 그렇게 채워진 공간이 럭셔리할 리가 없다. 물질 말고 마음으로 이어진 관계를 맺고, 자신만의 이야기가 있는 풍요로운 삶을 살았으면 한다. 그것이 진짜 럭셔리니까.

우리는 상황과 대상에 따라 다양한 방어기제를 갖고 살아간다. 상처받기 두려워 스스로 보호하고 싶은 마음이 작동하는 건 본능이다. 면역체계가 병균으로부터 우리 몸을 지켜내듯이, 상처로부터 자아를 안전하게 지킬 수 있다는 점에서 방어기제는 긍정적인 작용을 하기도 한다.

중요한 것은 이것들을 얼마나 유연하고 건강하게 사용하는가다. 자신을 지키기 위한 것이라 해도 결국 관계를 희생시키는 방향으로 작용한다면 건강하지 않은 것이다. 갈등을 제대로 마주하지 않고 나 자신을 계속 속인다면, 결국 질 좋은 인간관계를 맺지 못하고 나 자신도 발전할 수 없게 된다.

방어기제는 어디까지나 임시방편이라는 점을 기억하자. 자신의 감정을 올바르게 들여다보고 대응할 수 있을 때, 우리는 진정 행복한 삶을 살 수 있다.

8장

나의 중심은 나,
너의 중심은 너,
관계의 중심은 우리

나 몰래 단톡방
만든 거 아닐까?

민애 씨는 어린이집, 유치원 엄마 모임 등 아이가 다니는 기관의
엄마들과 늘 활발한 교류를 한다. 하지만 타인의 반응에 너무 많은
신경을 쓰며 매사에 긴장하니 모임이 그리 즐겁지만은 않다. 다른
엄마 기분이 나빠 보이면 자기 때문인가 생각하며 불안해한다.

모임 후 집에 돌아와서도 아이 친구 엄마들과의 대화를 오랫동
안 반추하며 혼자 오해를 키우기도 하고, 자신이 어쩌다 한마디 하
고도 그 말이 혹시 누군가를 불편하게 한 것은 아닌지 곱씹는 일이
잦다.

'아까 그 엄마가 한 말의 의도가 뭐지? 내가 대화 중에 말실수를

했나? 그 엄마 표정이 왜 그랬지?'

불안한 마음에 메시지를 보냈을 때 반응이 시원치 않거나 답장이 좀 늦으면 자신이 정말 무언가 잘못했다고 믿고, 혹시 자기만 빼고 따로 단톡방을 만든 것은 아닌지 불안해서 잠도 잘 못 잔다.

'내가 너무 예민한 건가? 아니야. 그렇지 않으면 그런 말을 했을 리가 없잖아.'

걱정은 확신으로 바뀐다. 우울한 마음에 남편과 아이에게도 괜한 일로 화를 내게 된다. 그렇다고 모임에 안 나갈 자신은 없다. 엄마들과 교류하지 않으면 자신은 물론 아이마저 소외될지 모른다는 생각에, 불편해도 누구보다 열심히 모임에 나간다.

미움받고 싶지 않아서, 사랑받고 싶어서 다른 엄마들에게 적극적으로 다가가고, 친밀해졌다 싶으면 자기 사생활이나 비밀도 시시콜콜 이야기한다. 자녀 물건을 살 때 친하게 지내고 싶은 엄마의 아이 것도 함께 사서 선물로 준다. 그런데 정작 상대 엄마는 민애 씨보다 다른 엄마와 친한 것 같고, 그녀는 그럴 때마다 큰 상처를 받는다. 이 관계에 어느 순간 회의를 느끼고 혼자서 소리 없이 손절하고 또다시 친하게 지낼 다른 엄마들을 찾아 나서고……. 이처럼 혼자 잘해주고 혼자 상처받고 혼자 손절하고 또다시 잘해줄 대상을 찾아 나서는 것이 민애 씨의 인간관계 패턴이다.

미숙한 착함과
성숙한 착함

민애 씨는 비단 엄마들과의 관계에서뿐 아니라 다른 인간관계에서도 지금껏 비슷한 어려움을 겪었다. 학창 시절에도 늘 무리에 소속되고 싶은 욕구가 강했던 그녀는, 친구 무리에 소속되기 위해 상대가 원하는 것을 맞춰주려 애썼다. 친구와 친해질 수만 있다면 불편한 게 있어도 웬만하면 참고 양보했다. 그리고 친구가 갑자기 다른 친구와도 친하게 지내는 것 같으면 식음을 전폐할 정도로 상처받았다.

상처받으면 받을수록 친구 관계에 더 집착했다. 그녀의 이런 태도에 지쳐서 떠나는 친구도 있었고, 이런 모습을 약점 삼아 무리한 부탁을 하는 친구도 있었다. 거절하면 친구 관계가 안 좋아질까 봐 곤란한 부탁도 웬만하면 들어주었지만, 막상 친구들은 민애 씨의 부탁은 잘 들어주지 않았다. 이에 상처받아서 혼자 절교 선언을 한 적도 많았다.

실패가 반복되는데도 여전히 인간관계 패턴이 바뀌지 않는 이유는 무엇일까? 바로 민애 씨의 뿌리 깊은 믿음 때문이다.

–잘해주면 나를 좋아할 거야.

–나는 착해. 나의 선함을 이용하는 다른 사람들이 나쁜 거야.

-착한 사람을 만나면 좋은 관계를 유지할 수 있을 거야.

과연 그럴까? 만약 다음 두 질문에 '예스'라고 답한다면, 당신도 '미숙한 착함'을 지닌 사람일지도 모른다.

-배려를 베풀고 그에 대한 보상을 받길 기대하는가?
-그 기대가 채워지지 않으면 분노하고 상처받는가?

『관계를 읽는 시간』을 쓴 정신과전문의 문요한 원장은 '미숙한 착함'에는 상대를 위한 배려가 아니라 남에게 칭찬과 인정을 받으려는 마음이 들어 있다고 말한다. 즉, 이들은 상대에게 호감이나 환심을 사려고 친절과 배려를 베푼다. 그 안에는 대가를 바라는 보상 심리가 숨어 있다.

반면 '성숙한 착함'을 지닌 사람은 자기 주관이 있지만 상대방의 입장을 존중할 줄 알고, 사람들의 시선이 아니라 자신의 내적 기준에 따라 옳고 그름을 구분해서 행동하며, 어려움을 겪는 누군가를 보면 안타깝게 여기고 친절을 베푼다. 그는 타인에게 호의를 얻기 위해 배려하지 않으며, 배려하고도 돌려받길 바라지 않는다. 그래서 타인에게 휘둘리거나 끌려다니는 법이 없다.

미숙한 착함과 왜곡된 인간관계 패턴은 자녀에게도 영향을 미친다. 아이는 엄마의 시선으로 세상을 바라본다. 엄마가 타인의 인정을 받기 위해 인간관계에 과도하게 몰입하여 감정적 에너지를 쓰는 모습을 본 아이는 어떤 생각을 할까? 이런 행동을 자신이 해나갈 인간관계의 기본 잣대로 삼는다. 그래서 결국 아이도 엄마처럼 다른 친구들에게 휘둘리는 인간관계를 답습하게 된다.

"오늘 누구랑 놀았어?"

"요즘 누구랑 친하게 지내니?"

"친구가 없다고? ○○ 엄마한테 전화해서 같이 놀자고 할까?"

자신이 어렸을 때 친구 관계로 힘들었기에 자녀만큼은 친구로 인해 상처받지 않았으면 하는 마음에 더 적극적으로 엄마들과 유대를 맺고 아이 친구를 만들어주려 한다. 하지만 곧 알게 된다. 다른 아이들이 자기 아이를 놀이에 끼워주지 않거나 소외시키면 아이보다 더 상처받는 것은 엄마 자신이라는 것을.

엄마가 인간관계 때문에 스트레스를 많이 받고 아이 친구 관계를 지나치게 걱정하면, 아이도 덩달아 불안해진다.

'인간관계는 원래 힘든 것이구나.'

'친구는 꼭 있어야 하나 보다. 친구가 없는 건 정말 안 좋은 것이구나.'

이런 식으로 인간관계에 대한 왜곡된 인식이 생길 수도 있다. 『나는 까칠하게 살기로 했다』를 쓴 정신과전문의 양창순 원장은 이런 성향의 사람들에 대해 "상대방을 기쁘게 해서 자신을 받아들이게 하려는 무의식적 욕구가 너무 큰 것이 원인이며, 그런 행동의

밑바탕에는 대개 자신을 무력한 어린아이로 보는 심리가 숨어 있는 경우가 많다"라고 진단했다. 거부당할까 봐 불안해하는 마음이 자기 안에 있음을 깨닫고 받아들이는 자세가 필요하다는 것이다.

민애 씨에게 시급한 건 엄마들 모임에 참여해 아이 친구를 만들어주는 일이 아니라, 자존감을 단단하게 뿌리내리고 올바른 인간관계에 대한 개념을 세우는 일이다. 민애 씨의 배려가 도리어 누군가에게는 불편하고 부담스러워 관계를 멀리하게 만드는 요인이 될 수 있다.

관계에 있어 가장 중요한 것은 양쪽 당사자 간의 균형이다. 누구 하나가 일방적으로 더 노력하거나 배려하는 대등하지 않은 관계는 오래 지속되기 어렵고, 건강하게 유지되기 어렵다. 누가 무리한 부탁을 해도 들어주지 않으면 휘둘리지 않는다. 이용하려 해도 이용당하지 않으면 된다. 타인에게 인정받으려는 마음을 내려놓고, 거절해야 할 때는 거절할 줄 아는 자신만의 기준과 중심을 잡아야 그때부터 대등한 관계가 시작된다.

결핍을 완전히 채워줄 사람은 어디에도 없다

민애 씨처럼 관계 민감도가 심하게 높은 사람이 아니어도, 사람은 사회적 동물인지라 다른 사람이 나를 좋아하지 않는 것 같으면 본능적으로 불안을 느낀다. 가령 단톡방에서 내가 말했을 때 반응이 별로 없거나 분위기가 싸하면 자기도 모르게 위축된다. 메시지 옆의 숫자가 모두 사라졌는데 누구의 답장도 없으면 울적해진다. 그러면 못할 말을 했나 싶어 자기가 쓴 메시지를 다시 확인하기도 한다. 나 역시 바쁠 때는 답장을 못할 때가 종종 있으면서, 반대로 내가 겪으면 서운한 마음이 쉽게 사그라지지 않는다.

나만 모르는 주제로 대화하는 엄마들 사이에서 소외감을 느낄 때도 있고, 친하다고 생각한 엄마가 다른 엄마들과 더 친하게 지낸다는 것을 알게 되었을 때는 묘한 외로움이 밀려온다. 누구나 느낄 수 있는 감정이다. 엄마들과의 관계로 힘들어하는 엄마 대부분이 고민하는 문제도 소외감과 관련이 있다.

인간은 소속감을 위해 무리를 형성하며, 집단에서 소속감과 유대감, 친밀감을 느끼려 한다. 출산 후 엄마가 되면 같은 처지의 엄마들끼리 무리를 짓고 연대를 형성하려는 욕구가 더욱 커진다. 처음 아이를 키우는 일은 엄마들에게 새로운 도전이다. 연습 없이 바로 실전에 부딪히기에 더욱 어렵고, 불안하기에 더욱 뭉치게 된다. 뭉치면 살고 흩어지면 죽는다는 말처럼 친한 엄마들 무리가 있으면 든든한 것은 사실이다.

그러나 안타깝게도 모든 엄마가 무리 속에서 긍정적인 감정과 친밀감을 경험하지는 못한다. 한 집단에 여러 명이 있으면 모두 똑같이 친하게 지내기란 웬만해선 쉽지 않으며, 그 안에서도 더 친한 엄마들과 덜 친한 엄마들이 생긴다. 엄마들 모임에 속해 있어도 그속에서 인정받는다는 느낌이 없으면, 관계가 주는 안정감과 소속감은 생기지 않는다.

유독 소외감을 강하게 느끼는 엄마들 이야기를 들어보면 보통 어린 시절에 부모와의 관계가 불안정한 경우가 많다. 인간에게는 꼭 채워져야 하는 의존 욕구라는 것이 있다. 어린 시절 양육자로부터 조건 없는 사랑을 받으며 소중한 존재로서 보살핌을 받은 경험이 없었던 사람은 결핍이 있을 수밖에 없다.

어린 시절 채워지지 못한 의존 욕구는 성인이 되어서도 인간관계 전반에 영향을 미친다. 무의식중에 타인의 인정과 관심을 통해 결핍을 채우려 하기 때문이다. 결핍이 큰 사람일수록 타인에게 더 많은 인정을 얻으려 애쓰지만, 타인은 우리가 원하는 만큼의 인정을 주지 않는다. 그리고 자신이 원하는 만큼의 인정과 실제로 타인이 주는 인정 사이의 공백이 클수록 소외감도 크게 느낀다.

관계의 고통에서
자유로워지는 법

남에게 거절당할까 봐 두렵고 미움받을 용기도 적은 사람은 일반적으로 다음 두 가지 방식으로 자신을 방어한다. 자기 외로움을 채우기 위해 타인과의 관계에 지나치게 에너지를 쏟거나, 관계에서 오는 괴로움보다 차라리 외로움을 택하겠다며 관계 맺기를 적극 거부한다. 소외감으로 인한 상처가 너무나 쓰려서 마음의 문을 닫아버리는 것이다. 둘 다 좋은 선택지가 아니다. 관계로부터 거리를 두면 상처받을 일이 없어 아플 일도 없지만, 관계로부터 얻을 수 있는 행복도 채울 수 없기 때문이다. 인간에겐 인간이 필요하다. 그렇다면 관계로부터 자유로우면서, 관계를 통해 행복해질 방법은 없을까?

1. 기대하지 말기

인간관계에서 기대하지 않는다는 것은 말처럼 쉬운 일이 아니다. 내가 좋아하는 사람에게 마음을 열고 다가가는데, 그도 나를 좋아하길 어찌 기대하지 않을 수 있을까? 기대가 충족되지 않았을 때 실망하지 않을 사람이 몇이나 될까?

하지만 세상은 기대대로 흘러가지 않는 일로 가득하다. 그중 우리 기대와 가장 다르게 흘러가는 것이 바로 인간관계다. 내가 어떤 사람과 친해지고 싶어 잘해주었어도 바람대로 되지 않을 수 있다. 그건 그 사람의 마음이지, 내가 기대한다고 해서 될 일이 아니다. 반대로 누군가가 나를 싫어하는 것도 그 사람 마음이고 내가 어찌할 수 없는 영역이다. 나를 싫어하는 사람에게 페널티를 줄 수 있는 것도 아니다. 인간관계에 있어 기대하지 말라는 것은 인간관계를 포기하라는 말이 아니라 상대와 나의 욕구가 다를 수 있다는 것을 인정하자는 의미다. 나와 타인의 욕구가 같다고 기대하는 순간 관계는 힘들어진다.

너와 나는 다르다. 그러니 타인에게 나를 위해 무얼 하라고 강요해선 안 된다. 나 역시 타인의 기대에 부응하지 않아도 된다. 각자 자신의 삶을 살아갈 뿐이다. 나를 좋아해줄 것으로 기대했는데 좋아해주지 않으면 속상하지만, 그렇다고 그게 그들의 잘못은 아니다. 마찬가지로 누가 당신을 열렬히 좋아하지만 당신이 그를 좋아하지 않는 것도 당신 잘못이 아니다.

내 힘으로 어찌할 수 없는 게 타인의 마음인 것을 어찌하랴. 내 힘으로 어찌할 수 없는 것에 내 에너지를 쓰면, 정작 내 힘으로 할 수 있는 일은 뒷전으로 밀린다. 게슈탈트 치료법의 아버지로 불리는 독일의 정신과 의사 프리츠 펄스가 쓴 기도문을 읽고 '너는 너, 나는 나'를 마음에 새겨놓자.

나는 나의 일을 하고
너는 너의 일을 한다.

나는 너의 기대에 부응하기 위해
이 세상에 있는 것이 아니다.

너는 나의 기대에 따르기 위해

이 세상에 존재하는 것이 아니다.

너는 너
나는 나.

만약 우연히 우리가 서로를 발견하게 된다면
그것은 아름다운 일.

만약 서로 만나지 못한다고 해도
그것은 어쩔 수 없는 일.

2. 애쓰지 말기

널리 인간을 이롭게 하라고 한 단군의 후손답게 누구에게나 친절한 사람이 있다. 하지만 이들 중 홍익인간 정신을 끝까지 실현할 수 있는 사람은 드물다. 자신들이 베푼 친절과 호의가 돌아오지 않으면 마음이 식어서 인간관계를 한순간에 정리하기도 하니까.

"내가 이렇게까지 노력했는데 왜 당신은 나에게 그만큼 안 돌려주는 거죠?"라고 한다면, 상대방은 "누가 해 달라고 했어요? 당신이 좋아서 한 것 아니에요?"라며 방어적인 반응을 뱉어낼 수 있다. 좋은 사람이 되고 싶다는 마음에 베푼 호의가 결국 자신도 타인도 나쁜 사람으로 만들고 만다.

잘 지내고 싶어서, 좋은 의도에서 한 행동이어도 뭐든 지나치면 부자연스러운 법. 인정받고 싶어서 무리하면 오히려 인정받지 못하고, 미움받기 두려워하면 오히려 미움받고, 애쓰면 애쓸수록 관계는 악화된다. 힘을 주면 뭐든 부러지기 쉽다. 인간관계는 특히나 그렇다. 기대하는 마음을 버리면 그리 애쓸 일도 안 생긴다. 애쓰지 않으면 실망할 일도 적다. 그렇게 자연스럽게 인간관계를 맺어가다가 마음 가는 사람이 생기면 순수한 마음으로 조심스레 호의를 베풀고, 또 누가 내게 호의를 베풀어도 부담 없이 감사히 받으며, 언젠가 기회가 닿을 때 감사한 마음을 갚으면 된다. 애쓰지 말자. 자연스럽게 하자.

이런 말이 있다. "어딜 가나 열 명 중 두 명은 나를 싫어하고, 일곱 명은 관심 없고, 한 명은 나를 좋아한다."

어차피 인생이 그런 거라면 굳이 나를 애정하지 않는 사람과 잘 지내려 애쓸 필요 있을까? 인생에는 우선순위가 있다. 내 삶에 그리 중요하지 않은 사람에게까지 인정받으려 애쓰는 건 시간 낭비다. 소중한 관계에만 애쓰고 살아도 부족한 게 인생이니까.

3. 미워하지 말기

소속된 집단에서 인정받고 싶고 사랑받고 싶은 것은 당연한 감정이다. 하지만 타인이 나를 어떻게 대하는지에만 신경을 쓰면 결국 타인에게 내 삶의 주도권을 내어주게 된다. 그 결과 상처받은 마음은 상대를 향한 미움 혹은 자신을 향한 비난으로 발현된다.

『미움받을 용기』의 저자 기시미 이치로는 우리가 타인의 기대를 만족시키기 위해 사는 것이 아니며, 타인 역시 우리의 기대를 만족시키기 위해 사는 것이 아니니 상대가 내가 원하는 대로 행동하지 않더라도 화를 내서는 안 된다고 말한다. 서운한 감정이 들어도, 내 마음과 다르다는 이유로 상대를 탓해서는 안 된다는 것이다. 그렇다. 남을 미워하는 것은 독은 내가 마시면서 상대가 죽길 바라는 것과 다름없다. 나의 마음을 미움이라는 부정적인 에너지로 채워서 뭐가 좋겠는가.

타인에게 기대하지 않고, 타인을 위해 지나치게 애쓰지 않으면 내 삶의 주도권을 내가 쥘 수 있다. 그렇게 되면 타인을 미워할 일도 나를 비난할 일도 줄어들 것이다.

들어는 보았는가, 자존감 흡혈귀

'나는 자존감 낮은 사람이 좋아. 왜냐면 애정 결핍이 심해서 사랑받으려고 무진장 애쓰거든. 저쪽에서 애를 쓰니 난 편하지. 알아서 잘해주고, 상처받아도 내색 안 하니까.'

약한 사람의 희생을 빨아먹고 자신의 존재감을 확인하려는 사람이 심심치 않게 있다. 나는 이런 사람을 자존감 흡혈귀라고 부른다. 이들은 자존감이 낮고 나약한 사람을 본능적으로 알아보고, 그를 조종하려 든다.

관계에 애쓰는 사람은 순응하는 성향, 관계를 휘두르려는 사람은 지배하는 성향이라 볼 수 있는데, 이 둘은 자석처럼 끌리는 조합이면서 가장 가학적인 관계로 발전할 수 있는 관계다. 지배하는 쪽은 순응하는 사람을 한없이 휘두르며 채워지지 않는 결핍을 채우려 하고, 순응하는 사람은 그들에게 지배당하며 더욱 상처받는다. 최악의 조합이 아닐 수 없다.

자존감 흡혈귀는 처음부터 본색을 드러내진 않는다. 관계 초반에는 오히려 친절하고 상냥한 모습으로 사람을 대하기에 많은 이에게 호감을 산다. 특히 다른 사람에게 쉽게 동조하거나 잘 휘둘리는 사람, 자신만의 단단한 세계관이 없는 사람은 자존감 흡혈귀의 표적이 되기 쉽다. '어라? 내가 선을 넘는데도 가만있네? 이제부터 네가 내 먹잇감이다'라고 생각하며 적극적으로 다가온다.

"○○ 엄마와 친하게 지낼 수 있어서 정말 좋아요. 우리 앞으로도 계속 친하게 지내요", "무슨 일이 있어도 우리 우정 절대 변치 마요" 등 사탕발림을 하며 상대방이 자신에게 특별한 사람이라는 느낌을 주려고 노력하는 모습을 보인다. 그러나 시간이 지날수록 상대를 통제하려 든다거나, 관계를 담보로 무리한 부탁을 요구한다. 상대 성격상 거절하지 못할 것을 알고 있어서다. 만약 상대방이 견디다 못해 속상한 마음을 표현하면 "우리 사이에 그런 부탁도 못 해? 널 믿고 의지해서 그런 건데 실망스럽다"라는 식으로 상대의 약점을 파고들어 또다시 조종하려 든다.

혼자가 되는 것보다 차라리 나쁜 관계라도 유지하고 싶은 사람들은 이 관계를 끊을 수가 없다. 끌려다니는 패턴을 평생에 걸쳐 반복한다. 반면, 나와 타인 사이의 경계가 확고하고 가치관이 뚜렷한 사람은 이런 자존감 흡혈귀에게 휘둘리지 않는다. 처음에는 못 알아보고 몇 번 끌려다닐 수 있겠지만, 시간이 지나면서 사람을 조종하려 드는 모습에 본능적으로 불편함을 느끼고 거리를 둔다.

나와 타인 사이의 경계가 흐물흐물하면 상대와 적절한 거리를 조절하지 못한다. 그가 다가오는 만큼 가까워진다. 대문을 활짝 열어놓고 생활하는 사람처럼 자신을 방어하는 장치가 없기에 누구나 침범할 수 있다. 갈등이 생기는 것이 두려워 자기주장도 잘 하지 않는다. 상대방이 자신의 부탁을 거절하는 것에도 큰 상처를 받는다. 부탁을 거절당했을 뿐인데 자신이 부정당했다고 왜곡된 해석을 한다. 그러니 자신도 상대방의 부탁을 거절하지 못한다. 무리하더라도 부탁을 들어주는 게 상대가 상처받고 나를 미워하는 것보다 낫다고 생각한다.

읽으면서 '어머! 이거 난데?' 하는 사람, 있을 거다. 자존감 흡혈귀는 이런 식으로 관계의 중심을 상대에게 둔 당신의 특징을 잘 간파하고 있다.

관계의 중심을 상대방에게 두면, 착취형의 사람들은 그런 당신을 이용하려 들 것이다. 건강한 자존감을 가진 사람은 도리어 당신에게 거리를 둘 것이다. 무조건 맞춰주거나 친절을 과하게 베푸는 사람은 부자연스럽고 부담스럽기 때문이다. 왠지 나중에 갚아야 할 빚이 생긴 듯해 찜찜하고, 본인이 그 과도한 친절을 착취하고 싶지 않아서 거리를 둔다. 결국 이들 곁에는 자존감 흡혈귀 같은 인간들이 모여, 질 낮은 인간관계만 맺게 되는 것이다.

관계에서 가장 중요한 것은 안정감이다. 안정감이야말로 인간이 어딘가에 소속되길 바라는 가장 큰 이유다. 하지만 일방적으로 상대에게 맞춰주며 착취당하는 관계에서는 그 어떤 안정감도 얻을 수 없다.

타인 중심의 인간관계에서 벗어나, 상대와 적절한 거리를 두고 자신의 욕구와 감정에 집중해야 한다. 다른 사람의 마음이 내 마음과 다를 수 있음을 받아들이자. 당신이 거절해도 타인은 그리 큰 상처를 받지 않을 것이며, 당신의 친절에도 타인은 그리 고마워하지 않을 수 있다. 그 사실을 인정하고, 그 다름을 존중해야 한다. 인간관계에서 '나'와 '나 아닌 것'의 경계를 구분짓는 것이 타인의 감정에 휘둘리지 않는 시작점이다. 자신의 경계를 적절하게 지키고 타인의 경계를 섣불리 넘지 않을 때 비로소 관계에서 오는 충만한 안정감과 행복을 느낄 수 있다.

나의 중심은 나, 너의 중심은 너라는 독립적인 구분이 가능할 때 비로소 관계의 궁극적인 목표인 '우리'로 나아갈 수 있다.

그럼에도 우리에겐
사람의 온기가 필요하다

"세상에서 가장 쓸데없는 게 바로 엄마들 모임이다."

현준 엄마는 유난히 엄마들 모임을 부정적으로 본다. 한가하고 할 일 없는 엄마들이 모여 브런치 먹으며 뒷담화나 하는 한심한 짓거리라고 생각한다. 반면 자신은 취미 생활과 자기 계발에 열중하는, 그들 무리와는 급이 다른 사람이라고 여긴다. 하지만 강한 부정은 강한 긍정일 때가 많다. 이렇게 극단적인 생각을 갖게 된 배경에는 어김없이 상처가 있다.

현준 엄마는 '여자의 적은 여자'라는 사고방식을 갖고 있다. 그도 그럴 것이 여중, 여고를 나오며 여자들과의 관계에서 어려움을 많이 겪었기 때문이다. 어제까지 친하게 지내던 친구에게 갑자기 배신당하기도 하고 이유 모를 따돌림을 당하면서 자신에게 문제가 있는 건가 생각했던 시절도 있었다.

하지만 대학생이 되고 남자 동기들과는 아무 문제 없이 지내면서 깨달았다. 자신에게 문제가 있는 게 아니라, 여자들이 인간관계를 맺는 방식이 본인과는 맞지 않을 뿐이란 것을. 그래서 현준 엄마의 결혼식에도 여자 친구들은 거의 없었고 남자 친구들이 와서 축하해주었다고 한다.

결혼을 하고 아이를 낳고 나니 상황이 달라졌다. 남자 친구들과는 어울릴 기회가 딱히 없고, 아이가 친구들과 놀이터에서 놀고 싶어 하니 엄마들과의 관계를 마냥 피할 수 없었다. 하지만 예전처럼 여자들에게 상처받을까 봐 두려웠다. 말로는 엄마들 모임을 혐오하지만 실은 두려움이 컸다. 현준 엄마는 다른 엄마들이 놀이터에 모여 있는 것만 봐도 심장이 뛰었다. 잘 알지도 못하는 엄마들인데도 자기를 욕하지 않을까 걱정되고, 유치원 엄마 모임도 자기가 거절했으면서 묘한 소외감을 느꼈다.

"나는 엄마들 무리에 끼고 싶은 생각 전혀 없어"라고 당당히 말하고 다니지만 길을 걷다가도 엄마들이 무리 지어 있는 모습을 보면 자기도 모르게 주눅이 든다. 학창 시절에 무리에 껴서 놀고 싶었지만 소외되었던 기억이 지금도 여전히 그녀를 괴롭힌다. 본인이 모임에 소속되지 못해 소외감을 느낀다는 것을 받아들일 수 없어서, 오히려 그들을 비하하며 자존감을 지켜보려 하지만 마음은 편치 않다.

엄마들 모임에 한 번도 안 나가본 건 아니다. 몇 번 나가본 적이 있지만 거절이 두려워서 먼저 마음에 벽을 치고 사람들을 대하니 당연히 다른 엄마들도 자기에게 더 이상 다가오지 않았다. 그럴수록 '거봐! 역시 여자들은 나를 싫어해'라고 결론내리며 엄마 모임에 대한 불신은 더욱 확고해져갔다.

인간관계에 벽을 치고 단절하는 이는 사실 누구보다 타인에 대한 기대가 큰 사람이다. 그 기대를 적절한 수준에서 제어하는 법을 모르므로 아예 친밀감 자체를 거부하는 것이다. 이러한 지나친 기대감은 지나친 통제감과도 일맥상통한다. 겉으로는 인간관계에 관심이 없고 쿨해 보이지만 실은 인간관계를 통제하고 싶은 마음이 크다. 결국 관계를 지배하지 못하면 자신이 상처받는다는 것을 알기에 고립을 자초하게 된다.

같은 동네에서 자주 마주치는 엄마가 먼저 밝게 인사해도 냉담한 표정으로 까칠하게 반응하는 엄마가 대표적이다. 이들은 "아이 방학 때 뭐 했어요?"라는 일상적인 안부 인사에도 날을 세우며 "그건 왜 물으세요?"라는 식으로 예민하게 반응한다. 이들에게는 주변 엄마들의 가벼운 인사조차 간섭이고 오지랖이다. 스스로 독립적이라 생각하지만 실제로는 거절에 대한 극도의 불안함과 수치심이 내재되어 있기에 처음부터 모든 관계를 차단한다. 자신의 걸러지지 못한 날카롭고 예민한 감정이 상대에게 얼마나 무례한지 본인은 인지하지 못하며, 오로지 주변 사람이 함부로 선을 넘는다고 판단한다.

인간이 오롯이 혼자서 감당해야 할 외로움의 몫은 분명 존재한다. 그 외로움 속에서 즐거움과 의미를 찾을 수 있어야 타인과도 좋은 관계를 맺을 수 있다. 하지만 다른 사람과 함께해야만 느낄 수 있는 희로애락도 분명 존재한다. 현준 엄마 같은 사람은 그 점을 간과하고 있는 것이다.

나도 엄마들과의 만남에서 몇 번 상처를 겪고 마음의 문을 닫은 시기가 있었다. 등원 후 함께 차 마시러 가자는 친근한 제안에도 바쁘다는 핑계를 대며 정중히 사양하곤 했다. 하지만 아이가 놀이터에서 또래들과 놀고 싶어 하니, 한발 다가가려고 노력하게 되었다. 다가간다기보다 뒷걸음치지 않을 만큼은 노력했다는 말이 더 맞는 것 같다.

지금은 놀이터에서 놀고 있는 아이들을 함께 바라보며 옆에 있는 엄마들과 담소도 주고받고 아이들 커가는 이야기도 주고받는다. 최근 아이가 열이 나서 병원에 간 일, 기관에서 있었던 일, 요즘 아이가 재밌게 읽는 책 등에 관한 이야기를 가볍게 나누니 나도 진짜 아줌마가 됐구나 싶고, 이런 일상을 주고받을 수 있는 동네 엄마들이 있다는 것에 감사한 마음이 든다.

마음의 빗장을 열고 보니 사람이 보인다. 아파트 텃밭에서 기른 상추를 나눠주는 엄마, 요구르트에 빨대를 꽂아서 아이에게 건네주는 엄마, 육아 꿀팁을 조곤조곤 알려주는 엄마 등 고마운 사람이 많이 생겼다.

가까워지면 멀어지고 싶고 멀어지면 가까워지고 싶은 게 인간이다. 어떨 때는 가까워지고 어떨 때는 멀어졌다를 반복하며 관계가 불편하지 않을 만큼의 거리를 조절하면 되는 것이다. 현준 엄마처럼 너무 멀어져만 있는 것은, 독립이 아니라 고립의 끝자락으로 자기 자신을 몰아가는 것이다.

현준 엄마처럼 놀이터에 모여 있는 엄마들만 봐도 두려운가? 그렇다면 두려움에 맞서보라고 말해주고 싶다. 두려움을 이기는 유일한 방법은, 두려워하는 그 일을 해보는 것이다.

숨 한번 크게 들이쉬고, 입꼬리를 살짝 올리고 당당한 걸음으로 놀이터로 향해보자. 그리고 아는 얼굴이 보이면 한 번도 상처받지 않은 사람처럼 환한 얼굴로 인사를 건네는 것이다.

"안녕하세요, 윤후 엄마. 어머, 윤후 많이 컸네."

기대만큼 반갑게 받아주지 않을지도 모른다. 그래도 해볼 만하다. 상대의 반응은 상관없다. 먼저 인사를 건네는 것만으로 충분하다. 나 자신의 행복을 위해, 가볍고 편안하게 인사를 건네보자.

건강한 관계를 맺을 줄 아는 엄마들의 특징

너무 멀지도 가깝지도 않게, 건강한 인간관계를 맺을 줄 아는 엄마들은 어떤 특징을 지니고 있을까? 다음 세 가지를 가지고 있다.

1. 선택과 집중을 잘한다

내게 안전한 사람과 위협이 되는 사람을 구분할 줄 안다. 이는 인간관계의 다양한 경험을 통해 얻은 통찰을 바탕으로 자신과 타인에 대한 이해가 있어야 가능한 것이다. 이들은 관계에서 갈등을 겪으면 그저 잊어버리는 것이 아니라 성찰을 통해 좋은 관계는 지속하고, 해로운 관계는 멀리하는 법을 터득한다. 실패한 관계에서도 원인을 찾고 다음번에 비슷한 실수를 줄여 나간다. 하지만 관계에 실패한 이유를 남에게서만 찾거나 자기에게서만 찾는 사람은 또다시 비슷한 패턴으로 갈등과 실패를 반복하기 쉽다.

자신이 어떤 사람과 함께할 때 마음이 편한지를 알고, 맞지 않는 사람과는 거리를 두자. 건강한 관계를 맺을 줄 아는 사람들은 누구와 마음을 나눌지 선택을 잘하고 그 관계에 집중한다.

2. 상대를 존중하되 나를 잃지 않는다

건강한 관계를 맺기 위해서는 상대를 존중하되 나를 잃지 않아야 한다. 예를 들어 식당에서 메뉴를 고를 때 당신이 좋아하지 않는 음식을 상대방이 먹고 싶어 한다고 가정해보자. 따로 시킬 수 있는 메뉴는 없고 2인분 기준으로 시켜야 하는 메뉴만 있다.

타인 중심의 관계를 맺는 사람의 경우 상대에게 맞춰준다. 그리고 내키지 않지만 참고 먹거나, 괜찮다고 해놓고 막상 음식이 나오면 잘 먹지 않는다. 상대방이 자신이 좋아하지 않는 음식에 대해 잘 모르고 있다는 것에 서운함을 느끼며 '날 소중하게 생각하지 않나 봐'라며 확대 해석을 하기도 한다. 후에 갈등 상황이 생겼을 때 "사실 나는 그 음식 안 좋아해. 널 위해 시킨 거야"라며 상대방을 미안하게 하거나 "난 널 위해 좋아하지 않은 음식도 먹었는데 넌 왜 나한테 맞춰주지 않는 거야?"라며 서운함을 토해내기도 한다.

그러나 진짜 배려는 자신의 선택에 대한 보상을 바라지 않는다. 건강한 관계를 맺을 줄 아는 사람은 상대방이 먹고 싶은 메뉴를 먹더라도 즐거운 마음으로 먹는다. 그래서 서운한 마음이 없다. 친구가 좋아하는 음식을 나도 함께 맛있게 먹었다는 즐거움만 있다. 만약 정말 못 먹는 음식이라면 상대방이 불쾌하지 않게 표현한다. "나는 그 음식은 잘 못 먹어. 우리 같이 맛있게 먹을 수 있는 메뉴는 없나?" 하며 대안을 찾고자 한다. 자기 의견을 말하는 것이 상대의 의견을 부정하는 것은 아니다. 나의 취향을 솔직하게 말하는 것은 서로에 대해 더 잘 알게 되는 계기가 된다.

타인 중심형의 사람은 자기 의견을 말하면 상대방이 기분 나쁠까 봐 자신의 취향까지 상대에게 맞추곤 하는데, 그러지 않아도 된다. 하고 싶은 말이 있을 땐 말하고, 하기 싫은 것은 하고 싶지 않다고 솔직하게 말하는 게 상대를 위하는 태도다. 우리는 솔직함은 예의에 어긋난다 생각하고 본인의 욕구를 억누르는 경향이 있다. 하지만 '정중한 솔직함'은 오히려 당신에 대한 호감도를 높여주고 관계를 진실성 있게 만든다. 기억하자. 건강한 관계란 상대를 존중하면서도 나를 잃지 않는 관계라는 것을.

3. 인간의 양면성과 상황을 고려할 줄 안다

인간관계에 어려움을 느끼는 사람들은 상대에 대해 극단적으로 좋게만 생각하거나, 반대로 극단적으로 나쁘게만 생각하는 경향이 있다. 하지만 사실 평소에 선한 사람이라도 상황에 따라서 악해질 수 있으며, 악한 사람이라고 해서 언제나 악한 것은 아니다. 가장 친한 친구가 적이 될 수도 있고, 원수도 동지가 될 수 있다. 인간관계에서는 언제나 맥락, 즉 상황이라는 것이 존재하기 때문이다.

인간은 양면적인 존재다. 이러한 사실을 간과한 채 인간을 단편적인 존재, 변하지 않는 고정적인 존재로 인식하는 사람은 인간관계도 그렇게 생각한다. 그래서 관계에 적신호가 들어와도 피하지 않아 화를 당하기도 하고, 반대로 상대의 선의조차도 부정적인 색안경을 쓰고 바라보며 관계를 망치기도 한다. 사람에게는 긍정적인 면과 부정적인 면이 공존하며, 인간관계도 상황에 따라 언제든 변할 수 있다. 건강한 관계를 맺을 줄 아는 사람은 나와 상대가 어떤 상황에서 선한 마음을 가지는지 알고, 또 어떤 상황에서 비열해지는지 알며, 서로에게 좋은 상황을 만들기 위해 함께 노력한다.

내가 싫어하는 그의 특징은
사실 나의 그림자

"내가 싫어하는 그 특징들은 사실 알고 보면 남이 아닌 내 안에 있는 나의 일부분인 경우가 많습니다. 내가 싫어하는 나의 모습인데, 너무 싫어서 꼭꼭 억눌러 아예 의식하지 못하는 마음의 지하실 안에 들어 있을 뿐입니다. 누군가를 비난하고 싶을 때 자신의 모습이 그림자처럼 비친 것은 아닌지 생각해보세요."

정신과전문의 정우열 원장이 쓴 『힘들어도 사람한테 너무 기대지 마세요』 중 한 대목이다.

이 책을 쓰면서 내 머릿속을 떠나지 않은 생각이 하나 있었다. 바로 '나는 얼마나 떳떳한 사람인가? 나는 누군가에게 무례한 적이 없었나? 나는 사소한 일에 예민하게 반응한 적이 없었나?'라는 생각. 나 역시 그런 적이 없지 않았다. 나도 남보다 나을 것도 부족할 것도 없는 평범한 인간이기 때문이다.

우리 모두 적당히 부족하고 적당히 이기적이고 적당히 무례하고 적당히 민폐 끼치고 사는 평범한 사람들이다. 마더 테레사도 누군가에게는 상처를 주었을지 모른다. 그런 우리가 타인을 비판하는 데 그토록 많은 에너지를 쓰는 이유는 어쩌면 자기 자신을 있는 그대로 받아들이지 못하기 때문 아닐까. 자기 자신을 사랑하지 못하는 사람은 늘 타인을 비난할 구실을 찾는다. 스스로에게 친절하지 못하니 타인의 친절을 갈구하고, 타인으로부터 친절을 얻지 못하면 상처받고 분개한다. 그러니 부족한 나를 따뜻한 연민의 마음으로 바라보는 것부터 시작하자. 나의 미성숙한 부분을 수용하고 사랑할 수 있을 때, 타인의 부족한 면도 따뜻한 연민의 마음으로 품어줄 수 있다.

"인간만이 자신과 맞지 않는 다른 존재를 성가시다고 여깁니다. 사람이라면 누구나 겪는 일이지요. 하지만 누군가를 미워하고 불편하게 여길 때 우리는 엄청난 기운을 소모하게 됩니다. 우리의 힘이 줄줄 흘러나갈 구멍이 생기는 것이나 다름없지요. 다행히도 그런 문제를 해결할 방법이 있습니다. 누군가와 좀 더 편하게 지내고 싶고, 그 사람이 자기 입맛에 맞게 행동했으면 한다면 사실 방법은 딱 한 가지뿐이지요. 그들을 그 모습 그대로 좋아하는 겁니다."

이 책의 제목 『내가 틀릴 수도 있습니다』처럼, 나의 한계와 상대의 한계를 인식하고 서로를 너그럽게 바라볼 수 있다면 좋겠다. 타인의 단점조차 좋아할 수 있다면, 타인도 나의 단점을 어여쁘게 바라봐줄 것이다.

9장

단단한 나,
단단한 엄마,
그리고 단단한 아이

인간관계도
정리가 필요하다

계절이 바뀔 때마다 느끼는 거지만, 입을 옷이 없다. 옷은 많은데 편하게 입을 옷이 없다는 뜻이다. 예쁘지만 체형에 안 맞아서 못 입는 옷, 낡아서 못 입는 옷, 아직 새것처럼 멀쩡하지만 감촉이 불편한 옷에는 손이 잘 안 간다. 결국 자주 입는 옷만 계속 입게 된다. 옷장을 보고 한숨을 쉬며 안 입는 옷은 이참에 정리해야겠다고 중얼거리는 내게 남편이 슬쩍 말을 건넸다.

"근데 여보가 좋아하는 옷은 스타일이 모두 비슷한 거 알아요? 색깔도 디자인도 심지어 재질도 비슷해. 자세히 보면 다른 옷인데 언뜻 보면 같은 옷만 있는 것 같아요. 심지어 무늬도 없는 흰옷만

입어. 누가 보면 앙드레 김인 줄."

그러고 보니 그랬다. 나는 옷에 있어서만큼은 취향이 확실한 사람이었다. 티셔츠는 무늬가 없는 흰옷만, 바지는 흰색, 베이지, 카키색 등 톤다운 컬러만 주로 입는다. 일부러 그런 것은 아닌데 어느새 편안함을 추구하는 취향으로 바뀌었나 보다. 재밌는 것은 심플한 옷을 자주 입으면서도, 입지도 않을 화려한 옷을 가끔 살 때가 있다는 것이다. 쇼윈도에 전시된 화려한 옷에 현혹되어 충동구매를 하지만 한두 번 입어보면 역시나 불편하다. 결국 그 예쁜 옷은 더 이상 내 손길이 닿지 않는 곳으로 밀려나 옷장만 차지하게 된다. 그래서 몇 달에 한 번은 사놓고 입지 않는 불편한 옷은 과감히 치우고, 내 몸을 편안하게 해주는 옷에게 쾌적한 자리를 내주는 식의 정리를 꼭 하게 된다.

때가 되면 옷장을 정리해야 하듯, 인간관계도 그렇다. 전 세계에 심플라이프를 알린 도미니크 로로는 『도미니크 로로의 심플한 정리법』에서 물건과 사람을 정리하는 것에 대해 이렇게 말했다.

"본능, 직감, 의식 등의 영향력이 어느 정도인지는 모르겠지만, 분명 우리는 특정 대상물을 대할 때 거부감, 불편함, 혐오감, 불길함, 위험함 등을 느낀다. (······) 이렇듯 적대적인 분위기를 지닌 사람이나 물건은 실제로 삶에 걸림돌이 되기도 한다. 그러니 이러한 것들은 버리거나 되팔고 그것을 주었던 사람에게 되돌려주는 식으로 모두 치우는 것이 좋다."

살다 보면 공허함만 남는 만남도 있다. 그런 만남에 들인 나의 시간과 감정을 돌이켜보니, 마치 양동이에 소중한 물을 가득 채워 힘겹게 들고 와서는 사막 모래에 그대로 쏟아부은 것과 같았다. 우리 인생에 주어진 유한한 에너지를 공허한 만남에 쏟아붓기엔 너무 아깝지 않나? 쓸데없는 인연을 맺어놓으면 정작 중요한 인연에 들일 정성이 부족해질 수밖에 없다. 이제는 이팔청춘도 아니요, 자신에게 허용된 자유가 많은 싱글도 아니다. 나로서, 그리고 엄마로서 살기에도 바쁜 인생을 헛헛한 만남에 쓴다면 실패한 투자가 될 것이고, 실제로 삶에 걸림돌이 되기도 할 것이다.

나의 취향에 맞는 옷을 위해 옷장을 비워내듯, 나와 결이 맞는 사람과의 만남을 위해 공허한 인연은 비워내자.

아무것도 하지 않는
시간의 달콤함

매일 엄마들 모임에 나가서 장시간 수다를 떨고 와도 에너지가 넘치는 엄마가 있는가 하면 아주 가끔 모임에 나갔다 와도 기가 빨리는 엄마도 있다. 누가 내 기를 빨아먹어서가 아니라, 사람마다 인간관계에 사용할 수 있는 에너지의 총량이 다르기 때문이다. 몇 년 전부터 사람의 기질과 성격 특성을 알 수 있다는 MBTI 검사가 열풍이다. 이 검사의 신뢰도나 타당도가 이론적으로 검증되었는지는 모르지만, 어쨌건 여러 사람들의 증언에 의하면 제법 신빙성이 있으며 일치하는 면도 많다고 한다.

이 검사에 의하면 외향인은 에너지가 외부로 향해서 다양한 사람과 만나는 것을 즐기고 외부 세계로부터 에너지를 얻는다. 반면 내향인은 에너지가 내부로 향하며, 혼자만의 시간을 통해 에너지를 얻는다. 극외향인과 극내향형이 아니고서야 사람은 양쪽 특성을 모두 조금씩 갖고 있다. 무슨 말인가 하니, 외향인과 내향인을 포함한 기질과 성격의 특성은 무 자르듯 흑과 백의 이분법으로 나뉘는 것이 아니라, 스펙트럼 같은 것이어서 어느 지점에 있느냐에 따라 생각과 행동 방식이 다르단 것이다.

나의 경우 기질상 외향인 같지만 엄마가 되고 나서 내향형으로 많이 기울었다. 이미 내 에너지의 많은 부분이 아이와의 소통에 집중되다 보니 남은 에너지만큼은 나 자신을 위해 쓰고 싶기 때문이다. 아이가 보여주는 사랑스러운 미소는 힘의 원천이지만, 그렇다고 모성애 하나만으로 무엇이든 할 수 있는 슈퍼맘이 아니란 것을 잘 안다. 나 홀로 충전하는 시간이, 적더라도 꼭 필요하다. 내향형은 혼자 누릴 수 있는 자유를 잃는 순간 모든 것을 잃는 것과 같다는 말이 있다. 출산 후 내향적으로 변한 나는 모든 것을 잃지 않기 위해서라도 아이에게 주고 남은 에너지만큼은 오롯이 나를 위해 쓰려 한다.

육아 난이도 절정의 시기를 지나고 있을 땐 누군가의 이야기를 들어줄 힘도, 내 하소연을 늘어놓을 힘도 없었다. 그저 혼자만의 적막함과 고요함이 절실했다. 가끔 석 달간 누구도 만나지 않고 말 한마디 없이 묵언 수행을 하고 싶다는 생각이 들 정도였다.

이런 내가 엄마들과의 관계에서 무리를 한 시기도 있었다. 출산 후 '나'와 '엄마'의 정체성이 통합되지 않아 어디에도 소속되지 못한 이방인이라도 된 듯 불안했다. 아이를 잘 키우고 싶다는 욕심은 컸지만, 엄마의 역할을 제대로 해낼 수 있을지 자신이 없었다. 하지만 엄마들 무리에 섞여 육아 이야기를 나눌 때면 내가 '엄마의 세계'에 잘 입성한 것 같은 안정감이 느껴졌고, 이제 진짜 어엿한 엄마가 된 듯해서 엄마로서의 정체성도 생겨나는 것 같았다. 그런데 엄마들과 만나고 집에 돌아오면 어김없이 녹초가 되었다. 나의 에너지량의 한계가 거기까지였으니, 방전될 수밖에.

영화 〈먹고, 기도하고, 사랑하라〉에 이런 대사가 나온다.

"The sweetness of doing nothing."

직역하자면 '아무것도 하지 않는 것의 달콤함'이다. 나는 요즘 이 한가로움의 미학을 숭배한다. 아이가 등원한 후 적막함이 흐르는 시간, 나는 글을 쓴다. 그러다 휴식이 필요하면 음악을 듣거나 명상을 핑계로 낮잠을 잔다. 가끔 좋아하는 간식을 앞에 잔뜩 두고 드라마를 정주행하거나 커피 한 잔 사들고 집 앞 산책로를 거닐기도 한다. 아이 키우는 주부에게 혼자 있는 시간은 고독이 아닌, 그야말로 '아무것도 하지 않는 달콤함'을 누릴 수 있는 선물 같은 시간이다.

반면 사람을 만나서 누리는 소통의 달콤함이 절실한 순간도 있다. 특히 또래를 키우는 엄마들과의 수다는 엄마인 내게 또 하나의 좋은 동력이 된다. 하지만 이 역시 자신에게 맞는 적당한 선이 있다. 인간의 몸과 마음도 너무 많이 쓰면 그만큼 고장도 빠르다. 내 몸과 마음을 아껴 쓰려면 타인에게서 받는 자극을 적절히 조절해야 한다.

인간의 마음에는 상반된 두 가지 욕구가 있다고 한다. 한쪽 끝에는 자유롭고 싶은 마음, 온전히 나 자신으로 존재하고 싶은 마음이 있고, 반대편에는 인정받고 싶은 마음, 관계를 통해 의미를 찾고자 하는 마음이 있다. 이 둘 사이에서 균형을 잡는 것이 중요한데, 균형의 지점은 사람마다, 사람이 처한 상황에 따라 다르다. 자신이 현재 편안함을 느끼는 지점이 바로 균형이 맞는 지점이다.

지금은 예전처럼 자주 만나는 엄마들 모임도 없고, 친한 엄마들과도 한 달에 한 번 정도 만난다. 대신 한번 만나면 고등학교 동창끼리 만난 듯 신나게 수다를 떨고 돌아온다. 누가 좋은 소식을 전하면 진심으로 기뻐하고, 속상한 소식을 들으면 함께 슬퍼하고, 분노가 끓어오르는 이야기를 건네면 함께 이를 바득바득 갈며 공감의 즐거움을 만끽한다. 이들과 헤어지고 집에 돌아와서는 상대방의 말을 반추하거나 내 실수를 곱씹는 일도 드물다. 그저 다음에 만날 날까지 모두가 건강하고 무탈하게 지내길 바라는 마음만 남아 있다.

시작은 아이 친구 엄마였지만 지금은 내 친구가 된 사람들. 만나면 즐겁고 헤어지고 나서도 깔끔한 관계. 그래서 다음 만남이 기다려지는 관계.

가끔씩 만나기에 누릴 수 있는 기쁨 아닐까.

정신을 풍요롭게 하는 만남도 있다

한가로움을 예찬하는 나는 역설적이게도 소통 예찬론자이기도 하다. 소통의 꽃은 대화다.

대화가 잘 통한다는 건 분노 코드와 유머 코드가 서로 비슷해서란다. 듣고 보니 공감하지 않을 수 없다. 분노 코드가 비슷하다는 건 도덕적 가치관이 비슷하다는 얘기다. 도덕적 가치관이 비슷해야 같은 지점에서 속상해하고, 상처받은 상대의 마음에 진심 어린 위로를 건넬 수 있다. 유머 코드도 놓칠 수 없다. 어쩌면 가장 중요한 것일지도 모른다. 공감이 잘되는 사람과 웃음 포인트까지 맞닿아 있으면, 함께 웃을 일이 많으니 만남이 더욱 즐겁다. 이런 만남이라면 내가 조금 더 애정과 정성을 들여서라도 가까워지고 싶다.

나와 마음이 닮은 대화도 즐겁지만 나와 다른 사람들과의 대화 역시 즐겁다. 가치관은 달라도 마음이 통할 수 있다면, 그 만남 역시 나를 성장시킨다.

마음이 통하는 대화는 상대 의견에 무조건 동조하고 상대가 듣고 싶은 말만 하는 대화가 아닌, 서로 다른 생각을 말해도 열린 마음으로 들어주는 대화를 말한다. 서로 다른 생각을 가졌지만, 다른 생각을 존중하는 마음 하나만큼은 같다. 그런 사람과의 대화에는 존중과 여유, 자유로움이 있다. 상대방의 눈치를 보며 내 의견을 숨겨야 할 필요도 없다.

상대방의 이야기를 통해 내가 미처 생각해보지 못한 세계로 초대될 때도 있다. 이렇게 대화를 통해 나의 세계관이 확장되는 것은 어떤 가치로도 환산할 수 없는 최고의 경험이다. 다른 경험과 다른 생각을 지닌 사람과의 대화, 서로의 이야기에 귀를 기울이는 존중과 관심, 그 사이에 피어나는 웃음 속에서 나와 너는 우리가 된다. 너와 내가 우리가 되는 소통이야말로 우리의 정신을 풍요롭게 해준다.

소통의 기쁨은 예기치 못한 곳에서 생겨나기도 한다. 스물한 살 때였다. 혼자 배낭 하나만 달랑 짊어지고 한 달간 유럽 여행을 했다. 같이 가자던 친구들 제안도, 여자 혼자서는 위험하다고 만류하던 부모의 말도 뒤로한 채 혼자서 갔다. 부모님의 그늘을 벗어나 내 마음대로 세상을 누비며 자유를 만끽하면 행복하리라 생각했다. 그러나 그렇게 혼자 한 달간 낯선 유럽 땅 곳곳을 누비며 내가 깨달은 것 하나는, 사람이 그립다는 거였다.

파리의 센 강을 느긋하게 걷다가 해가 질 무렵 바라본 석양에 젖은 하늘빛은 형언하기 어려울 만큼 아름다웠다. 구시가 광장을 지나 카를교로 가는 길의 이국적인 밤풍경에 가슴 뛰던 프라하도 여전히 생생하다. 그러나 그 야경만큼이나 생생하게 기억나는 것이, 그때 느꼈던 외로움이다.

"정말 아름답다. 그치?"라고 하면 "장난 아니다. 우리 다음에 또 오자"라고 대답해줄 누군가가 없다는 사실이 주었던 적막감이 아직도 생생하다. 그토록 자유를 원했으면서, 막상 아름다운 풍경을 함께 느낄 사람이 없어서 슬펐다는 게 아이러니하지만. 자유와 소속감, 양립 불가능한 두 가지를 동시에 원하는 게 인간이다.

여행 떠난 도시의 가장 핫한 펍에서 그 나라 맥주를 마시겠다는 나름 멋진 목표를 세우고 떠났는데, 막상 혼자 마시는 맥주는 청승맞기 그지없었다.

그때 우연히 나와 같은 여행객들과 인연이 닿았다. 여행 이야기를 꽃피우며 맥주잔을 부딪친 기억이 아직도 생생한 것은, 짧은 순간이었지만 서로의 이야기를 정말 자유롭게 나누었기 때문이다. 일면식도 없는 타인이라서 그 자유가 가능했는지 모르지만, 편견 없이 상대의 이야기에 귀 기울이며 자유롭게 자신의 이야기를 했던 그 기억이 여전히 따뜻하게 남아 있다. 내게 여행지에서 만난 사람들은 새로운 세계였고, 서로의 세계를 들여다볼 수 있게 해준 연결고리는 바로 대화였다.

정신과전문의 김혜남 원장의 책『만일 내가 인생을 다시 산다면』에 이런 구절이 나온다.

"혼자만의 경험과 느낌은 기억 속에서 색이 바래져가기 쉽다. 그러나 다른 사람과 함께 공유한 기억은 추억이 되고 역사가 된다. 그와 나 사이의 공간에 저장되어 의미를 부여받고 확장될 수 있는 것이다."

그 후로도 여행객들과의 짧은 만남은 계속되었다. 내일이면 각자의 길로 떠날 짧은 인연이지만 외로웠던 여행의 기억을 아름다운 추억으로 저장시켜준 것은 사람, 그리고 그들과의 대화였다.

나는 늘 정신을 풍요롭게 하는 만남과 대화를 기대하며 산다. 육아 이야기도 좋고, 그냥 사람 사는 이야기도 좋다. 인상 깊었던 책과 영화 이야기, 이루고 싶은 혹은 이루지 못한 꿈 이야기, 뭐든 다 좋다. 반짝이는 눈으로 서로의 이야기에 귀 기울여주고, 살짝 격양된 채 자기 이야기를 마음껏 자유롭게 풀어놓는 사람과의 대화라면, 당연히 언제든 환영이다.

회복탄력성과
용서의 힘

"유아의 애착 욕구는 정상이지만 성인의 애착 욕구는 관계를 파국으로 끌고 가는 원인이 된다. 이들은 성인이 되어서도 상대가 자기만 바라봐주고, 말하지 않아도 이해해주고, 자기 기대에 부응해주기를 일방적으로 요구한다. 그러고는 기대에 부응하지 못하면 실망하고, 좌절하고, 분노하고, 고통스러워한다."

『관계를 읽는 시간』에 나오는 말이다. 문요한 원장은 애착 결핍은 애착 갈망으로 이어져 상대를 소유하고 싶어 하고 상대와 하나가 되기를 원하는 비정상적인 모습을 보인다고 한다. 애착 결핍은 지나친 애착 욕구가 되어 끝없이 이해받고 사랑받으려는 이기적인 모습으로 변질되기도 하는 것이다.

그러나 애착 결핍을 문제 삼는 사람들이 알아야 할 사실이 하나 있다. 부모와의 애착이 아무리 중요해도 유년기의 애착만으로 한 인간의 삶 전체가 결정되는 것은 아니라는 것이다. 어떤 사람은 심각한 애착 손상을 입고도 행복하게 잘 살아간다. 아동 학대를 받고도 누구보다 바르고 행복하게 살며 아이를 잘 키우는 사람도 있다. 반면 가정에서 부모님의 사랑을 듬뿍 받고 자란 아이라 해도 정상적인 사회생활을 하기 힘들 정도로 사회성이 부족한 사람도 있고, 따돌림을 겪어 트라우마로 고통당하기도 한다. 평생 평범하고 행복한 삶을 살다가도 잘못된 사랑에 빠져 데이트 폭력을 당하면서도 헤어지지 못하는 사람도 있다.

육아 전문가가 나와 솔루션을 주는 TV 프로그램에 한 여자 연예인이 나와 인간관계의 어려움을 토로했다. 그녀는 타인의 반응에 굉장히 민감해서 사람 만나는 게 두렵다고 했다. 보통 부모와의 애착에 실패한 사람들이 보일 법한 모습이지만, 생각과는 다르게 그녀의 부모는 자애롭고 항상 그녀의 마음을 존중해주고 공감해주는 좋은 부모였다고 한다. 그녀는 학창 시절 교우 관계가 너무 힘들었는데, 친구들에게 미움받는 게 싫어서 자신의 마음을 숨겼다. 결국 자퇴를 결심했고, 부모도 전적으로 지지하고 허락해주었다고 한다.

육아 전문가는 "부모가 지나치게 허용적이어도 불안이 생긴다. 많이 경험하고 타인과 적극적으로 소통하면서 자기만의 단단한 기준이 생겨야 아이가 편안해진다"라고 말했다. 너무 좋은 부모가 오히려 아이에게 부정적인 영향을 줄 수 있다는 게 인상적이었다. 부모에겐 아이의 마음을 무조건 수용해주는 것 이상의 역할이 있다. 바로 시련을 겪어 나갈 힘을 키워주는 것이다. 집 떠나면 고생이라는 말이 있듯, 세상은 시련으로 가득 차 있으니까.

애착은 세상의 시련으로부터 우리를 지켜주는 보호막의 역할도 하지만, 세상을 살다 보면 온갖 종류의 시련을 겪을 수 있고 애착 하나만으로 그 시련을 감당할 수는 없다.

애착보다 더 중요한 것은 회복탄력성이다. 『회복탄력성』을 쓴 연세대학교 심리학과 김주환 교수는 "회복탄력성은 자신에게 닥치는 온갖 역경과 어려움을 오히려 도약의 발판으로 삼는 힘이다. 회복탄력성은 마음의 근력과 같다. 몸이 힘을 발휘하려면 강한 근육이 필요한 것처럼, 마음이 강한 힘을 발휘하기 위해서는 튼튼한 마음의 근육이 필요하다"라고 했다. 그는 어린 시절 불안정한 환경에서 성장한 사람은 안정적인 환경에서 성장한 사람보다 회복탄력성이 더 낮고, 작은 시련에도 크게 좌절하고, 자신에 대한 신뢰가 없기에 새로운 도전을 두려워하는 경향이 있다고도 했다.

여기까지 읽으면 '역시 나는 애착 실패자라 앞으로 잘 살 수 없어'라고 생각할 수 있다. 그러나 심리 연구에 의하면 마음의 근육은 훈련에 의해 얼마든지 키울 수 있다. 마음의 근육을 키우면 애착 신화에서 벗어나 얼마든지 단단하고 행복해질 수 있다는 것이다. 그것이 회복탄력성의 힘이다.

어린 시절 환경이 좋지 않았다고 해서 부모를 원망하고만 있기에는 우리의 인생이 너무 소중하고 아깝다. 부모를 원망하는 데 쓰는 에너지를 마음 근육을 튼튼하게 만드는 데 사용하면 좋겠다. 과거의 환경을 극복하고 회복탄력성을 기르기 위해서 더 이상 애착 타령은 그만두자. 과거와 거리 두기를 해야 한다. 과거는 과거다. 불행한 과거를 놓아주기 위해서는 용서해야 한다. 모든 걸 갖추어도 마음속에 미움이 있으면 앞으로 나아가는 데 브레이크가 걸린다. 미움이라는 부정적인 감정을 관리해야 감정 소모 없이 현재의 행복에 집중할 수 있다.

나도 어른들을 원망한 적이 있었다. 초등학교 시절에 할머니와 함께 산 적이 있다. 엄마가 없던 내게 할머니는 엄마와도 같은 존재였다. 하지만 내 기억에 당시의 할머니는 그리 따뜻한 분은 아니었다. 할머니는 어린 손녀딸에게 매일같이 청소를 시키고 3만 원이 아까워 수학여행도 보내주지 않았다. 그런 모진 할머니에게 나를 맡긴 아빠와, 할머니에 대한 미움이 휘몰아칠 때면 영원히 그들을 용서할 수 없을 것 같았다. 나의 소중한 유년기가 되찾으려 해도 찾지 못하는 과거 속으로 사라졌다는 것이 절망스러웠다. 그러다 문득 이런 생각이 들었다.

'평생 미움 속에 갇혀 살면 누가 가장 불행하지? 그건 바로 나 아닌가?'

내가 살기 위해서는 용서를 해야 했다. 나는 용서하기 위해 당시 어른들의 입장을 이해해보기로 했다.

아빠 입장: 아빠는 젊은 나이에 싱글 대디가 되었고, 사업체가 점점 커지자 아이 둘을 키우기 벅찼다. 지금의 나보다도 어릴 때 두 아이를 책임져야 하는 이혼남이 되었으니 얼마나 삶이 힘들었을까? 게다가 딸인 나에게 더 많은 손길이 필요했고, 마침 할머니가 데려가서 키우겠다고 했다. 잘 돌봐주실 거라 믿었다. 게다가 가정을 지키지 못한 것은 아빠 혼자만의 잘못은 아니지 않나? 부부는 살다 보면 마음이 안 맞아서 헤어질 수도 있는 남일 뿐. 억지로 참고 살면서 싸우는 것보다야 낫지.

할머니 입장: 손주들을 돌보느라 집을 비운 사이 할아버지가 노름

에 빠졌다. 노름빚을 갚아야 하니 돈이 많이 필요했다. 나를 키우는 명목으로 양육비를 받지만 그 돈은 도박빚 갚는 데 다 써야 했고, 수학여행을 보내줄 형편이 안 되었다. 게다가 할아버지가 도박을 할 때마다 찾으러 다녀야 하니 집을 자주 비웠고 본의 아니게 어린 손녀에게 집안일을 시키고 방치할 수밖에 없었다.

이렇게 담백하게 받아들이니 마음의 괴로움이 조금은 사그라졌다. 객관적으로 보니 두 분 모두 의도적으로 날 힘들게 한 건 아니었다. 다만 본인들의 삶이 너무 힘들었고 어른으로서 성숙하게 대처하는 법을 몰랐을 뿐. 상처받은 어린아이가 아닌, 어른이 된 지금의 내가 그 당시 성숙하지 못했던 어른들의 모습을 이해해보려 했다. 내가 어른이 되어보니 알겠다. 어른도 아이라는 것을. 나도 나이만 들었지, 여전히 미숙한 부분이 많다. 양육자는 아이를 잘 키워낼 의무가 있지만 상황이 여의치 않을 수도 있다는 걸 받아들이기로 했다. 그런 생각을 한창 하고 있을 무렵, 할머니에게 전화를 걸어보았다.

"할머니. 그때 왜 나 수학여행 안 보내줬어?"

당시 팔십 가까이 되셨던 할머니는 바로 기억을 해냈다.

"겁이 나서. 너를 잃어버릴까 봐 겁이 나서. 수학여행 가서 사고라도 날까 봐."

이건 또 무슨 말인가 싶었는데, 할머니에겐 트라우마가 있었다.

내가 네 살 때 몇 번이나 없어진 적이 있었다고 했다. 한창 호기심 많고 여기저기 돌아다닐 나이에 엄마가 없으니 그랬을 수도 있겠다. 그리고 할머니는 덧붙여 말씀하셨다.

"그때는 할매도 늦게 갱년기가 와서 너무 힘들었다. 네를 못 챙겨줘서 미안하다⋯⋯."

내가 물어보지 않았으면 몰랐을 이야기였다. 아마도 많은 부모가 자식에게 말은 못 했지만 미안한 마음, 아픈 마음을 간직하고 있지 않을까. 두려워서 사과를 못 하는 부모도 많을 것이다. 자식이 힘든 과거와 못난 부모의 모습을 다 잊어주길 바라는 마음에⋯⋯.

이제는 부모를 그만 미워했으면 한다. 용서해야만 과거가 아닌 현재를 살 수 있고 행복한 미래로 나아갈 수 있기 때문이다.

사랑스러운 아이를 보고 있자니 어느 날 문득 아빠에게 물어보고 싶었다.

"날 낳아준 엄마는 이렇게 예쁜 아기를 두고 어떻게 떠날 수 있었을까요? 아빠는 어린 나를 할머니 집에 맡기고 보고 싶지는 않았어요?"

내 말을 듣고 아빠는 한참을 우셨다. 아빠가 우는 모습은 처음 봤다. 깊은 후회와 슬픔이 배어 있는 눈물이었다. 내가 겪은 슬픔을 말해봤자 내 상처가 없던 사실이 되는 것도 아니다. 아빠는 남은 생을 더 깊은 죄책감을 갖고 살게 될 것이고, 그건 내가 원하는 바가 아니다. 나는 더 이상 아빠도 할머니도 밉지 않다. 미움을 비위야 행복을 채울 수 있다. 행복이 상처를 덮어줄 테니까.

엄마들과의 관계로 고민 상담을 해오는 분들과 얘기해보면 그 끝에는 결국 부모와의 불행한 관계가 있다. 어린 시절에도 자신을 비난하더니, 나이 든 지금도 공감해주지 못하는 부모 때문에 화가 난다고 한다. 나는 그분들에게 그럴 땐 부모님과 애써 잘 지내려 하지 말고 거리를 두는 게 좋다고 말한다.

우리가 부모를 선택할 수는 없지만, 부모와 거리 두기는 선택할 수 있다. 어린 시절은 이제 지나갔으니 끝났다. 더 이상 내 안의 어린아이를 붙잡고 슬퍼하지 말자.

결핍의 상징에서
사랑의 상징이 된 김밥

"새엄마라서 그런 거 아니야?"

10년 전 결혼식 하루 전날 밤, 나는 엄마에게 해서는 안 되는 말을 해버렸다. 다음 날 결혼식장에서 엄마의 얼굴은 무척이나 어두웠다. 그 후 그 일은 엄마도 나도 기억 저편에 밀어놓았다.

너무 어릴 때 부모님이 이혼했기 때문에 내게 친엄마에 대한 기억은 없다. 시골에서 할머니와 가난하게 살면서 그 또래 아이가 겪지 않아도 될 험한 일들을 감당하느라 내 마음은 이미 세상에 지쳐버린 어른과 같았다.

내가 열세 살이 되던 해에 지금의 엄마와 함께 살게 되었는데, 난생처음으로 엄마가 생긴다는 생각에 신기하기도 하고 설레기도 했다. 엄마라는 존재는 뭐 하는 사람인지 무척이나 궁금하기도 했고 '팥쥐 엄마처럼 아빠가 없을 때 날 구박하면 어쩌지?' 하며 아이다운 걱정도 했다. 새엄마의 첫인상은 차가우면서도 다정했고, 다정하면서도 차가웠다. 경우는 바르나 할 말은 했으며 작고 여린 체구에서도 단단한 에너지가 뿜어져 나왔다.

　"니 뭐 좋아하노? 뭐 먹고 싶노?"

　처음 엄마와 같이 살게 된 날 내게 물었다. 한참을 망설였다가 대답했지만 사실 바로 떠오른 음식은 김밥이었다.

　"김밥이요. 그냥 김밥 말고 알록달록한 김밥이요. 햄이랑 맛살 들어간 거요."

　엄마는 고개를 갸우뚱하며 말했다.

　"김밥은 원래 알록달록 한데……?"

　"아……, 할머니가 싸준 김밥은 색깔이 없어서요. 단무지랑 어묵, 계란만 들어 있거든요."

　소풍을 가면 도시락 뚜껑 여는 게 제일 싫었다. 할머니가 싸주신 무채색의 김밥을 놀리는 아이도 있었고, 자기 김밥을 나눠주는 아이도 있었다.

　햄과 맛살, 당근과 시금치가 들어 있는 친구들 김밥은 내겐 동경이자 결핍의 상징이었다. 화려한 김밥을 볼 때마다 주눅이 들었고,

그 모습을 들키지 않기 위해 김밥을 좋아하지 않는 척하기도 했다. 내 대답이 마음에 걸렸는지 그 후 엄마는 내가 결혼하기 전까지 질리도록 알록달록한 김밥을 싸주셨다.

더 이상 김밥은 내게 결핍의 상징이 아니다. 인간에 대한 믿음과 진정한 존중을 확신하게 해주는 사랑의 상징이다. 좀 웃기지만 아주 오래전 내 꿈은 새엄마가 되는 것이었다. 우리 엄마 같은 새엄마가 되어서 버림받은 아이들에게 사랑을 주고 싶었다. 내 생각을 엄마에게 호기롭게 말했다가 등짝 스매싱을 맞았던 철없던 기억이 난다.

부모에게 버림받은 아이는 세상은 믿지 못할 인간들로 가득 차 있는 불행한 곳이라 믿는다. 그 생각은 무의식에 뿌리를 내려 한 인간의 가치관을 만들고 성격을 형성한다. 그리고 자기 부모가 대했던 것과 같이 자신을 존중하지 않으며 스스로 불행 열차에 몸을 싣고 형편없이 살아가기도 한다. 그런 의미에서 엄마의 음식은 내겐 치유이자 내 삶의 방향을 통째로 바꿔놓은 거대한 힘이었다.

글로만 보면 감동 스토리지만 엄마와 항상 좋았던 것은 아니다. 오해한 적도 있고 상처를 주고받기도 했다. 물론 상처를 주는 사람은 주로 나였지만……. 엄마는 딸이랑 엄마는 원래 많이 싸운다며, 엄마도 아직 외할머니에게 툴툴거린다며 마음 쓰지 말라고 한다.

엄마에게 많은 것을 배웠고 지금도 배운다. 공감, 신뢰, 그리고 배려. 이 세 가지는 지금의 엄마가 아니었다면 몰랐을 것들이다.

내가 엄마를 처음 봤을 때 엄마는 지금의 내 나이였다. 곱디 고운 얼굴이 피 한 방울 안 섞인 자식들 키우느라 늙어버린 것 같아 마음이 쓰리다.

"엄마, 미안해."

"뭔 소리고?"

"결혼식 전날 했던 말."

"별 소릴 다 한다."

미안하단 말을 하기까지 10년이 걸렸다.

"엄마 김밥 먹고 싶다."

"사무라! 나이 들어서 만사가 귀찮다."

그러면서도 주섬주섬 옷을 입고 김밥 재료를 사러 나간다. 엄마에게 고맙다는 말은 못 했지만, 책이 출간되면 곱게 책갈피를 끼워 엄마 화장대 위에 놓고 나올 생각이다.

전적인 신뢰 하나면
충분하다

아이를 잘 키우고 싶은 것은 모든 부모의 바람일 것이다. 그래서 잔소리도 하고 아이가 하기 싫어해도 공부를 열심히 시킨다. 하지만 부모가 아이 삶에 더 많이 개입할수록 아이는 부모를 신뢰하지 않게 되고, 결국 사이가 나빠지고 만다. 아이가 알아서 하면 더할

나위 없겠지만 꿈 깨시라! 그런 일은 엄마의 상상에서나 가능한 일이니까. 그럼 어떻게 해야 아이와의 관계를 지키면서도 스스로 하는 아이로 키울 수 있을까?

나의 학창 시절을 돌이켜보면, '인생 전환점'이라고 할 만한 사건이 두 번 있었다. 한번은 중학교 2학년 때였다. 학생들에게 자주 욕설을 하는 체육 선생님이 있었다. 그날도 어떤 학생에게 "이 미친 X야"라며 욕을 했다. 당시 나는 반항기 가득한 겁 없는 사춘기 소녀였다. 체육부장인 내가 선생님에게 "사과하시죠"라고 했다. 선생님은 분노를 조절하지 못하고 내게 의자를 던졌는데 다행히 피했다. 문제는 내가 대들었다는 이유로 일이 커졌고, 결국 담임이 엄마를 학교로 불렀다.

그때까지만 해도 새엄마와 서먹서먹한 사이라 정말 난감했다. 사고나 치고 다니는 아이로 여길까 봐 걱정도 되었다. 하지만 엄마는 먼저 내게 무슨 일이 있었는지 물었고, 나는 있는 사실 그대로 말했다. 내 이야기를 차분히 듣고는 별다른 말 없이 다음 날 학교로 가겠다고만 했다.

문제는 담임도 나를 싫어했다는 것이다. 공부도 안 하고 수업 태도도 좋지 않은 데다 소위 날라리로 찍힌 아이들과 어울리는 학생을 좋아할 리 없었다. 담임이 체육 사건뿐만 아니라 평소 내 행실까지 지적할 것이 안 봐도 뻔했다.

예상대로였다. 담임은 나를 옆에 세워둔 채 엄마에게 학교에서 내 행실에 문제가 많음을 얘기했다. 그때의 수치심이란.

'앞으로 집에서도 내 인생이 고달파지겠구나' 하고 망연자실하고 있을 때였다. 엄마는 담임의 말을 조용히 다 듣고 나서는, 고개 푹 숙이고 죄인처럼 서 있는 내 손을 꼭 잡으며 담임에게 말했다.

"선생님. 그런데 선생님 말씀이 우리 아이한테 들은 내용과는 좀 다르네요. 누가 잘못했는지는 가리기 어려울 것 같습니다."

그러고는 이어서 말씀하셨다. "체육 선생님이 의자를 던졌다고요? 앞으로 또 이런 일이 생기면 아빠와 함께 오겠습니다. (교무실 한번 둘러보며) 그땐 학교가 많이 시끄러워지겠죠?"

나도 모르게 어깨가 쫙 펴졌던 통쾌한 기억이 난다. 나는 쭈뼛쭈뼛 교무실을 나서며 엄마에게 물어봤다.

"왜 그러셨어요?"

"나는 네 말을 믿으니까. 선생 관상도 별로고."

그날 이후 내게 큰 변화가 생겼다. 내 인생에 처음으로 공부라는 것을 하기 시작했다. 그 전까지는 단 한 번도 공부를 제대로 한 적이 없었다. 내가 꼴등이라고 혼낼 사람도 아무도 없었고 설령 1등을 해도 칭찬해줄 사람이 없다고 생각했기 때문이다. 당시 나는 인문계도 못 갈 성적이었다. 그러나 전적으로 내 편에 서 있는 사람이 있다는 사실에 도전해볼 용기가 샘솟았다. 엄마가 내게 보여준 그 믿음이 나를 변화시켰던 것이다. 그리고 나는 지역에서 학업 성취도가 가장 높은 고등학교에 입학했다.

두 번째 인생의 전환점은 고 2 때였다. 어찌어찌 인문계에 갔지만 열심히 공부하는 친구들을 보며 역시 내가 속할 곳이 아니었다는 이질감이 들었다. 나름대로 공부를 해봤지만 따라가기 벅찼고, 소속감도 생기지 않았다. 중간고사, 기말고사 전부 3번으로 찍고 엎드려 자기도 하고, 모의고사도 마찬가지였다. 3번으로 모두 찍으면 정답률이 높다는 것은 근거 없는 썰이더라. 당연히 또다시 전교 꼴등권이었다. 학교 선생들은 나 같은 문제아에겐 관심도 없었다. 정말 잘하는 아이들만 이끌고 가기에도 바쁜데, 공부 안 하는 학생은 엎드려 잠을 자든 뭘 하든 내버려두었다. 아무도 관심 갖지 않는 상황이 난 더 편하기도 했다.

문제는 엄마였다. 엄마는 어떻게든 나를 대학에 보내려고 애를 썼다. 결국 나는 엄마의 설득 끝에 요리 학원에 다니게 되었는데, 내가 요리 전문대에 가길 바랐던 것 같다. 엄마가 맛있는 요리를 많이 해주는 걸 보고 자라서인지 요리는 왠지 재밌을 것 같았다.

하지만 조리사 자격증 시험에 떨어지고 그마저도 흥미가 없어져 그만뒀다. 아무 생각 없이 살던 때로 돌아간 나에게, 엄마는 어느 날부턴가 숙제를 하나 내줬다.

"엄마가 아침마다 신문 기사를 스크랩하는데 좀 도와줄래?"

엄마는 아침마다 신문에서 제일 멋진 사람이 나오는 기사를 오려서 노란 파일 안에 넣어 달라고 했다. 별로 어려운 일이 아니라선뜻 그러겠다고 하고, 당시 인기 탑이었던 가수 조성모나 탤런트

전지현 등 연예인 기사 위주로 오려놓고 학교에 갔다.

엄마가 스크랩한 기사는 주로 시련을 극복한 여성 변호사, 숱한 고비를 넘어 성공한 사업가, 단칸방에 살면서도 서울대에 간 학생 등 어려움을 이겨내고 성공한 사람에 관한 기사였다. 엄마는 저녁을 먹고 나면 항상 각자 스크랩한 기사를 바꿔서 읽어보자고 했다. 지금 생각해보면 엄마가 스크랩한 기사들을 읽으면서 '나도 이 사람들처럼 할 수 있지 않을까' 하는 웬지 모를 자신감이 싹 튼 것 같다. 위인전이나 자기 계발서를 읽을 때 가슴이 요동치는 것과 비슷한 느낌이었다.

나는 또다시 도전해보기로 했다. '그래, 딱 한 번만 공부해보지 뭐. 한 번이라도 시험을 제대로 쳐보자. 그리고 포기하자'라는 마음으로 한 달 후 있을 기말고사 준비를 했다. 이전 성적은 전교생 450명 중에 440~450등 사이였고, 내 목표는 100등 올리기였다. 만약 350등 이내로 들어온다면 포기하지 않고 그다음 시험에도 도전해볼 생각이었다.

하지만 고등학교 입학 후 처음 제대로 공부해서 친 시험 결과는 상상 이상이었다. 전교 450등에서 90등이 된 것이다. 성취가 주는 쾌감이 이루 말할 수 없이 컸고, 성취감은 강한 동력이 되어 계속 공부를 했다. 누군가에겐 재수 없게 들릴 수도 있겠지만 그땐 공부가 재밌었다. 도화지같이 하얀 머릿속에 검은 잉크가 들어와서 지식이 되고, 지식이 꼬리에 꼬리를 무는 생각으로 바뀌는 과정이 정말 즐거웠다. 그 경험이 낼모레면 불혹이 되는 내 인생 전반을 관통하는 가치관이 되었다.

'하면 되더라. 해보고 안 되면 그때 포기하면 된다.'

'실패해도 그 과정에서 배우는 게 있다.'

실패가 두려워서 시작조차 안 하는 성격이 일단 시작부터 하는 성격으로 변했다. 이렇게 날 변화시킨 사람은 엄마였다. 덕분에 나는 여전히 배우는 것을 좋아하고, 원하는 게 있으면 실패를 두려워하지 않고 도전한다. 그리고 결과가 좋지 않아도 그 과정에 얻는 게 있으므로 크게 실망하지 않는다.

엄마는 가끔 내게 말한다. 해준 것도 없는데 잘 자라주어서 고맙다고. 행복하게 사는 걸 보니 비로소 마음이 놓인다고.

그런데 나는 안다. 누가 포기해도 이상할 것 없는 나를, 그 어떤 강요도 없이 스스로 열심히, 재밌게 살게 만든 건 '엄마의 보이지 않는 믿음'이었다는 것을.

일등칸에 탄 엄마, 꼬리칸에 탄 엄마

몇 해 전 TVN 드라마 〈산후조리원〉을 재밌게 보았다. 드라마 홈페이지에서 소개하듯, 나이, 직업, 학교 등 공통점이 하나도 없는 다 큰 여자 어른들이 단지 비슷한 시기에 아이를 낳았다는 이유만으로 만난 지 3분 만에 서로의 가슴을 훌러덩 까 보이며 순식간에 대동단결, 절친이 되는 지구상 유일무이한 곳이 바로 산후조리원 아닌가? 산후조리원을 경험한 내가 보기에 과장된 부분도 없지 않지만 공감 가는 부분이 더 많아서 연신 고개를 끄덕이고 물개박수를 치며 보았던 기억이 난다. 우스꽝스럽고 과장된 전개에도 공감할 수 있었던 이유는 이 드라마가 주고자 하는 메시지가 꽤 현실적이었기 때문이다.

극 중 이런 대사가 나온다. "이곳에선 내 이름이 뭔지, 내 나이가 몇 살인지, 무슨 일을 하는 사람인지 아무도 궁금해하지 않았다. 그저 아이의 태명이 뭔지, 아들인지 딸인지 무슨 방법으로 낳았고 몇 번째 출산인지가 더 중요하고 궁금한 아주 특별한 세계……."

그런데 그 세계에도 등급이 있단다. 드라마에서는 산후조리원에 있는 엄마들의 세계를 〈설국열차〉를 패러디하여 일등칸과 꼬리칸으로 나누어서 보여준다. 기차 안의 등급은 모성으로 나뉘고, 그 모성의 기준은 자연 분만과 모유 수유 여부였다.

주인공 현진은 출산 전날까지만 해도 회사에서 중요한 계약을 성사시킨 유능한 커리어우먼이지만, 출산 후 조리원에서는 다른 산모들과 잘 어울리지 못하고 겉돌며, 육아에 대한 정보도 부족하고, 완모를 하지 않는, 꼬리칸에 탄 워킹맘에 불과하다. 현진이 끊임없이 자신이 나쁜 엄마가 아닌지 의심하는 장면이 나오는데, '모성으로 가득 찬, 아이에게 헌신하는 바람직한 엄마상'이라는 사회적인 기준에 맞춰 엄마 자신을 다른 엄마들과 비교하고, 다른 사람도 그 기준으로 엄마라는 존재를 바라보는 현실을 반영했다.

반면 육아의 달인이라 불리며 모두의 선망을 받는 전업맘 은정은 일등칸에서 도도하게 차를 홀짝거리며 권력을 즐긴다. 그녀는 출산 후 직장을 그만두고 육아에만 전념하고 아이들에게 헌신하며, 풍부한 육아 정보와 경험을 가진 '완벽한 엄마'다.

드라마는 산후조리원이라는 제한된 공간에서 일시적으로 벌어지는 이야기만을 다루지만 조리원 퇴소 후 육아맘으로 살아가는 현실 세계 전반에 걸쳐 일어나는 이야기이기도 하다. 실제로 엄마들을 만나면 아이 이름으로 서로 소개할 뿐, 엄마의 이름, 나이, 직업을 궁금해하는 사람도 없을뿐더러 물어보는 것도 실례가 된다. '나'보다 '아이의 엄마'라는 역할이 인생의 중심이 되는 세계에 들어온 것이다. 엄마가 되기 전 어떤 일을 했는지, 사회에서 지위가 어땠는지는 엄마들 세계에서 중요하지 않다. 그저 아이를 위해 얼마나 희생할 수 있는지가 이곳에서는 권력의 상징이자 곧 계급을 나누는 기준이 된다. 그 첫 기준이 모유 수유를 하는 엄마인가다.

나 역시 출산 후 모유 수유를 해야만 아이의 면역력이 튼튼해지고 두뇌 발달에도 좋다는 모유 신화에 세뇌된 적이 있다. 출산 전에 일을 그만뒀기에 모유 신화를 현실화할 수 있었지만, 개인적으로 상황이 여의치 않거나 직장에 나가야 하는 워킹맘들은 모유 신화에 얼마나 큰 부담을 느낄까?

극 중 현진은 모유 수유에 대한 부담감으로 악몽 같은 미래를 상상한다. 세 살 된 아이가 간지러워 팔을 긁어도 "엄마가 모유를 안 줘서 그런가 봐, 미안해", 여덟 살 된 아이가 기침을 하고 콧물을 흘려도 "엄마가 모유를 안 줘서 그런가 봐, 미안해", 사춘기가 된 아이의 내성발톱을 보면서도 "엄마가 모유를 안 줘서 그런가 봐, 미안해", 대학생이 된 아들의 M자 탈모를 보면서도 "어미가 모유를 줬어야 하는데". 나이 40에 모태솔로인 아들을 보면서도 모유를 안 줘서 그렇다고 생각하며, 백발이 된 현진은 "나 다시(돌아간다면) 모유 줄래"라며 절규한다. 끔찍한 상상이 끝날 때쯤 "나중에 피눈물 흘리며 후회할까 봐 하는 말이에요"라며 모유 수유를 하지 않는 엄마를 향해 비아냥거리는 일등칸 엄마의 목소리가 들려온다.

아이의 면역력과 조기 탈모 등 이 모든 문제가 완모를 하지 않은 것과 정녕 관련이 있을까? 드라마는 과장을 보태어 그리긴 했지만, 실제로 모유를 주지 않는 엄마의 죄책감을 자극하는 이야기가 얼마나 많은가!

친한 친구는 완모를 하고도 아이가 세 돌이 될 때까지 모유를 간식으로 줄 만큼 모유에 진심이었지만 아이는 감기를 달고 산다고 한다. 또 다른 지인은 첫째는 1년 이상 모유 수유를 했지만 비염, 아토피 등을 달고 살고, 둘째는 분유만 먹고 자랐지만 첫째보다 더 건강하다고 한다. 탈모가 모유 수유를 안 한 탓이라면, 그 옛날 모유만 먹고 산 아버지 세대의 탈모는 어떻게 설명할 것인가.

한 친구는 어릴 때 엄마가 몸이 안 좋으셔서 분유만 먹고 자랐는데도 병원에 입원해본 일이 없을 정도로 건강하다. 극 중 또 다른 엄마는 말한다. "밤새 한숨도 못 자고 스트레스 받으며 짠 엄마젖이 자유롭게 뛰어놀며 행복하게 자란 소젖보다 정말 좋을까요? 분유 주면서 엄마도 행복하게 지내는 게 왜 나쁜 건데요?"

모유의 이점을 부정하고자 하는 말은 아니니 오해 없길 바란다. 그저 모유만이 아이 건강의 일등 공신은 아니며, 모성의 상징도 아니라는 걸 말하고 싶었다. 결국 모유 수유보다 더 중요한 것은 타고난 유전과 양육 환경 아닐까? 내가 좀 더 일찍 이 깨달음을 얻었다면 젖몸살을 앓으며 밤낮없이 피곤한 몸으로 눈을 비비며 모유 수유에 집착하지 않았을 텐데…….

모유 외에도 좋은 엄마가 되지 못할까 두려운 엄마를 옥죄는 것은 수없이 많다. 엄마는 아이에게 일어나는 사소한 일마저도 모두 자기 탓 같아 자책한다. 그런데 아이를 키워보니 알겠다. 제일 중요한 건 결국 '나'라는 것. 내가 행복해야 아이도 행복하다는 것. 아이가 가장 원하는 것은 엄마의 행복, 엄마의 웃는 모습이라는 것을. 엄마의 몸과 마음이 조금 덜 힘들고, 엄마가 더 많이 웃을 때, 아이도 더 많이 웃는다.

그러니 엄마들이여, 엄마의 헌신과 희생에 대한 부담감과 죄책감은 홀홀 털어버리자. 대신 더 많이 웃고 행복하자.

함께여서 더욱 행복한 엄마들

엄마가 되면 인간관계가 아이 친구 엄마들로 좁아질 수밖에 없다. 좀 더 넓게 인간관계를 맺을 수 있으면 좋겠지만 여건상 어렵다. 그러나 이왕 좁아진 관계, 그 안에서 자신이 사랑하는 사람, 자신을 사랑해주는 사람과 의미 있는 인간관계를 맺어 나갈 수 있으면 되는 것이다. 필요에 의해서가 아닌 존중과 사랑으로 맺어진 인간관계 말이다. 자신을 존중하고 사랑하는 사람이라면 분명 타인에게도 그럴 수 있을 것이고, 그런 사람들의 만남은 더없이 소중하고 아름다울 것이다.

그리고 어떤 이유로 혼자이길 선택했다면, 그 선택 역시 응원한다. 친구를 사귀기보다 힘든 것은 혼자이길 택한 것이다. 혼자인데도 큰 용기가 필요하기 때문이다. 혼자일 수 있다는 것은 누구보다 강함을 의미하기도 한다.

그럼에도 나는 이 책을 마지막 장까지 읽은 독자에게 말해주고 싶다. 혼자 있는 시간을 충분히 누렸다면, 세상 밖으로 나가서 진정한 소통의 행복을 만끽하라고. 혼자만 너무 강하게 사는 것은 실로 고독하기 때문이다. 겪어봐서 안다.

이 책을 집필하는 동안 가장 큰 빛을 찾은 사람은 나였다. 엄마들과의 관계에서 겪은 상처와 유년기 시절 내면의 상처를 내게 들려주신 팔로워들에게 먼저 감사함을 표하고 싶다. 누구에게도 말하기 힘든 이야기를 솔직하게 들려주신 용기와 신뢰에 고마움을 전한다. 종이책으로 출간된다는 소식을 듣고 손꼽아 기다리고 있는 나의 육아 동지들에게도 감사드린다. 나의 글을 아름답게 다듬어주고, 세상에 태어나게 해준 클레이하우스 편집부에도 깊이 감사드린다. 끝으로, 내 삶의 가장 큰 의미인 사랑하는 남편과, 나의 딸에게 감사한다. 두 사람은 존재하는 것만으로 내 삶을 완전하게 만들어주는 빛과 사랑이다. 이들이 있었기에 나는 새로운 도전 앞에서 두려움을 용기의 힘으로 바꿀 수 있었다.

이 세상의 모든 엄마가 자신을 사랑한다는 것의 의미를 오롯이 느끼며 인생의 주인공으로 살아가길 진심으로 응원한다.

|참고문헌|

기시미 이치로, 고가 후미타케, 『미움받을 용기』, 인플루엔셜, 2014.

기욤 뮈소, 『스키다마링크』, 열린책들, 2007.

김경희, 『틀 밖에서 놀게 하라』, 쌤앤파커스, 2019.

김승호, 『생각의 비밀』, 황금사자, 2015.

김주환, 『회복탄력성』, 위즈덤하우스, 2011.

김지수, 이어령, 『이어령의 마지막 수업』, 열림원, 2021.

김혜남, 『만일 내가 인생을 다시 산다면』, 메이븐, 2022.

니콜로 마키아벨리, 『군주론』, 현대지성, 2021.

도미니크 로로, 『도미니크 로로의 심플한 정리법』, 문학테라피, 2013.

라라 E. 필딩, 『홀로서기 심리학』, 메이븐, 2020.

레이첼 시먼스, 『소녀들의 심리학』, 양철북, 2011.

로버트 그린, 『권력의 법칙』, 웅진지식하우스, 2009.

로버트 그린, 『인간 본성의 법칙』, 위즈덤하우스, 2019.

무라카미 하루키, 『렉싱턴의 유령』, 문학사상, 2006.

문요한, 『관계를 읽는 시간』, 더퀘스트, 2018.

미즈시마 히로코, 『여자의 인간관계』, 눈코입, 2014.

발타자르 그라시안,『사람을 얻는 지혜』, 현대지성, 2022.

비욘 나티코 린데블라드,『내가 틀릴 수도 있습니다』, 다산초당, 2022.

샤를 보들레르,『악의 꽃』, 민음사, 2016.

샤우나 샤피로,『마음챙김』, 안드로메디안, 2021.

앤드류 매튜스,『관계의 달인』, 북라인, 2008.

야마구치 슈,『철학은 어떻게 삶의 무기가 되는가』, 다산초당, 2019.

양창순,『나는 까칠하게 살기로 했다』, 다산북스, 2012.

오은영,『어떻게 말해줘야 할까』, 김영사, 2020.

오은영,『오은영 박사가 전하는 금쪽이들의 진짜 마음속』, 오은라이프사이언스, 2022.

오은영,『오은영의 화해』, 코리아닷컴, 2019.

원재훈,『고독의 힘』, 홍익출판사, 2015.

윤지영,『초등 자존감 수업』, 카시오페아, 2019.

자밀 자키,『공감은 지능이다』, 심심, 2021.

정우열,『힘들어도 사람한테 너무 기대지 마세요』, 동양북스, 2022.

칼릴 지브란,『예언자』, 무소의뿔, 2018.

커커,『나를 지켜주는 최소한의 방어 심리학』, 카시오페아, 2022.

통계청,《2022년 상반기 지역별고용조사 기혼여성의 고용 현황》, 2022.

파울로 코엘료,『흐르는 강물처럼』, 문학동네, 2008.

프리츠 펄스,『펄스의 게슈탈트 심리치료』, 학지사, 2013.

내가 엄마들 모임에 안 나가는 이유

초판 1쇄 발행 2023년 10월 20일
초판 4쇄 발행 2023년 12월 26일

지은이 강빈맘

편집 임인선, 윤성훈
디자인 *studio weme*
일러스트 수수진
마케팅 (주)에퀴티
제작 (주)공간코퍼레이션

펴낸이 윤성훈 **펴낸곳** 클레이하우스(주)
출판등록 2021년 2월 2일 제2021-000015호
주소 경기도 파주시 회동길 530-20 402호
전화 070-4285-4925 **팩스** 070-7966-4925 **이메일** clayhouse@clayhouse.kr

ISBN 979-11-93235-06-5 (03190)

클레이하우스(주)는 쓸모 있는 지식, 변화를 이끄는 감동, 함께 나누는 재미가 있는 책을 펴냅니다.
저희와 이런 가치를 함께 실현하길 원하는 분이라면 주저하지 마시고 이메일로 기획안과 원고를 보내주세요.

클레이하우스(주)가 더 나은 책을 펴낼 수 있도록 의견을 남겨주시거나 오타를 신고해 주세요.
QR코드에 접속해 독자 설문에 참여해 주신 분께 추첨을 통해 선물을 드리겠습니다.